《突破》雜誌研究
1974-1999

梁科慶 著

提要

《突破》雜誌是香港的出版史上，惟一的由基督教機構編製、在報攤公開發售的年輕人刊物。雜誌由一群滿有使命感的青年基督徒於1974年創辦，一切從零開始，到1999年停刊時，雜誌已擁有萬千讀者，造就一代又一代的年輕人，更由一份雜誌發展成今天服務多元化的龐大機構。

《突破》是一份獨特的本土雜誌，植根基層，具使命感，目標清晰，內容跨越信仰、社會、文化和文學領域。本文借用呂西安•戈德曼（Lucien Goldmann）的「發生論結構主義」（Structuralism Genetic）建立研究架構，並結合跨學科、文化史的研究方法及圖書館學的編目理論等，有系統地檢視共298期的《突破》雜誌，並達致四個成果：（1）梳理《突破》的二十五年歷史。（2）對雜誌進行主題分析，從微觀史的角度，探索香港七十至九十年代的社會變遷。（3）運用模式及計量方法，具體地解釋何謂「福音預工」、其在《突破》如何運作。（4）探討「突破人」在香港後殖民時期的身分認同。

今天，《突破》雜誌既是具歷史價值的本土文獻，也是香港人的集體回憶。文獻和回憶均須活化，透過學術研究，本文總結「突破」經驗，啟發將來，讓《突破》的價值不斷延續。

關鍵詞

突破雜誌　蘇恩佩　發生論結構主義　圖書分類法　福音預工　社會關懷

目錄

文序 / 我們的「突破」年代 8
蔡序 12
梁序 17

第一章 緒論
1.1 研究背景與動機 22
1.2 文獻回顧 27
1.3 研究目的 30
1.4 研究架構 32
1.5 研究方法 36
1.6 內容分析 41

第二章 七十年代的「突破」
2.1 蘇恩佩與《突破》雜誌
2.1.1 低調的吶喊 48
2.1.2 從學生到老師 54
2.1.3 蛻變與委身 59
2.1.4 從香港到美國 62
2.1.5 從台灣到香港 66
2.1.6 《突破》雜誌從醞釀到誕生 71

2.2 研究架構與研究方法
2.2.1 發生論結構主義 80
2.2.2 文化史研究方法 91
2.2.3 社會關懷 95
2.2.4 福音預工 102
2.3 《突破》雜誌的內容分析
2.3.1 主題 111
2.3.2 分類理論 118
2.3.3 主題分析 124
2.3.4 「N+1」模式 128
2.3.5 比較分析 135
2.3.6 《突破》與《滙聲》比較 138
2.3.7 《突破》與《青年良友》、《號外》比較 145
2.4 雜誌的延伸
2.4.1 從「明心信箱」到「突破輔導中心」 152
2.4.2 從「空中突破」到「突破時刻」 155
2.4.3 從《突破》到《突破少年》 158
2.4.4 從「火種」到「薪火相傳」 161
2.5 小結 167

第三章　八十年代的「尋根」
3.1 八十年代的香港社會與香港教會　172
3.2《突破》的後蘇恩佩時代　180
3.3 「N+1」與「N-1」　190
3.4《突破》雜誌第一次革新　203
3.5《突破》雜誌第二次革新　211
3.6《突破》與《青年良友》、《號外》的比較　217
3.7 小結　235

第四章　九十年代的「世紀領袖」
4.1「突破人」在香港後殖民時期的身分認同
4.1.1 殖民與後殖民　240
4.1.2 誰需要「身分」？　250
4.1.3 香港—中國人　253
4.1.4 香港—中國人—基督徒　260
4.2 九十年代的焦慮
4.2.1 九十年代的港人心態　267
4.2.2 九十年代的《號外》　272
4.2.3 九十年代的《突破》　282
4.3 突破青年村　295
4.4《青年良友》與《滙聲》　301
4.5 小結　307

總結 312

後記 321

參考書目 327

- 附件一：《突破》專題目錄 340
- 附件二：《匯聲》專題目錄 349
- 附件三：《青年良友》專題目錄 358
- 附件四：《號外》專題目錄 366

文序／我們的「突破」年代

梁科慶申請就讀浸會大學人文及創作系博士生，知悉他申研的是《突破》雜誌研究（1974-1999），我和同事周耀輝博士都心有所感，同時慶幸終於有人從學術角度，予香港基督教歷史上曾舉足輕重、深入民間的雜誌一份應有的回顧與評價。

梁科慶以極其務實的態度、圖書館學的嚴格訓練，在研究進程中巧妙地應用了發生論結構主義、文化史研究法，以及文類處理的主題分析法，把二十五年共298期的《突破》雜誌作出以下的研究工作，包括：

（一）梳理《突破》雜誌的歷史。以戈德曼（Goldmann）發生論之二元結構，即「他處」（宗教）與「此處」（現實社會）之間，如何透過人的行動，如社會關懷（方法）及福音預工（內容），於雜誌的內容中展現。

（二）主題分析。總結《突破》雜誌主題為：i）1970s：突破；ii）1980s：尋根；iii）1990s：世紀領袖等，研究雜誌與社會變遷的關係。

（三）分析《突破》雜誌「福音預工」的編輯方向。提出N+1；以N為鬆土（前階段），展現為社會關懷；1為撒種，即福音核心及福音預工。

（四）分析《突破》雜誌呈現的身分認同，包括香港人 / 中國人 / 基督徒，以及有關主題：尋根中國、植根香港、紮根永恆。

梁科慶曾經檢視布迪厄的場域理論，但認為戈德曼的發生論更能對應雜誌的性質。他明白到福音預工的傳播與接收之間的差距，把雜誌與同時期激烈競爭的《號外》雜誌及另一雜誌《青年良友》作出比較。選擇《號外》是因為彼此的異同，共同處為討論青少年次文化，爭取讀者；差異處在宗教雜誌與消費雜誌的編輯方式與風格。科慶指出《突破》雜誌後來停刊與客觀環境的關係，原因不在於經濟而是時代的需要，這與後來N-1的編輯方向未能相應於社會需要攸關。

閱讀及指導梁科慶的研究，我難以隔岸觀火，或採取所謂「理想觀察者」（Ideal Observer）的中立態度，那也是我們成長的年代。一群「突破人」把青春環繞著信仰燃點：營火的熱血，談天説地，不眠不休，信仰的熱誠，委身的態度，摘星星的理想……就是不認為遺世獨立是惟一的選擇。我們這群從事媒體及影音製作的同道人，要「在世」，認同福音預工的理念；但想不到走出來的路，會在今天回顧的時候，成為曾經奇軍異出的隊伍。這點其實是令人疑惑的：為甚麼當時不是越走越壯大，走出一條康莊大道來？是甚麼叫我們後來離散了？是因為成長而變得麻木？是彼此之間的矛盾、衝突，是親密的同行者人生的取向改變了而顯得失望猶豫？還是時代變了，市場壓力、香港人的焦慮，把薪火相傳的心志化作一縷輕煙？

畢竟我也曾是「突破人」，曾經投以最年輕綻放的精力，還有入世未深的單純；也於此認識了畢生難忘的好友們。即使《突破》雜誌的前二十五年已成歷史，但我們從未忘記創辦人蘇恩佩的懿範與身教，也不曾後悔於那些年月的投誠；相反，卻萬分感恩於我們曾是如此走過那段感覺豐盈、創意盎然，日後造就了自己和他人的道路。

如今梁科慶以論文形式平正地回顧《突破》雜誌二十五年，得到校外考試委員樊善標博士及黃仲鳴博士的認同及嘉許。正如他所説的，要總結前人經驗，於多媒體資訊的新時代，思考可供華文基督教刊物發展的路向。現在於恰當的歷史距離，廣闊的視野下回顧我們所曾珍愛的，正是「薪火相傳」的一種可能。

文潔華

香港浸會大學研究院常務副院長

2015年12月於英國劍橋

蔡序

梁科慶博士是突破多年來的暢銷書作者，又是《突破》雜誌忠實的讀者；他以學者的身分從「跨學科、文化史的研究方法及圖書館學的編目理論等」多角度，有系統地檢視1974年至1999年《突破》從創刊到停刊共298期的雜誌；為我們探索這本他認為是「具歷史價值的本土文獻」及承載「香港人的集體回憶」的青少年雜誌。我以突破四十多年的同工身分，表達衷心感激；亦願意作出一些反思及回應。

梁科慶套用戈德曼的理論建立了「二元性意涵結構」，作為解讀《突破》雜誌的理論框架；我按這框架作出一些簡略的回應：

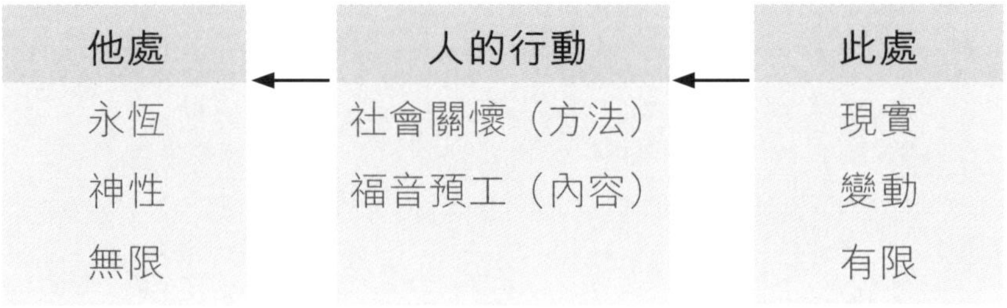

他處	←	人的行動	←	此處
永恆		社會關懷（方法）		現實
神性		福音預工（內容）		變動
無限				有限

《突破》確實是從「此處」出發：就是香港青少年生活的真實處境。《突破》的行動包含了「社會關懷」和「福音預工」；然而社會關懷並不止於文字的探討，也有實在的人際事工將關懷化作行動——輔導、講座、訓練營、福音營，甚至一些社會行動等。《突破》是一本以聖經為根基的基督信仰雜誌，內容包涵與青少年探索「他處」——永恆、神性、無限。然而戈德曼主張的「二元結構」，最大特點是沒有未來，只有「現在與永恆」；《突破》的內容和關懷卻包括了未來，目的不是單引導青少年明白永恆的真理及認識真神、進入永生。我們看重青少年認識自己，裝備自己，在此時此處活出精彩，並且對明天仍有盼望，憑信與愛成為未來的僕人領袖。

社會關懷按著年代，焦點會有改變：七十年代，經濟起飛，物質生活提升，價值動搖的年代，《突破》嘗試「為青少年人生方向與價值觀」提供出路（《突破》第一張宣傳海報的標題）。八十年代是為「97回歸中國」感到焦慮與迷惘的年代，《突破》以「植根香港、尋根中國，紮根永恆」為指標，與青少年一同探索三種的身分和意義，我們相信基督的信仰讓人無懼政制轉變，一樣「留得有尊嚴」（《突破》當年主辦一個福音營的主題）。九十年代香港已經步入「九七回歸期，《突破》不相信香港是一個 "City with a deadline date"」（當年《時代雜誌》*Time*的封面專題），我們建立突破青年村，探索如何「培育青少年成為廿一世紀的領袖」，因此不時舉辦培訓領袖的營會，並且促進本港青少年與國內及海外的青年人生命互動、文化交流，共創明天。《突破》亦是社會中一個讓青少年發聲的平台，我們嘗試將青少年的聲音引進建制內，影響香港政局的青年政策。

《突破》雜誌的宗旨不變，但是定位卻有所轉變，而且按青少年的需求，建立更多的互動平台和網絡：廣播節目、影音製作、電視專題製作、書籍出版、輔導、多元化的生命教育、生涯規劃、領袖素質培訓等關懷及裝備青少年的媒體和人際事工。本書作者認為九十年代的《突破》雜誌失去了「社會關懷」，只著重「心靈關顧」；其實當年的青少年確實呈現了心靈關顧的需要——這也是後現代青少年的一種訴求。要承認的是，在那個年代《突破》雜誌對其他社會出現的一些議題缺乏了逐一回應。

「福音預工」確是《突破》雜誌從第一天表明的關注；本

書作者正確地指出「蘇恩佩所提出的『福音預工』，與西方的Pre-evangelism名同實異。後者為一個線性的『屬靈抉擇過程』，用作量度『接收者』對福音信息的不同階段反應。前者則剛巧相反，從『傳播者』的角度出發。聖經以『撒種』比喻作傳播福音，以『收割』喻作歸信基督，『福音預工』是『撒種』的前階段工作。在撒種之前，『傳播者』先進行『鬆土』，把『石頭』挪走，把『荊棘』除掉，把不理想的土壤變成『好土』，當福音的種子撒下後，『接收者』聽道明白，並接受福音。」

上述的闡釋相當準確，然而突破看「鬆土」、挪走「石頭」、除掉「荊棘」，及「撒種」等行動，不單是為了青少年信靠基督；同時是建立一種抗衡文化（Counter-culture），按聖經真理創造一種另類文化（Alternative Culture）——這是神創世之時交給人類的文化使命（Cultural Mandate）（創1:27-28）。

本書作者亦認為《突破》雜誌在八十年代及九十年代失去了「福音預工」的內容；這也並非完全準確。一方面這段時期將社會關懷的主題與福音預工的內容結合，可能是削弱了；然而同一時期在專欄文章及出版的書籍中，一直保持「福音預工」及「撒種」的內容。在九十年代的心靈關顧主題文章內，在回應當年青少年的心靈需求中，已結合了福音預工的元素。

本書一大貢獻是有系統地探討蘇恩佩的生命信念與她對神的委身、對青少年的關愛，她對文字救贖、社會關懷及福音預工的熱誠；讓讀者更深入地明白這位神揀選的青少年福音與文化工作者，她無疑是時代的「先知」、是「突破」運動的靈魂人物。藉著恩佩姊妹留下的文字，並她培育出來的青少年工作者、文字工作者及不同領域中的信徒領袖——她今天仍舊説話。

梁科慶弟兄，衷心感謝你所花的心思和力量，這本書成為「突破人」的一種激勵和鞭策，我們須要謙卑反思，繼續在廿一世紀這個對年輕人充滿挑戰、價值更扭曲、社會更撕裂的年代，不忘記神賜的異象——堅持福音與文化的使命，與青少年並肩同行。我與你的心願共鳴：「《突破》，永遠年輕，夢想不滅。」

蔡元雲

突破機構創辦人

2016年3月1日

梁序

看梁科慶總結《突破》雜誌自創刊至休刊的歷史，有如進入時光隧道，自己也曾參與這段歷史，在當中協助及見證，心靈盪漾在所難免。

很欣賞科慶以冷靜的頭腦尋求客觀的事實，加上學術的研究模式，希望對過去和將來帶來一點啟示。

我很同意他選用由「此地」到「他處」的兩極模式，來看蘇恩佩帶領下的《突破》雜誌，怎樣在現實的黑暗中看見光明，從神的國度降臨看現實的青年生命和處境，這正是《突破》雜誌和「突破」運動的精神。

回望《突破》雜誌二十五年歲月，真是深入民生，與一代又一代的青少年同行，讓他們在現實中看見曙光，在生命中看見飛翔的力量，是香港人的集體生命和心靈的回憶與體驗。

至於作者堅持用「福音預工」來形容《突破》雜誌，雖然說明有別於西方James Engel的線性個人屬靈抉擇，而集中探討鬆土、搬石、除棘的抗衡文化，我總覺得這個模式不足以形容《突破》雜誌和「突破」運動的福音使命。

正如在蘇恩佩曾說，《突破》雜誌是文字救贖，不單是進到黑暗而揭示其醜惡，亦是展現生命的光明和可能性。雜誌所採納的嶄新主題，一流的美術設計，實在是一種文化創造，一種生命工程，而不單是負面的批判，「他處」是可以在「此地」發生。

《突破》雜誌的休刊，無疑叫人惋惜，科慶文中所列舉的原因：企業管理、人事轉變、編輯路線等，都可能是原因，但不全是本文所寫的細節。

我個人的觀察是：選擇出版《突破少年》將讀者一分為二，《突破》雜誌讀者遂減半。為了界定分別，《突破》雜誌對象群上移至職青年紀。由是議題不同，生活及社會的關懷不一樣，以致失去本是《突破》雜誌的基本對象——中學生及大學生讀者。後來又欲將《突破少年》讀者群提高至高中，最後兩者皆失。

而且，自中英84草簽，89民運，香港社會趨向政治化，社會議題變幻速度快。如果讀者沒有抓緊《突破》雜誌探索事情背後的價值、文化和深層次東西；而是看表面現象，則月刊實不能與日報的速度相比較，所以失據。

這個以社會處境為本的編輯方向，跟後來的「心靈雜誌」內省的改革同出一轍，是「此地」太多，「他處」不足，沒有從永恆看社會變遷和個人生活，所以失去《突破》雜誌開創的特色。

至於機構大了，要有企業精神，不是問題。問題是怎樣將各部連結，而非將資源攤薄；同時又要保持群體生活，不同專業和文化的磨合，是難，但不是不可能。

「突破」運動同期和後期的影音作品，如《根》、《大趨勢》、《香港雲起時》、《亞太新人類》、《再見東歐》等，都與出版相輔相成。

後來的文字出版如《BREAKAZINE!》，雖然是雙月刊，仍能緊貼時代，不以時事為本，而是以價值取向、背後精神、城市發展、青年人身分重建等內容，一樣可以在突破機構內發揮其力量。所以不是男女編輯性別問題，亦不是機構大小問題，而是「此地」與「他處」在每一個層面上的結合。

很高興科慶與一些本地及海外學者，有興趣研究《突破》雜誌及「突破」運動，相信這是「香港學」的一部分，亦是基督教會的一些文化參與紀錄，謹此感謝。

梁永泰

突破機構事工顧問及前總幹事

2015年9月3日

第一章

緒論

[1.1] 研究背景與動機

《突破》雜誌於1974年創刊，1999年停刊，至目前為止，是香港出版史上，惟一的由基督教機構編製、在報攤公開發售的年輕人刊物。雜誌創辦人蘇恩佩（1937？-1982）[1]在香港出生和受教育，1963年赴笈美國，大學畢業後曾到台灣、新加坡工作，1972年返港定居。重臨舊地，蘇恩佩發現香港社會陷於物慾主義，罪案不斷增加，年輕人心靈空虛，對前路迷惘，[2]於是發起「突破」運動，出版《突破》雜誌，聯同蔡元雲、梁永泰、何盛華、文蘭芳、李淑潔等一班志同道合的基督徒青年，為社會發聲，希望改變現狀，幫助年輕人建立正確的價值觀，追尋豐盛的人生。

本文借用「發生論結構主義」（Structuralism Genetic）建立研究架構，並結合跨學科、文化史的研究方法及圖書館學的編目理論等，有系統地檢視共二百九十八期的《突破》雜誌，進行主題分析，探索其二十五年的發展軌跡，總結前人經驗，作為後人的借鑑。尤其今天，我們面對多媒體資訊氾濫，紙本出版日趨式微，文字工作者到底何去何從？這問題一直備受關注，卻沒解決辦法。是項研究可為華文基督教刊物、本地年輕人雜誌，找出一條可供發展的新路向。

《突破》雜誌有別於傳統的基督教刊物，並不強調傳揚「完整」福音，內容主要「講香港，講鄉土，講青年人的文化和生活，卻幾乎沒有叫人信耶穌」。[3]雜誌的兩大特色，是推動「社會關懷」，以及實踐「福音預工」。「福音預工」的概念在七十年代首先由蘇恩佩引入華人基督教社群。甄雅各（James F. Engel）以《突破》雜誌作個案分析，研究基督教傳播的模式，對於《突破》雜誌在福音預工的成效予以肯定：「許多從沒走近教會的非基督徒，至少有初步的明白，他們的生命與福音牽連。」[4]至於社會關懷，今天已是老生常談，但在六、七十年代的華人教會圈子裏幾乎被視作「異端」。可見，《突破》雜誌的工作具「先知性」，也帶著革命色彩。

蘇恩佩所提出的「福音預工」，與西方的Pre-evangelism名同實異。後者為一個線性的「屬靈抉擇過程」，[5]用作量度「接收者」對福音信息的不同階段反應；前者則剛巧相反，從「傳播者」的角度出發。聖經以「撒種」喻作傳播福音，以「收割」喻作歸信基督。[6]「福音預工」是「撒種」的前階段工作。在撒種之前，「傳播者」先進行「鬆土」，把「石頭」挪走，把「荊棘」除掉，把不理想的土壤變成「好土」，當福音的種子撒下後，「接收者」聽道明白，並接受福音。總結過去四十多年的「鬆土」經驗，蔡元雲自有一番心得：「文化等如土壤，文化包含教育、家庭、潮流等等。我們處理土壤，針對文化弊病，提倡文化抗衡，啟迪年輕人擺脫物質主義、個人主義、無神論。」[7]

總的來說，《突破》雜誌是一份以年輕人為對象的基督教刊物，以「福音預工」作使命，立足本土，敢於創新，在年輕人圈子裏曾經流行一時，可惜最終趨於式微，被迫停刊。問題涉及多方面，包括由最初「個體戶」式運作，發展至龐大的機構，引入現代企業管理，受宗教世俗化影響，加上時局變遷、人事變動、編輯路線調整等等，都是值得探討的課題。

註釋

1 蘇恩佩生於1937年之說，出自黃倩蘊的學士論文《蘇恩佩生平之研究》（香港：香浸會大學，2001）頁3，但出處不詳。另外，根據曾雅婷的碩士論文《蘇恩佩的信仰歷程與事工》（中壢：中原大學，2009）頁14，蘇氏家人尊重蘇恩佩不願讓人知道其年齡的脾性，從不公開其出生日期。故此，蘇恩佩於何年出生，本文惟有存疑。

2 蘇恩佩：〈我能為這個城市做甚麼？〉，見《蘇恩佩文集 I》（香港：突破，1987），頁140。

3 任志強：〈三十年回望身後事——今日教會群體所虧欠蘇恩佩前輩的〉，《時代論壇週報》，第1284期（2012年4月8日），頁11。

4 James F. Engel, *Contemporary Christian Communication, Its Theory and Practice*, New York: Thomas Nelson Publishers,1979, p.131.（原文是：many non-Christians who never would have gone near a church have come to at least an initial understanding of the implications of the gospel for their lives.）

5 甄雅各、羅愛頓著，林來慰譯：《福音•傳媒•策略》（香港：證道出版社，1979），頁36。

6 〈馬太福音〉13:17-23，載《新舊約全書》（香港：聖經公會，1986），〈新約〉，頁18。

7 根據〈蔡元雲訪談資料〉（2012年12月4日，地點：突破青年村）。蔡元雲醫生，突破機構榮譽總幹事、青年發展基金會長。

[1.2] 文獻回顧

在香港，關於《突破》雜誌的研究，乃是絕無僅有。在國內，至目前為止，以「基督教文學」為研究主題的博士論文中，達致信仰層面、屬靈層面的，[8]又提及《突破》雜誌的，只有蘇州大學季小兵的《野地裏的百合花——論新時期以來的中國基督教文學》，文中有少許篇幅，略談蘇恩佩、胡燕青、谷穎、羅菁、文蘭芳、小麥子等香港的突破作者群，[9]分析亦偏重於文學創作。實際上，曾在《突破》雜誌撰稿的作家不止上述幾位。國內學者缺乏資料，有所遺漏，當然可以理解。由此，研究《突破》雜誌，填補空白，香港人實在責無旁貸。

至於甄雅各對《突破》雜誌的研究，止於1979年。就銷售數字而言，1979年是雜誌的最全盛期，按月銷售紀錄最高達48,000冊，及後慢慢回落。《突破》雜誌一直重視市場，有別於其他教會機構免費派發的刊物，它是一份公開發售的雜誌，因為「突破人」以銷售數字作為雜誌流通的重要指標，市場變化與雜誌的認受性息息相關。在八、九十年代《突破》雜誌雖然一再革新，試圖拓闊市場、趕上潮流，但最終難逃停刊。原因屬於內在還是外在的？在甄雅各的著作之中，當然沒答案。尤其經歷香港八、九十年代中英談判、六四事件、九七回歸等劃時代的大事，《突破》雜誌如何作出回應？成效如何？均值得接續研究。

註釋

8 「中國現代作家在接受基督教文化時，大都不看重基督教的三位一體、基督復活、預言應驗等説，大都不在意基督教的禮儀，而重視基督教的博愛、寬容、平等、犧牲等具有人道意味的精神。他們往往將此作為批判封建傳統的武器、醫治民族病態的良藥。」（引自楊劍龍：〈基督教文化與二十世紀中國文學〉，《江蘇社會科學》，1999年第1期，頁129。）由此可見，九十年代以後，國內學者再度關注中國文學與基督教的關係，大都集中於基督教文化對文學作品的影響。

9 季小兵著：《野地裏的百合花——論新時期以來的中國基督教文學》（蘇州：蘇州大學博士論文，2006），頁19。

[1.3] 研究目的

香港學術界一直欠缺對本土刊物的研究，沒人研究，少人研究，不等於沒研究價值。《突破》是一份獨特的本土雜誌，植根基層，具使命感，目標清晰，內容跨越信仰、社會、文化和文學領域，影響深遠。在其二十五年的歷史裏，曾經風行一時，受惠的不僅是一代又一代的年輕讀者，當年參與出版的年輕義工、編輯、作者，同在成長路上得到訓練和造就。透過研究《突破》雜誌，筆者希望達到以下目的：

（1）梳理《突破》雜誌的歷史。

（2）對二十五年的雜誌進行主題分析，從微觀史的角度，以小見大，探索香港七十至九十年代的社會變遷。

（3）運用模式及計量方法，具體地解釋何謂「福音預工」、其在《突破》雜誌如何運作。

（4）探討「突破人」在香港後殖民時期的身分認同。

[1.4] 研究架構

本文借用呂西安•戈德曼（Lucien Goldmann，1913-1970）的「發生論結構主義」（Structuralism Genetic）建立研究架構，進行分析。正如劉月新所言，「發生論」的含義是指「一部作品為甚麼在一個特定的社會景況中產生，以及如何產生。」[10]既可應用作分析「如何產生」，當然也可用來分析「為何結束」。《突破》雜誌在1974年「產生」，絕非偶然，具有特定的時代意義，歷時二十五載，在1999年停刊，亦非意外，通過「發生論」的辯證，我們可以找到答案。

套用戈德曼的理論，《突破》雜誌最基本和最明顯的結構是「二元性意涵結構」（Dual Structure Significative）：

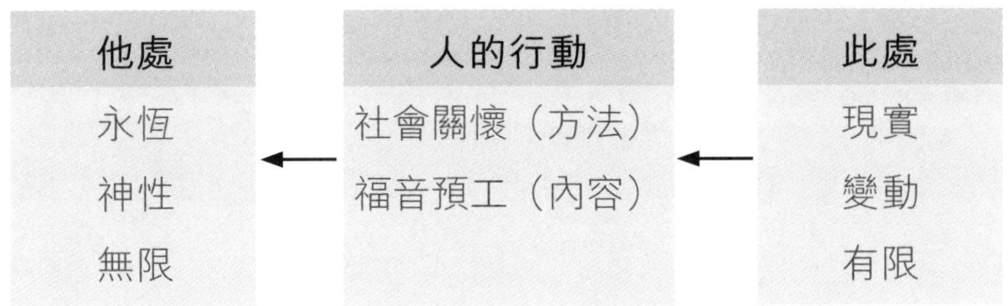

第一個元素是被人類社會、時間和空間所框限的現實世界，戈德曼稱之為「此處」（ici）。第二個元素是由不在「此處」的事物構成的「他處」（ailleurs）。[11]戈德曼主張的「二元結構」，最大特點是沒有未來，只有現在與永恆。[12]進一步說，「此處」是「污濁的世界，那裏沒有上帝，是悖謬和矛盾的世界」；另一方面，「他處」的世界，則是「清明的、神性肯定的。」[13]（戈德曼及其「發生論結構主義」部分，詳述於第二章2.2.1節。）

1974年，香港社會適值新舊交替。[14]經歷1973年的股災，經濟衰退，首要解決的是失業、罪案等問題；相對而言，青少年工作並不迫切，也沒人顧及，蘇恩佩卻率先帶領「突破」團隊開展青少年服務。[15]《突破》雜誌把「此處」事物，一小部分、一小部分的反映出來，包括黑幫、污染、貪污、吸毒、色情、恐怖主義、感情煩惱、升學煩惱等，交織成一個整體框限。年輕人被困框限之內，找不到出路。至於「他處」，就是基督信仰，屬於永恒的、無限的、心靈的。「此處」與「他處」本是分隔的，《突破》雜誌藉著社會關懷，引領年輕讀者了解自我，認識基督，尋找出路，接受信仰，接受基督救恩，從而解決問題，達致平衡。

在上述「二元性意涵結構」之中，社會關懷與福音預工是具體的行動，前者是方法，後者是內容，產生橋樑作用，引領年輕人從「此處」過渡「他處」，套用基督教的用語，即與永恒結合。（「社會關懷」與「福音預工」，分別詳述於第二章2.2.3節及2.2.4節。）

註釋

10 劉月新：〈論戈德曼的文學解釋學〉，《西南石油大學學報》（社會科學版），第2卷第1期（2009年1月），頁84。

11 何金蘭：《文學社會學》（台北：桂冠圖書，1989），頁167。（何書譯作「高德曼」）

12 戈德曼著，蔡鴻濱譯：《隱藏的上帝》（天津：百花文藝，1998），頁414。

13 同上，頁309。

14 呂大樂：《那似曾相識的七十年代》（香港：中華書局，2012），頁17。

15 小思：〈懷念蘇恩佩〉，《明報》（2012年4月7日），版D05。

[1.5]

研究方法

本文的研究方法，採用彼得•伯克（Peter Burke）所歸納的四種研究文化史（Cultural History）的基本方法：[16]比較（comparison）、模式和類型（models and types）、計量方法（quantitative methods）、社會顯微鏡（the social microscope）。（伯克及這四種研究方法，詳述於第二章2.2.2節。）

前文所述的「二元性意涵結構」為典型的模式。另外，社會顯微鏡則是微觀史（Microhistory）的研究方向，從一粒微塵看整個世界，從局部得出一般，與本文的目的，從一本雜誌反映香港社會變遷，完全相符。至於計量方法，本是傳播學研究報刊雜誌的常見方法，不過，筆者援引圖書館學的分類理論，用作制訂數據，無論傳播學或圖書館學，均屬新嘗試。

所謂「專題是雜誌成功的核心」[17]，一個出色的專題，能夠體現辦刊宗旨，凸顯雜誌的特色，增強雜誌的吸引力。《突破》雜誌自創刊開始，每期均設定一個專題，配以相關的「主打」文章、問卷調查、評論、訪問等稿件，組成該期雜誌的核心內容。本文的計量方法，乃不常見的運用圖書館學的分類理論，對《突破》雜誌每期的專題，進行主題分析。主題分析是圖書館編目工作的第一步，把意念相同、主題類近的資料集中在一起，建立一套統一的主題標目。[18]方法是將組成圖書資料的主題詞素「切分」至不能再切分的「單元詞」（分類理論詳述於第二章2.3.2節）。圖書館編目人員決定「單元詞」後，參考經規範的「主題詞表」，選定一個最合適的「主題詞」，對該份資料的內容特徵作出高度濃縮的概括描述。[19]同樣，筆者亦借助《中文主題詞表》[20]和《中國圖書館分類法》[21]為《突破》雜誌每期主題作出「高度濃縮的概括描述」，例子如下：

年	月	期號	專題名稱	主題詞	類號
1974	1	創刊號	我們的明天	青少年問題	544.67
1974	3	002	開拓娛樂的新境界	課外活動	527.84
1974	5	003	流行音樂：時代的脈搏	流行歌曲	913.6

接著的分析步驟，是運用類號，組成數據，製成圖表（如下圖），對主題詞進行分析和比較，有助發現主題的分佈趨勢，探討在不同年代、不同期數，《突破》雜誌的關注點是甚麼。

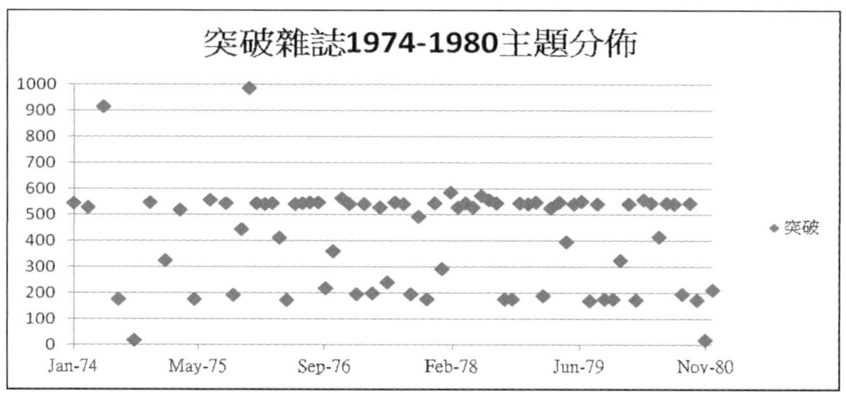

為加強研究的深度、廣度，筆者揀選《號外》、《匯聲》及《青年良友》三份雜誌，跟《突破》雜誌互相比較，嘗試分析在同一城市、同一時間，不同刊物的關注點有何差異；倘若

彼此的關注點相同或相近，則分析不同刊物的處理手法的異同，從而凸顯《突破》雜誌的特色。（四份雜誌的有關主題詞及類號，詳列於本文附件。）

最後，口述歷史（Oral History）訪談為是項研究不可或缺的資料搜集方法。《突破》雜誌昔日的編者、作者、讀者，大都健在，訪談所得的第一手資料，既可補充文獻資料的不足。且各人回顧當年編、寫、讀《突破》雜誌的往事，事過境遷，更能作出客觀的分析和評論。

註釋

16 伯克著，姚明等譯：《歷史學與社會理論》（上海：世紀出版，2010），頁22-45。

17 John Morrish, *Magazine Editing*, London: Routledge,1996, p.116.（原文是：features are central to the success of magazine.）

18 陳麥麟屏、林國強：《美國國會圖書館與主題編目》（台北：三民書局，2001），頁31。

19 于良芝：《圖書館學導論》（北京：科學出版社，2004），頁37。

20 中文主題詞表編訂小組：《中文主題詞表 • 2005年修訂版》（台北：國家圖書館，〔2005〕年）以《中文圖書標題表》（1994年修訂版）為藍本，參考各種關鍵詞庫、專科詞典、主題詞表等，並參酌文獻編目實務經驗，採用文獻保證及用戶保證原則，增補了許多反映新學科、新事物、新概念的詞目。共收主題詞凡23,162條，主表19,110條，附表4,052條。主表中，正式主題詞凡16,939條，非正式主題詞凡2,171條。

21 國家圖書館編目組：《中文圖書分類法 • 2007年版》（台北：圖家圖書館）根據賴永祥「中國圖書分類法」為藍本修訂而定。「中國圖書分類法」原由1929年劉國鈞編訂，以「杜威十進分類法」為基礎，參考《漢書藝文志》、《四庫全書總目》等中國古代目錄，擴增有關中國圖書的類目，以符合中國的需要。

[1.6] 內容分析

「突破」運動因應香港的社會狀況，每十年設定一個「主題事工」，作為工作目標。因應七十年代香港經濟起飛、八十年代中英談判、九十年代九七回歸，「突破」運動的主題事工依次為「突破」、「尋根」、「世紀領袖」。本文的大綱，亦跟隨相同的理念，設定以每十年為一單元如下：

（1）七十年代的「突破」

- 蘇恩佩與《突破》雜誌
- 社會關懷與福音預工
- 《突破》雜誌內容分析——「N+1」模式（福音預工的實踐）
- 雜誌的延伸

（2）八十年代的「尋根」

- 八十年代的香港社會與香港教會
- 《突破》雜誌的後蘇恩佩時代
- 「N+1」與「N-1」模式（福音預工的波動）
- 《突破》雜誌第一次革新
- 《突破》雜誌第二次革新

（3）九十年代的「世紀領袖」

- 「突破人」在香港後殖民時期的身分認同
- 九十年代香港社會的焦慮
- 突破青年村
- 《突破》雜誌第三次革新
- 停刊

特別一提的是，《突破》雜誌的出版史上，在「此處」經歷了劃時代的中英談判、九七回歸。在這長達二十年的歲月裏，香港處於一段介乎「殖民」與「新殖民」的尷尬期，社會出現嚴重的信心危機。期間，1984年中英聯合聲明公佈後，超級市場的存貨一夜之間幾被搶購一空，移民潮繼而湧現；1989年六四事件發生，香港的社會狀況更是介乎於恐慌與完全無助之間。[22]

在這段尷尬期內，香港社會出現了對「中國人」、「香港人」、「英國屬土公民（海外）」的身分取捨，對回歸或移民的抉擇等矛盾和分歧。這些矛盾和分歧，同樣在選擇權更低的青少年身上找到，「六四」事件後，《突破》雜誌做了一次意見調查，發現約四成半被訪的青少年認為香港有前途，約三成半認為香港沒前途，其餘的兩成不能判斷香港的前途。[23]

然而，在一片混亂、憂慮的陰霾底下，在《突破》雜誌裏，我們不僅找不到負面的、消極的信息，反而讀到「尋根中國，植根香港，紮根永恒」作為對時代變遷的回應。[24]《突破》不是根正苗紅的左派雜誌，基督教福音機構「突破」與無神論的共產政權之間，似乎沒互諒互讓的共融基礎，為甚麼《突破》雜誌沒「九七」焦慮，沒信心危機，沒身分迷失，與香港的主流民意、大眾情緒大相逕庭？秘訣顯然是身處混亂的「此處」，心繫永恆的「他處」。多年來，學者對香港的後殖民研究，涵蓋廣泛，層面深入，惟獨忽略了《突破》雜誌。

最後，引述史杜基斯（Jane Stokes）解說內容分析的優點：「它能確保你執行你的初步研究，以及為你提供獨有的事實和數據，用以作為你的討論的證據。」[25]在《突破》雜誌內容分析的結果基礎之上，筆者預期進一步討論：

（1）《突破》的本土意識、時代意義。

（2）《突破》路向的轉變，從「此處」到「他處」的過渡及平衡，與雜誌發展的關係。

（3）基督教年輕人雜誌的未來發展路向。

註釋

22 陳清僑：〈介於殖民與新殖民時期的香港社會〉，載廖炳惠編：《回顧現代文化想像》（台北：時報文化，1995），頁28。

23 黃淑貞：〈香港青少年對中國民運及中港前途意見調查〉，《突破》第178期（1989年8月15日），頁63。

24 〈戰線上──「我們」的歷史廿五年回顧〉，《突破》第298期（1999年8月15日），頁23。

25 Jane Stokes, *How to Do Media and Cultural Studies*, Thousand Oaks: SAGE, 2003, p. 56.（原文是：It enables you to conduct your primary research and come up with your own facts and figures to use as evidence in your argument.）

第二章

七十年代的「突破」

[2.1]
蘇恩佩
與《突破》雜誌

2.1.1 低調的吶喊

〈低調的吶喊——香港青年側寫〉[26]

蜷曲於三合土森林的囚錮

窒息於不同頻率噪音的重圍

慵倦於扭擺嘶喊後的啜泣

　　　　　　　我們伸出雙手

要抓住一些不知甚麼的甚麼

（看完了七點鐘的劇場，

又看七點半的新聞：

　　當銀幕出現一具具骷髏的餓殍，

　　他們正趕緊倒去殘餘的佳餚；

　　當衛星轉播出遠方的炮轟，

　　他們亦準備開始另一種戰爭。

　　噯，在有電視麻將之夜，

　　他們把無聊渲染得多麼有聲有色！

　　喲，不要辜負了這良宵，

　　這歡樂的今宵！）

在「兒童不宜觀看」影片的哺育中長大

在「會考習題補課」的催促中成熟

　　我們早衰得太快

　　被剝奪了做夢的權利

這城市的土壤既淺且貧瘠

　　我們遂成了無根的一代

除了金色彩釉的價值

　　我們未曾懂得更高的理想

　　只是，啊！只是

別太快放棄我們——

試試探觸我們的脈搏

　是否還有一種節奏在躍動

　其實，啊！其實

我們的血液還未完全凝固

也不甘心就此消磨腐蝕——

　因為我們還年輕

〈低調的吶喊〉被視為《突破》雜誌的創刊宣言。這首詩，蘇恩佩寫於1973年夏天，最初印在單張之上，宣傳翌年1月出版的《突破》雜誌。就詞義區分，「低調」與「吶喊」屬於一對矛盾的組合。按理，吶喊應當高調，聲音宏亮，吶喊高呼，一呼百應。在中國的典籍裏，常見於戰陣的描述，例如《三國演義》第四十五回，周瑜率兵攻曹，「來日四更造飯，五更開船，鳴鼓吶喊而進。」

然而，低調的吶喊，出於蘇恩佩手筆，卻出奇地貼切。蘇恩佩自小溫柔婉麗，説話陰聲細氣，[27]當小學教師時，罹患甲狀腺癌，動過四次手術，接受三次放射治療，毀了嗓子，[28]就連高聲說話，也感吃力；即使與人詳談，總要間歇喘息，喝點溫水。[29]故此，她若要吶喊，一定不能高調。

綜觀蘇恩佩一生，我們可以發現更多比低調的吶喊更矛盾的事蹟。她弱不禁風，[30]欠缺強人的力氣，但擁有當領袖的魅力、毅力、智力，她創辦《突破》雜誌，領導「突破」運動，提倡福音預工，發起文字救贖，鼓吹文化抗衡，造就一代又一代的年輕人。「突破」的吶喊，不是製造輿論噪音，也不是大鳴大放、自吹自擂；它著重藝術質素，堅持文化品味，吸引年輕人，刺激他們，帶給他們挑戰，引起他們的共鳴。[31]從而為他們在繁囂鬧市裏開闢一處靜心思考的心靈空間，反思生命。不僅透過文字，蘇恩佩的「吶喊」無聲無息地搖撼年輕讀者的心靈，她還親身走到社會行動的最前線，參加反對金禧封校集會，[32]參加抗議巴士加價，[33]與群眾一起爭取公平、公義。以她的身體狀況，有甲狀腺癌在身，體虛氣弱，參與抗議行動實在不可思議。《突破》雜誌第一代編輯何盛華談到蘇恩佩的鬥志時，不禁佩服地說：「正確的事，她就是押上生命，也要做到底。」[34]

蘇恩佩就是這樣的一個香港傳奇，在短暫的人生之中，不斷燃點生命，造福他人。

註釋

26 蘇恩佩詩〈低調的吶喊——香港青年側寫〉，初見於1973年7月的雜誌宣傳單張上。《突破》雜誌第100期回顧專輯（1983年2月15日，頁5）再次刊登。

27 根據〈李清詞訪談資料〉（2013年4月19日，地點：李清詞的寓所）。李清詞牧師，退休前為中華基督教會香港區會副總幹事，與蘇恩佩同讀於英華女校，較蘇恩佩高班，兩人相識少年時。

28 蘇恩佩：〈死亡別狂傲〉，見《蘇恩佩文集 I》（香港：突破，1987），頁370。

29 根據〈潘金英、潘明珠訪談資料〉（2013年5月3日，地點：教育局九龍塘教育服務中心）。潘金英女士、潘明珠女士，香港兒童文藝協會理事。

30 根據〈文蘭芳訪談資料〉（2013年3月4日，地點：文蘭芳的辦公室）。文蘭芳曾目睹蘇恩佩上班時，在界限街逆風而行，前行三步，後退兩步的狼狽情況。文蘭芳女士，前突破出版社社長，現為濛一設計坊總監。

31 蘇恩佩：〈撒種之前——「福音預工」的實踐〉，《抉擇》（1977年8月），頁7。

32 1977年6月何文田金禧中學教師揭發校方造假帳斂財，學生罷課。警方介入調查，1978年2月校長梁潔芬修女被控10項偽造文書，罪成，判入獄半年，緩期執行。同時教育司署向金禧中學35名教師發警告信，指責他們直接介入學生罷課。5月9日，四百多名金禧師生在天主教明愛中心靜坐抗議。5月14日，教育司署宣佈封閉金禧中學，金禧校監爾納定修女宣佈，在金禧原校址成立德蘭中學。6月28日，近萬人在維園集會，抗議教育司署及天主教會高壓封校。

33 1980年12月，203個團體在窩打老道安素堂成立聯合委員會，反對兩巴瘋狂加價，要求兩巴改善服務，爭取市民參與監管公共事業。

34 根據〈何盛華電話訪談資料〉（2013年3月26日）。何盛華女士，《突破》雜誌首位全職編輯。

1 1974年1月15日《突破》創刊號正式面世

2-3 早年的《突破》雜誌強調社會關懷，積極參與反對巴士加價及金禧封校事件。

2.1.2 從學生到老師

蘇恩佩在香港出生，祖籍廣東省中山縣，家中七兄弟姊妹，排行第四。父母都是基督徒。蘇母是個「禱告的人」，留給子女的屬靈遺產是「誠心禱告」[35]。蘇父十五歲來港當學徒，白手興家，創辦出入口貿易公司，又參加「學海書樓」，[36]涉獵四書五經。蘇恩佩受到父親薰陶，從小是個書蟲，中外名著，一天一本地囫圇吞棗般吞下，[37]因而打下良好的文學基礎。

蘇恩佩的小學和中學就讀於英華女校（Ying Wa Girls' School），李清詞以「斯文而活躍」來形容這位學妹：「恩佩斯文溫柔，陰聲細氣，文學修養極高，中英文俱佳，莎士比亞的詩，朗朗上口，朗誦、話劇、音樂、辯論，總有她一份，而且表現出眾。她還喜歡戶外活動，常去爬山、遠足，動靜皆宜。」[38]

英華女校的校長蕭覺真（Vera Silcocks），二十多歲加入倫敦傳道會（London Missionary Society），離鄉別井，到香港獻身女子教育，日治期間，曾遭日軍囚禁於赤柱集中營。蕭覺真在英華女校服務四十年，嘉言懿行，影響學生甚深。在悼念文章裏，蘇恩佩憶記：

「她（蕭覺真）的生活行動處處流露基督的榜樣；幾十年來，多少老師和同學，本來對基督的福音完全陌生的，卻因此受到感召而皈依基督。在我個人追求的歷程中，校長和幾位倫敦差會的老師，都留下可尋的痕跡。」[39]

蕭覺真不僅影響蘇恩佩，也影響李清詞：「我們決志投身教育，效法前賢，藉著教育工作，傳道服務。那時候，我和恩佩先後得到香港大學取錄，但我們都放棄了，改讀師範，更實際地學習當一個教師。」[40]

蘇恩佩中六畢業後，入讀葛量洪師範專科學校，進修一年，[41]1956年受聘荃灣官立小學，擔任英文和音樂老師。五十年代，荃灣仍是偏僻鄉郊，交通不便，蘇恩佩住在學校宿舍裏，常於初夏黃昏與同事在宿舍後面的小山上看晚霞、唱歌，舒緩上級給他們的無理壓力。[42]在師生眼中，她是個良師典範。同校老師朱溥生（阿濃），以「聖潔」來形容這位「笑容和歌聲同樣甜美」的年輕女教師，他說：

「從不曾見她（蘇恩佩）對學生疾言厲色，責備孩子時聲音也是那麼的溫柔。她是一個完完全全的基督徒，從言語、態度到習慣、愛好都給人聖潔的感覺，最口不擇言的同事也不敢在她面前説髒話。」[43]

另外，Luke Lau在網誌上記述，蘇恩佩是他就讀荃灣官小五年級時的班主任，與學生打成一片，常在宿舍裏替默書不及格的學生補習，又在荃灣靈糧堂開辦少年聖經班，邀請學生參加。[44]

1958年夏天，正當蘇恩佩計劃學聲樂、學法文、學意大利文、憧憬著歐洲，前路充滿色彩繽紛的夢想，好景不常，她體內的癌細胞沒先兆、沒警告的攻擊她的咽喉，她突然失聲，整整十天説不出話。經過一系列檢查，最後確診患上甲狀腺癌，[45]須要入院動手術。

註釋

35 根據〈蘇恩覺訪談資料〉（2013年6月1日，地點：蘇恩覺的寓所）。蘇恩覺女士為蘇恩佩的胞妹。

36 學海書樓於1923年由賴際熙太史創立，旨在保存古籍，發揚國粹，並邀聘宿儒講學，以達成「宏振斯文，宜聚書講學」之志願。

37 蘇恩佩：〈獻給年青的朋友（一）青春底權利〉，見《蘇恩佩文集 I》（香港：突破，1987），頁169。

38 根據〈李清詞訪談資料〉。

39 蘇恩佩：〈悼蕭校長〉，見《蘇恩佩文集 I》（香港：突破，1987），頁289。

40 根據〈李清詞訪談資料〉。

41 關於蘇恩佩就讀香港哪所師範學院，資料不一。大部分人的説法，是在羅富國師範學院修讀一年「師訓」課程，包括曾雅婷的碩士論文《蘇恩佩的信仰歷程與事工》(中原大學，2009)、朝鷹的文章〈突破運動先鋒〉(《基督教週報》2011年3月20日)、劉緒端的網誌文章〈完全委身——蘇恩佩一生的學習〉(http://www.chinesetheology.com/SLau/CommitmentOfSo.htm）。惟台灣《校園》雜誌2010年9/10月號專題「燃點火把的人——懷念蘇恩佩」，簡介蘇恩佩「就讀葛量洪師範學院」（年份不詳）。筆者與阿濃（朱溥生）電郵通訊，討論此事。阿濃與蘇恩佩在荃灣官立小學共事，他確定蘇恩佩1956年入職，認為蘇恩佩1955-56年在「葛師」受訓，理由是當年只有「葛師」提供一年制的小學教師訓練課程。筆者翻查王齊樂著《香港中文教育發展史》(香港：三聯書店，1966），找到佐證，支持阿濃的説法。據王書所載，「羅師」的中、小教師訓練期為兩年（頁295），「葛師」自1965年起開設全日二年制課程 （頁341）。由此，蘇恩佩就讀葛量洪師範專科學校方為正確。

42 蘇恩佩：〈獻給年青的朋友（一）青春底權利〉，見《蘇恩佩文集 I》，頁170。

43　阿濃：〈蘇恩佩〉，載《香港老照片第二輯》（香港：天地圖書，2001），頁61。

44　Luke Lau：《劉牧師事奉三十年見證集》，下載：2013年5月7日，網址：http://revllau.blogspot.hk/2009/11/2.html

45　根據〈蘇恩覺訪談資料〉。父母親為怕蘇恩佩擔憂，主張隱瞞病情，親友皆知道蘇恩佩罹患癌症，惟獨她本人一直蒙在鼓裏，以為「有過嚴重的病歷，把甲狀腺全部割除，長期要服藥」。直至1970年她在台灣再次病發，當地醫生研究她的病歷，才「揭發」她是個癌症病人。

2.1.3 蛻變與委身

入院初期，蘇恩佩不曉得病情的嚴重，不知天高地厚的，與另一位剛巧住院的好友整天結伴在醫院裏跑來跑去，聊個沒完。[46]沒多久，經過前後四次手術，把甲狀腺全部切除，加上三次放射治療，她的身體變得虛弱不堪。她自言「變了另外一個人」：

「有很長的一段時間，我不但不能唱歌，根本不能講話。除了必要時以手勢或紙筆表達，我變成完全緘默了。緘默不是我的本質。自小學入學，就不斷獲得講故事比賽、演講比賽、辯論比賽優勝的名次……我善於發言、善於表達；我也喜歡聽自己的聲音……後來雖然聲音漸漸恢復，然而變得很沙啞，很不喜歡聽自己的聲音，而且講話仍然有困難，於是我仍然大部分時間保持緘默。至於唱歌方面……孕育多年的願望和夢想已給砸得粉碎。」[47]

首次癌症發作，雖沒奪去蘇恩佩的生命，但令她永遠失去健康、失去美妙的歌喉、失去色彩繽紛的人生大計；然而，有失亦有得，癌症卻令她經歷一次「蛻變」，反思對信仰的委身：

「在起病以前，這『委身』的承諾也僅是意志上的擔承而已，還說不上有甚麼生活行動上的體認。直至在苦難挫折的煎熬中，我才開始學習順服、忍耐、信心。」[48]

最後，她順服，完全委身基督，願意成為流通的管子，成為別人的祝福。經過一年多的治療和休養，她康復過來，返回荃灣官立小學復職，同時計劃前往美國進修神學，為日後獻身亞洲地區的宣教工作裝備自己。[49]

註釋

46　蘇恩佩：〈死亡別狂傲〉，見《蘇恩佩文集 I》，頁379。

47　同上，頁376。

48　同上，頁377。

49　〈書信第一組〉，見《蘇恩佩文集 I》（香港：突破，1987），頁447。

2.1.4 從香港到美國

1963年，蘇恩佩赴美入讀芝加哥的慕迪聖經學院（Moody Bible Institute）。關於蘇恩佩的留學生活，文獻資料不多，憑她的作品及書信，我們可找到一鱗半爪。1982年4月15日，蘇穎睿牧師在「蘇恩佩姊妹安息禮拜」會上，講述一個蘇恩佩在美國時的感情抉擇：

「她（蘇恩佩）不會滿足於在美國郊區安分的當個博士太太，過著安逸寧靜的中產階級生活。雖然她是一個喜愛家庭、孩子和寧靜的中國女性，但面對國家的責任、社會的不平、神的呼召，她的基督徒良心卻不容許她作個逃兵，於是她就離開了美國到台灣參加學生工作的行列。」[50]

這個感情抉擇、類似的經歷，令人想起蘇恩佩小說《仄徑》裏的司徒苑。司徒苑的留學生活與愛情故事，充滿作者的影子，是蘇恩佩的寫照。蘇恩佩在慕迪聖經學院度過一個學年後，轉到惠頓大學（Wheaton College），[51] 理由也可在《仄徑》裏找到，同樣出自司徒苑口中：

「這個政策（學院規定黑人和白人學生不能約會）違反聖經及基督的原則，基督十分尊重個人的尊嚴，看重個人的價值。美國的黑白種族衝突我以前也常在報上讀到，可是現在親歷其境才深切地瞭解到它的嚴重性。」[52]

「我對這學院有許多不滿的地方！它的程度，學習氣氛……還有整個學院觀點上的狹隘。」[53]

同樣，在《仄徑》裏，蘇恩佩透露其宣教路向如何確立。司徒苑跟室友閒聊，談到當代中國人的悲哀：

「妳大概不瞭解我們這一代中國人的悲哀，我也是到美國後才深切地體會到。也許妳不曉得，在美國留學的中國知識分子數目龐大得驚人，而這數目百分之九十以上會長久居留下去……一個拿了科學博士學位的差不多就注定要留在美國，除非他願意犧牲個人的前途……不過我不打算在這兒長居下去。我來的目的是要在神學及聖經知識上充實自己……我曉得我是屬於亞洲的。」[54]

類似的話，我們可從蘇恩佩1965年寫給台灣校園團契負責人林靜芝的信內讀到：

「我對自己的國家、民族及文化保持著不變的熱愛；這熱愛因著我對傳福音越來越有負擔而更熾熱了，到台灣去的感覺卻是來美後才積成的。在芝加哥我認識許多從台灣來的青年……開始明白從台灣留美的中國青年知識分子，百分之九十九都留下來……漸漸地從友誼和認識中我對台灣有了負擔。」[55]

蘇恩佩在美國認識許多來自中國大陸、台灣的留學生，從他們身上體會到那種「有家歸不得」的無根失落。1964年她參加由國際學生福音團契（International Fellowship of Evangelical Students）在伊利諾州大學舉辦的宣教大會（Missionary Convention），於一個名為「鄉土的呼喚」的中國學生討論會上，聽到來自台灣的牙科博士嚴崇開的見證。嚴崇開放棄哈佛大學的高薪厚職，返回台灣投身校園團契的學生工作。蘇恩佩深受感動，會後她與嚴崇開交談，進一步了解台灣的情況，決定畢業後加入校園團契的團隊。[56]

1966年，蘇恩佩參加惠頓大學的八月畢業禮（August Convocation），領過榮譽文學士學位（Bachelor of Arts with Honor），[57]便啟程前往陌生的台灣工場。

註釋

50　蘇穎睿：〈只有祝福〉，序於蘇恩佩：《仄徑》（香港：證道出版社，1982），頁〔2〕。

51　根據〈蘇恩覺訪談資料〉。蘇恩佩最初申請留學時，並不知道慕迪聖經學院的校風保守、程度不高，讀了一年便轉到惠頓大學。由於惠頓大學的學費較高昂，超出蘇恩佩的預算，學費遂由恩立和恩覺兩姊妹支持。

52　蘇恩佩：〈仄徑〉，序於《蘇恩佩文集 II》（香港：突破，1987），頁191。

53　同上，頁292。

54　同上，頁180。

55　〈書信第一組〉，見《蘇恩佩文集 I》，頁481。

56　〈書信第一組〉，見《蘇恩佩文集 I》，頁473。

57　*Bulletin of Wheaton College: Catalog Issue 1967/1968*, Wheaton IL: Wheaton College, April 1967, p.122, Yan-Pui J. So, Hong Kong名列榮譽文學士名單之上。根據惠頓大學的學制，「榮譽畢業」（Graduation Honors）的資格，要求學生平均積點達2.2以上，經學院推薦、審核，方可頒授。惠頓大學的積點制，共分五等，A是3，B是2，C是1，D沒分，F是-1。由此可見，蘇恩佩「浸沉在神學、哲學及文學中；從蘇格拉底到尼采，從莎士比亞到沙特，從祈克果到脱利到邦可法，從新正教派到無神派」（見〈書信第一組〉，頁478），努力求學，終以優異成績畢業。

2.1.5 從台灣到香港

1966年10月，蘇恩佩抵達台灣，先在中原理工學院任教「大一」英文，部分時間參與校園福音工作。1967年9月正式擔任《校園團契》雜誌的總編輯，用三年時間，成功把雜誌改革一新：[58]

（1）停止贈閱，改為付費訂閱。

（2）易名《校園》。

（3）把雜誌從一本學生見證刊物，轉型成回應時代的大眾知識型刊物。

蘇恩佩的改革，為《校園》雜誌吸引了更大量的讀者、更精英的作者，激起更熱烈的討論、更投入的參與。[59]她對雜誌工作充滿鼓舞和興奮；[60]然而，她沒料到，她在台灣的工作經驗或許是一項熱身，為重返那個她從來不依戀的香港，[61]創辦更具革命性的《突破》雜誌，先作三年熱身。

1970年，蘇恩佩病倒了，病得很嚴重，她自言是一次「大崩潰」，[62]病情長期不見起色，體質每況愈下，荏弱的身體更見荏弱。她當時住在中原理工學院創辦人張靜愚家中養病。長期照顧病者，是件吃力的事，為免加重張氏夫婦的擔子，蘇恩佩於是返港，回到家人身邊。

再一次身處生死線上，她靠針藥支撐，坐在輪椅上，給抬上飛機，扶病返抵香港，重回家人的懷抱裏。同年秋天，香港的醫生診斷蘇恩佩是癌症復發，而且蔓延到肺部。自此「真相大白」，蘇恩佩首次對自己的病歷、病情清楚地、全盤地掌握。到了1970年底，蘇恩佩慢慢康復過來，當時妹妹恩覺在新加坡修讀神學，她便飛到新加坡與妹妹同處，休養身體，期間幫忙編輯《前哨》雜誌，[63]至1972年底，返回香港，正式停留下來，也正式看清楚這個闊別十年的「第一家鄉」是甚麼模樣。

七十年代香港的社會狀況，據呂大樂的研究，有以下五方面：[64]

(1) 股災（1973年）、石油危機、世界經濟衰退，打擊中小工商業，引致嚴重失業，估計全失業二十萬人，半失業也有此數。

（2）多數家庭仍須為口奔馳，要全家總動員去應付一家人生活上的開支。

（3）儘管基本教育逐漸普及，1971年仍有十三萬多年齡介乎十至十六歲的兒童及青少年沒有入學，而當中約四分三有外出工作。在日常生活的層面，貪污滲透社會每個角落，其中以警隊貪污最嚴重；暴力罪行和街頭犯罪是第二大問題，屋邨常有箍頸黨、道友埋伏，間中又有黑幫械鬥，治安欠佳。

（4）學生運動的出現給殖民地政府帶來了政治壓力與挑戰。

（5）在後暴動時期，殖民地政府嘗試重建政府與社會的關係，加強市民對香港的歸屬感。

呂大樂特別強調1974年，因為在1974年，他初步觀察到「新舊交替與轉變的準備」，他列舉的事例包括：廉政公署成立、社會運動、諷刺時弊的港產電影、馬會開設場外投注站、《中國學生周報》停刊等。然而，在那段新舊交替的過程中，在《中國學生周報》停刊的同一年，呂大樂遺漏了《突破》雜誌的誕生。正如胡燕青所言：「個人來説，閱讀突破雜誌，是一個中國學生周報的替代。」[65]明顯地，蘇恩佩的目光、步伐居於時代的前端，當大部分人還未察覺需要轉變，她已用新思維來觀察社群。小思指出，在社會還未準備好之前，蘇恩佩已帶領《突破》團隊開展青少年工作：

「那時候，香港社會正在轉型，最凸顯的是青少年問題：吸毒、濫交、感情失衡等等在當時還屬『新鮮』的困局。政府、社會福利，都未配備應變方案。她（蘇恩佩）認為必須在患之始然時加快制止，要著手做青年工作。其中她認為應辦面對青少年的刊物，設計健康身心的活動。我至今不忘她堅定亮光的眼神。」[66]

難怪《突破》雜誌第二位全職編輯文蘭芳自豪地説：「當年，我們的工作具先知性。」[67]

註釋

58 吳鯤生：〈「我是屬於亞洲的」——記一位不尋常的輔導〉，《校園》（2010年9 / 10月），頁41。

59 蘇恩佩：〈死亡別狂傲〉，見《蘇恩佩文集 I》，頁381。

60 根據〈蘇恩覺訪談資料〉。蘇恩覺曾到台灣探望蘇恩佩，見她拚命工作，暗暗為她的健康擔憂。

61 〈書信第一組〉，見《蘇恩佩文集 I》，頁447。

62 蘇恩佩：〈死亡別狂傲〉，見《蘇恩佩文集 I》，頁383。

63 根據〈蘇恩覺訪談資料〉。蘇恩覺以「生命力極度頑強」來形容姊姊，蘇恩佩從病重垂危返港，到在新加坡編輯雜誌，前後不足一年。

64 呂大樂：《那似曾相識的七十年代》，頁17-22。

65 根據〈胡燕青訪談資料〉（2012年10月11日，地點：胡燕青的辦公室）。胡燕青女士，香港浸會大學文學院副教授。

66 小思：〈懷念蘇恩佩〉，《明報》（2012年4月7日），版D05。

67 根據〈文蘭芳訪談資料〉。

2.1.6《突破》雜誌從醞釀到誕生

1973年，蘇恩佩發表重要文章〈這一代的先知在哪裏？〉，平地一聲雷的，引起基督教界的注意，尤其一群本地大學畢業、海外歸來的年輕基督徒，對她的文章起了共鳴。在文章裏，蘇恩佩指出，先知使命不僅對將來的事發預言；更重要的，是對「他們那個時代的人（特別是同胞），同時宣告神的審判和憐憫」，由於「每一個基督徒都無法逃避神給人基本的託付——對社會承擔責任」，她儘管身體軟弱，但還有一管禿筆，於是她另發表了〈我能為這城市做甚麼？〉、〈城中的死亡〉、〈他們也有靈魂〉。那還不夠，她裏面的聲音催迫她要肩負起「先知」使命：

「本地的基督徒應該聯合起來辦一份有水準的刊物，在社會上發出基督徒的聲音。我們不是可以藉這份刊物給迷失的青年指出方向，建立正確的價值觀嗎？——只有在耶穌基督裏才可以找到真正的方向和價值觀。我們不是可以再進一步與他們建立個人的關係、輔導他們嗎？基督徒不能再沉默了！」[68]

至於〈城中的死亡〉，蘇恩佩在文章裏一方面為香港充斥各種罪惡而哀傷難過，另一方面，教她更難過的是基督教會的冷漠：

「……而基督的教會呢？我們仍然在每個主日崇拜（教友都是循規蹈矩的）；我們仍然在按時舉行查經班、禱告會、青年團契（他們都來聚會，沒有到不良場所去，他們也『不與世俗為友』的）；我們一年也舉辦幾次傳統方式的佈道奮興大會（那些吸毒的癮君子、十四K黨的『飛仔』是不會來的）。我們的基督徒多屬靈啊！……在這個城市裏每天多少人活在滅亡中，而這些人是教會一點也觸不到的……」[69]

在〈我能為這個城市做甚麼？〉裏，蘇恩佩告訴讀者，她看清楚這個闊別十年的香港是甚麼模樣：

「今日在香港沒有任何一個人在任何一個地方是安全的。我們把自己緊緊地關在大鐵門裏，有人按門鈴，我們心驚膽跳的從大門的電眼去窺視一下誰在外面……色情案、吸毒、聚賭、糾黨行兇的案件更是層出不窮。暴力的濫用，人命的低賤，人性的歪曲已到頂點了。」[70]

蘇恩佩問自己：「我能為這城市做甚麼？」她的答案

明確而堅定：「我有的只是病弱的身軀和一枝禿筆。不，我有的更多——只要我真的相信『這福音本是神的大能，要救一切相信的。』」[71]她坐言起行，跑到「三不管」的九龍城寨，[72]接觸年輕人，尋找和拯救失喪的「靈魂」，在〈他們也有靈魂〉文中，娓娓道來。

上述四篇文章，李淑潔認為，代表蘇恩佩信仰實踐的一個里程碑，反映了她對這個城市、這一代的關注與承擔，對先知使命的醒覺，由此觸發了她參與創辦《突破》雜誌的心願。[73]

在九龍城寨裏，蘇恩佩不單認識了一班十六、七歲的「迷途羔羊」，[74]她還遇見一位「向他們講解醫學常識及一些聖經教訓」的醫生。而那位醫生在三十七年後，這樣記述兩人當年的歷史性相遇：

「那是一個為戒毒者而設的醫學專題，與會者都是一些年輕和中年男士，約有二十餘人，他們大部分都曾吸食海洛英。當聚會正式舉行時，我留意到一位女士坐在最後一排，非常專注地聆聽。我講說完畢，便趨前跟她打招呼，因為她完全不像吸毒者，在芸芸一班男士中非常惹人注目。她自我介紹，說自己是蘇恩佩。我一知道眼前人是蘇恩佩便覺得非常興奮，因為我看過她寫的文章，也知道她寫了一本名叫《仄徑》的小說，描述一位女士為了追尋自己的理想，從美國踏上歸途，甚至放棄愛情。許多留學生都愛看這本小說，很喜歡《仄徑》的故事，對書中主人翁的遭遇深感共鳴。」[75]

他就是蔡元雲，從加拿大回流的年輕醫生，1971年畢業於曼尼托巴大學（University of Manitoba）醫學院，當時在播道醫院工作。

蘇恩佩與蔡元雲在九龍城寨相識後，又在不同的場合碰頭。交談之間，兩人都慨嘆，認真而有深度的雜誌開始遭市場淘汰，報攤上擺滿色情刊物。當年輕新一代對前路充滿無窮的探索、疑慮和反思，值得他們參閱的刊物卻嚴重匱乏。後來，關注的人越來越多，包括梁永泰、詹維明、陳喜謙、朱杞祥、錢北斗、周子森、王誌信等年輕知識分子。他們不僅討論，還滿有「傻勁」的進行研究，研究青少年的喜好與閱讀習慣，分析報章雜誌的市場，發現影響青少年最深的是大眾傳播媒介，又發現當年香港出版的報刊約有四百份，內容良莠不齊，基督教的信息極其微弱。他們的心意相同、目標一致，1973年3月14日成立「福音期刊籌備會」，決心要為本地青少年出版一本全新的雜誌，叩擊文化之門，幫助年輕讀者走出困局。

經過數個月的醞釀，雖沒完整的藍圖，籌劃過程憑著信心摸索、試驗，[76]但出版新雜誌已是如箭在弦。蘇恩佩邀請蔡元雲擔當新雜誌的主力。蔡元雲的即時反應是「這不是我的專業」！他回想當時的情景，情緒依然高漲，彷彿昔日的「傻勁」在他心中永不減退：

「我是個醫生，不是文字工作者，不是編輯，對出版一竅不通。但恩佩說，你對這個城市，和城市中的青年，有一份真摯的情感，你將會是一個好拍檔。後來，我與太太商量，又抽時間安靜、祈禱。聖靈透過一段經文〈以賽亞書〉30章21節予以肯定『你或向左或向右，你必聽見後邊有聲音說：這是正路，要行在其間。』所以，我答應了，因為在我眼中，《突破》從開始就不是一本雜誌，它是載體，所承載的是耶穌基督的道，道成了肉身，住在我們中間，充充滿滿的有恩典有真理。」[77]

1973年9月，他們得到「香港基督徒學生福音團契」（Fellowship of Evangelical Students）支持[78]，在九龍佐敦道租用一個僅可擺放兩張寫字枱的房間，展開出版工作。1974年1月，新雜誌問世，取名《突破》[79]，封面是一隻破殼而出的小雞，發行二萬冊，在報攤公開發售，而非在教會裏免費派發，因為蘇恩佩和蔡元雲相信市場是公平的，銷售數字直接反映雜誌的真正流通量和市場價值。最初發行商對這份沒明星、沒歌星、沒流行玩意的年輕人雜誌並不看好，只因封面設計獨特，才姑且答應發行一次。沒料到，市場反應熱烈，至二月底共售出一萬六千冊，刷新香港基督教刊物的銷售數字[80]，成功打進年輕人的生活圈子之中。接著下來，訂單如雪片飛來，讀者來信鼓舞，電台訪問，報界報道，在在顯示蘇恩佩的「吶喊」已經不再低調，已經成為先知的聲音、社會的良心、年輕人的暮鼓晨鐘，協助他們從社會不良風氣、享樂主義與個人罪惡枷鎖中突破出來。

註釋

68　蘇恩佩：〈這一代的先知在哪裏？〉，見《蘇恩佩文集 I》（香港：突破，1987），頁167。

69　蘇恩佩：〈城中的死亡〉，見《蘇恩佩文集 I》（香港：突破，1987），頁151。

70　蘇恩佩：〈我能為這個城市做甚麼？〉，見《蘇恩佩文集 I》，頁139。

71　同上。

72　根據魯金著《九龍城寨史話》（香港：三聯書店，1991），1898年簽訂的《展拓香港界址專條》訂明九龍城寨不屬租界之內。然而，九龍城寨雖屬中國的地方，但沒中國官員在內行使權力。隨著五、六十年代湧入香港的移民潮，南來的內地「撈家」與本地黑幫勾結，賄賂警察，在九龍城寨內經營黃、賭、毒，漸成一個藏污納垢的罪惡溫牀，至七十年代中葉，魯金稱之為九龍城寨的「黑暗時期」（頁104）。

73　李淑潔：〈編者按〉，載《蘇恩佩文集 I》（香港：突破，1987），頁140。

74　蘇恩佩：〈他們也有靈魂〉，見《蘇恩佩文集 I》（香港：突破，1987），頁155。

75　蔡元雲：《與恩師的10堂課——我的路》（香港：突破，2010），頁63。

76　蘇恩佩：〈撒種之前——「福音預工」的實踐〉，《抉擇》（1977年8月），頁7。

77　根據〈蔡元雲訪談資料〉。

78　1961年，英國牧師艾得理（David Adeney）在香港成立FES，推動校園福音工作。1974年《突破》的出現，被視為香港學生福音運動的一個里程碑，學生福音運動逐漸從校園伸展到社會，讓FES在社會上建立關懷和服務的據點，更進一步將傳揚福音與社會關懷融合一起。(引自《FES與學生福音運動（1957-2007）》（香港：香港基督徒學生福音團契，2007），頁14。

79 當年還有火種、衝線、奔馳、方向、路標、勁草等不同考慮。

80 James F. Engel, *Contemporary Christian Communication, Its Theory and Practice*, p. 129.（原文是：By the end of February, 16,000 copies had been sold, creating a record for the sale of Christian materials in Hong Kong.）

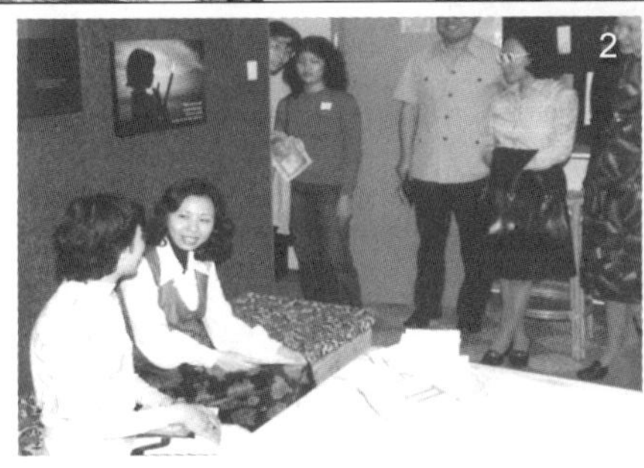

1 《突破》正式創刊前多次舉行籌備會議，最初的一次是祈禱會。

2 蘇恩佩在聖安德烈中心的辦公室

3 蘇恩佩及蔡元雲的第一張辦公桌

4 《突破》雜誌靈魂人物——蘇恩佩

[2.2] 研究架構與研究方法

2.2.1 發生論結構主義

本文借用呂西安•戈德曼（Lucien Goldmann，1913-1970）的「發生論結構主義」研究方法，建立研究架構，進行分析。戈德曼是羅馬尼亞裔法國文藝理論家，1956年在巴黎大學取得文學博士學位，其博士論文《隱藏的上帝》提出創新的方法，研究文學結構與社會結構之間的複雜關係。1961年戈德曼應比利時布魯塞爾自由大學的邀請，建立研究中心，專門從事文學社會學研究，直至1970年逝世。戈德曼首創的文學研究方法「發生論結構主義」（Structuralism Genetic），是從黑格爾（Hegel，1770-1831）關於主客體的辯證觀出發，吸收皮亞杰（Piaget，1896-1980）的整體觀念，改造盧卡奇（Lukacs，1885-1971）關於「整體性」的思想，以部分與整體關係來解讀文學作品的方法。[81]

發生論結構主義原本命名「文學辯證社會學」，原名更能凸顯戈德曼原意，其理論的基本是思考文學作品與主宰作品產生的社會經濟背景之間的關係，目標是「建立一套辯證方法，能用來分析文學和文化創作，此方法必須是科學的、實證的、辯證的，它開啟的道路，不僅可以引致一種知識的科學和實證的社會學，同時也可以達到對超出文學領域的一般人文現實的辯證研究。」[82]戈德曼甚至認為，發生論結構主義的運用是「人文科學中惟一有效的方法。」[83]此說法儘管有商榷之處，但應用於研究《突破》雜誌倒是合適，正如劉月新所言，「發生論」的含義是指「一部作品為甚麼在一個特定的社會景況中產生，以及如何產生。」[84]既可應用作分析「如何產生」，當然也可用來分析「為何結束」。《突破》雜誌在1974年「產生」，絕非偶然，具有特定的時代意義（上文已有詳論，不再贅述），歷時二十五載，在1999年停刊，亦非意外。通過「發生論」辯證，我們在本文第四章找到答案。

發生論結構主義建基於一個假設，戈德曼假設人的行動是一種嘗試，企圖為一特定狀況賦予「具意義的答案」，從而在行動的主體與造成這狀況的客體（社會環境）之間，產生平衡。當主客體之間的平衡達到某種狀況時，人的行動可以在這狀況中改變世界。由於客體是不斷變化的，平衡屬於不固定和暫時性，須不斷以辯證方式延續、重複下去，產生新的平衡。因此人文現實有如一個雙面的程序：

（1）解構舊有的結構；

（2）結構足以創造平衡的新的全體性，這個平衡能滿足社會團體所制訂的新要求。[85]

所謂「發生」，是指作品如何在特定的社會環境中產生。至於「結構」，是把文學作品看成一個整體，構成作品的不同元素之間聚合成一種意義。簡而言之，發生論結構主義的方法，是研究「作品的意義結構和特定的社會結構以及特定的社會集團的意識結構，即世界觀之間的同源關係或意指關係。」[86]

發生論結構主義的應用相當廣泛，戈德曼曾用來分析哲學、古典悲劇、詩歌、小說等作品，充分發揮其理論的獨特性和獨創性。[87]在中國詩詞研究方面，何金蘭應用這套方法來分析林泠、蓉子、向明、洛夫等十三位詩人的詩作，[88]又引用戈德曼理論的「二元性意涵結構」（Dual Structure Significative）分析蘇東坡詞。[89]筆者亦採用相同的二元性意涵結構，建立研究《突破》雜誌的架構。

所謂「意涵結構」，是指「一般人在面臨要解決的問題時，都會以行動改變狀況；會試著將思想、感情和行為的具意義又緊密一致的結構找出來。」[90]這個「具意義又緊密一致的結構」，戈德曼稱之為「意涵結構」。若把這概念轉換到文化創作上，意涵結構就是文化創作實質的價值基礎。塔迪埃（Tadie）解構戈德曼的研究步驟，首先確定作品的意涵結構，然後尋找「與作品時代的文化結構、社會結構、政治結構和經濟結構的相似性以及有意義的關係。」[91]

依照戈德曼的方法，研讀作品，須經過「理解」（comprehension）和「解釋」（explication）兩個層面。「理解」必須完全不超越書面寫成的文本，不可添加任何東西，重視文本的完整性，且「避免任何會導致以自己製作或想像的文字代替被研究的文本的舉動。」[92]換言之，研究者須嚴格規範於文本之內把作品簡單和內在的意涵結構顯明出來。故此，戈德曼在研讀文學作品時，完全排除心理分析、語言學結構主義等可能扭曲作品本意的方法。至於「解釋」，則是描述總的意涵結構，並把作品與作品之外的現實之間的關係連接起來。前者是事實性研究，亦即研究對象本身所具備的意義與內涵；而後者是價值闡釋，著重解釋其影響與啟示。

戈德曼在《隱藏的上帝》書中，應用發生論結構主義的研究方法，分析哈辛（Racine）的悲劇結構，理解出一個「上帝—人—現世」的組合模式，解釋人在現世之中尋找上帝，關鍵在於能否「找到」。由此，戈德曼歸納出「世上只有三種人」：[93]

1. 找到上帝並事奉上帝的人。

2. 沒有找到上帝而極力在尋找上帝的人。

3. 既不尋求上帝也沒有找到上帝而生活的人。

現世與上帝的國度屬於二元結構，現世是人類社會，被時間和空間所框限，戈德曼稱之為「此處」（ici）；上帝的國度由不存在「此處」的事物構成，戈德曼稱之為「他處」（ailleurs）。[94]戈德曼這個二元結構，最大特點是沒有未來，只有現在與永恆。[95]進一步說，「此處」是「污濁的世界，那裏沒有上帝，是悖謬和矛盾的世界」；另一方面，「他處」則是「清明的、神性肯定的。」[96]

蘇恩佩創辦《突破》雜誌的目的，是協助人去尋找上帝，活在當下，找到永恆。儘管戈德曼所說的「上帝」或許不等同基督教的上帝，但其「打賭」論，與基督徒選擇信仰基督的心路歷程，恰恰相近。他說：

「人從現實世界得不到依靠，便把希望寄託在宗教上，寄託在超驗的上帝的存在上。對於世人來說，上帝的存在變成一種希望，變成內心的堅信。人把自己的一切押在就上帝的存在和上帝的神佑的打賭上，因為人活著就是為了爭取實現無限的幸福，要實現這樣的幸福，並不取決於他自己的力量，而且他也不能斷定能否實現。」[97]

這個從「打賭」到「確信」的經驗，令人想起使徒保羅在〈希伯來書〉中解釋何為「信」：「信就是所望之事的實底，是未見之事的確據。」[98]

文學反映社會，社會影響文學。戈德曼認為文學作品反映社會群體的「全部願望、感情和思想」，也是一個「世界觀的表達」，人的行動是為要在不固定的世界裏尋找具意義的解答，在行動主體與狀況客體之間製造一種暫時性的平衡，於是，文學創作在不斷變化的現世社會中製造出新的平衡，以應對社會的新事物、新變化，甚或改變世界。

引用戈德曼這個「此處」和「他處」的二元結構，《突破》雜誌的模式是：

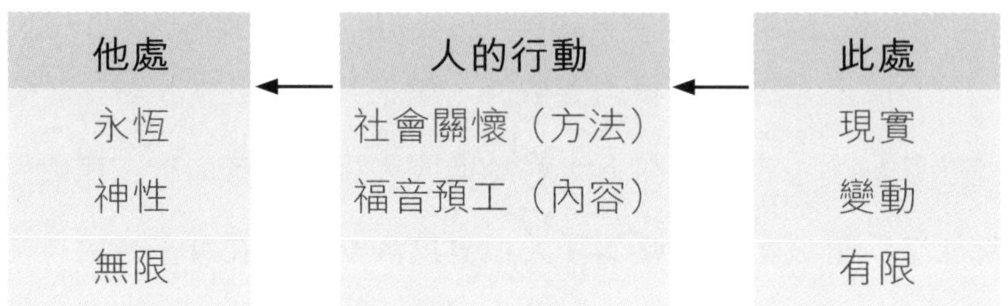

《突破》雜誌把「此處」事物一小部分、一小部分的反映出來，包括黑幫、污染、恐怖主義、吸毒、色情、感情煩惱、升學煩惱等社會問題，交織成一個整體框限。年輕人被困框限之內，惶惶然找不到出路。至於「他處」，就是基督信仰，屬於永恆的、無限的、心靈的。「此處」與「他處」本是分隔的，《突破》雜誌藉著社會關懷，引領年輕讀者了解自我，認識基督，尋找出路，接受信仰，接受基督救恩，從而解決問題，達致平衡。

「他處」屬於永恆不變，相對地，「此處」的問題不斷轉變，例如七十年代香港人主要面對經濟民生問題，八十、九十年代則為中英談判、九七回歸。故此，突破的事工中心亦因應時代需要、社會變遷而作出針對性的調整：突破（七十年代）、尋根（八十年代）、世紀領袖（九十年代）。總的來說，《突破》雜誌在不斷發生狀況的現實中，尋求平衡，嘗試為青少年開啟出路，幫助他們超越「此處」的框限，進入「他處」。

在上述二元性意涵結構之中，社會關懷與福音預工是具體的行動，前者是方法，後者是內容，產生橋樑作用，引領年輕人從「此處」過渡「他處」，套用基督教的用語，即與永恆結合。

此外，根據發生論結構主義，戈德曼為所研究的對象訂立四個標準特質：（1）一致性；（2）豐富性；（3）世界性；及（4）非概念性。[99]這四個特質，應用到《突破》雜誌上，完全符合：

（1）雜誌的目標清晰，內容一致，實踐福音預工，推動社會關懷，從而幫助青少年走出困局。

（2）為要吸引年輕讀者，雜誌內容豐富，主題涵蓋廣泛（詳見本章第2.3.3節的內容分析）。

（3）基督教信仰具普世價值。

（4）雜誌內容屬非概念性，是具體的文學創作、文化評論、社會分析。

最後一提，在上世紀九十年代，西方思想界對於超越二元結構思維方式，取得不少成果，包括新批評的作者 / 讀者、女性主義的男人 / 女人、族裔理論的白人 / 黑人、後殖民的中心 / 邊緣、後現代的高雅文化 / 大眾文化等固有理論，都出現不同程度的顛覆或衝擊。到了二十一世紀，「轉向倫理」（The Turn to Ethics）思潮更帶動若干新趨勢，例如引用「後人類」（post-human）概念，質疑人類 / 機器的二元對立。[100]儘管如此，筆者仍採用二元模式進行是項研究，原因有二：

（1）從學理上看，二元思維乃是一種非常有效的範式，相對於大千世界的複雜現象，二元關係顯然是一種簡化、歸納和凝縮，能揭櫫事物的矛盾性和對立面，又能顯現事物彼此相對的兩個層面及其相互排斥甚至轉化的關係。[101]

（2）雖然現代社會講求多元價值，但基督教的基要信仰是絕對的二分，例如信 / 不信、義 / 不義、天國 / 地獄、神聖 / 世俗等，中間不存在任何共融的「灰色地帶」。蘇恩佩創辦《突破》雜誌的最終目標，是引領讀者歸信基督，離開世俗進入神聖。因此，研究《突破》，採用二元模式乃是合適的。

註釋

81 劉霞：〈戈德曼的發生結構主義對於文學批評的意義〉，《江蘇技術師範學院學報》，第16卷第11期（2010年11月），頁38。

82 何金蘭：〈存活於「虛無」中之「實在」〉，《淡江人文社會學刊》第5期，頁3。

83 戈德曼著，段毅、牛宏寶譯：《文學社會學方法論》（北京：工人出版社，1988），頁178。

84 劉月新：〈論戈德曼的文學解釋學〉，《西南石油大學學報》，頁84。

85 戈德曼著，吳岳添譯：《論小說的社會學》（北京：中國社會科學出版社，1988），頁338。

86 湯建萍：〈論戈德曼的發生學結構主義文學社會學〉，《理論導報》，第12期（2007），頁45。

87 戈德曼的「發生論結構主義」研究方法，最早應用到分析巴斯噶（Pascal）《思想錄》和哈辛（Racine）的古典悲劇，後又分析馬爾侯（Andre Malreaux）的小說、貝爾斯（Saint-John Perse）的《贊歌》、波特萊爾（Charles Baudelaire）的《貓》等作品。（資料來源：何金蘭：《法國文學批評理論與實踐》，台北：秀威，2011，頁113-116。）

88 何金蘭：《法國文學批評理論與實踐》（台北：秀威，2011），頁271-458。

89 何金蘭：《文學社會學》，頁139-189。

90 戈德曼：《文學社會學方法論》，頁152。

91 塔迪埃著，史忠義譯：《二十世紀的文學批評》（天津：百花文藝，1998），頁188。

92 劉霞：〈戈德曼的發生結構主義對於文學批評的意義〉，《江蘇技術師範學院學報》，頁38。

93 戈德曼：《隱藏的上帝》，頁432。

94 何金蘭：《文學社會學》，頁167。

95 戈德曼：《隱藏的上帝》，頁414。。

96 同上，頁309。

97 同上，頁9。

98 *Chinese English Bible*, Berkeley, CA: Hymnody and Bible House, 1990, p.1497. 英譯：Now Faith is being sure of what we hope for and certain of what we do not see，意思更接近戈德曼的「打賭」論。

99 何金蘭：《文學社會學》，頁114。

100 「轉向倫理」思潮可説是解構主義的延續，對具有等級式的二元對立進行反駁，繼而對各種二元對立進行質疑。（資料來源：Jonathan Culler, *Literary Theory Today, Theoretical Studies in Literature and Art*, Vol. 183, (July 2012), p. 80.）

101 周憲：〈從一元到多元〉，《文藝理論研究》，第121期（2002年3月），頁20。

2.2.2 文化史研究方法

本文的研究方法，採用英國當代歷史學家彼得•伯克（Peter Burke, 1937-）所歸納的四種研究文化史的基本方法：比較（comparison）、模式和類型（models and types）、計量方法（quantitative methods）、社會顯微鏡（the social microscope）。

伯克為牛津大學歷史學博士，曾在薩塞克斯大學（University of Sussex）的歐洲研究學院任教十六年，1978年轉職劍橋大學（University of Cambridge），現為該校的文化史榮譽教授及伊曼紐學院（Emmanuel College）的研究員。伯克的著述很多，涵蓋文藝復興、歐洲史、精英文化、大眾文化、思想史、史學史、史學及社會學理論等。在西方現代史學的脈絡中，伯克屬於「新文化史」（New Cultural History）的代表人物之一，[102]其廣為人熟悉的文化史觀，是主張文化多維與中和，反對歐洲中心主義。他認為精英與大眾、城市與鄉村、東方與西方、主流與次文化、男與女等，均具互相依存、互為影響的關係，不能一刀切的絕對二分。例如男與女，他說：「男子氣質和女子氣質的模式常通過對比方式來確定，好像有男子氣的英國人，是相對於女子氣的法國人或東方人……那是在一個特定的文化中，男子氣質與女子氣質的模式之間互相依賴或互相對比的關係。」[103]這些概念，有助重新梳理歷史與文化的關係，開拓史學發展的新方向。另外，伯克在理論與方法的匯聚（convergence）方面，亦有重要貢獻，他歸納出四種研究文化史的基本方法，簡述如下：[104]

（1）**比較。**只有通過比較，才能了解甚麼是它所缺乏的；換句話說，才能理解某種缺失的意義所在。

（2）**模式和類型。**模式是一種知識建構，它簡化事實以便於理解。與地圖一樣，正是由於省略了實際存在的某些因素，它才具有實用性。

（3）**計量方法。**傳播學領域的學者利用被稱為「內容分析」的方法，該方法常以針對報紙、雜誌、書籍或電視節目的計量研究方式出現，檢驗某個特定話題佔據多少空間，以及某些關鍵詞出現的頻率等等。

（4）**社會顯微鏡。**從一粒塵埃看整個世界，從局部數據中得出一般性結論。

因應研究對象的特性，上述四種研究方法，本文稍加變化地運用。首先，透過雜誌的主題比較，包括同一雜誌在不同年代、在同一年代的不同雜誌，找出雜誌側重的、或欠缺的內容。其次，借用發生論結構主義的「二元性意涵結構」建立研究架構的模式，也自建一個「N+1」模式説明福音預工的運作。另外，援引圖書館學的分類理論，制訂數據，完成計量。最後，從一本雜誌反映香港社會變遷，發揮社會顯微鏡的作用。

註釋

102 新文化史是1970年代末期發展出的一種研究取向，將歷史上日常生活中的文化現象、符號、意識、觀念等領域，亦即普通民眾的物質生活及其體現的精神內涵，如思想、道德、倫理、價值等，都納入史學的研究範圍。並沒固定的派別和研究主題。大眾文化史、印刷史、旅行史、政府文化史、表象史、記憶史、語言社會史、行為社會史等，均有學者進行研究。

103 Peter Burke, *What is Cultural History?* Cambridge: Polity Press Ltd., 2004, p.81.（原文是：Models of masculinity and femininity are often defined by contrast - the manly Englishman, for instance, against be effeminate Frenchman or 'Oriental' ...the interdependence of models of masculinity and femininity in a given culture. Each is defined relative to the other, or even against the other.）

104 伯克：《歷史學與社會理論》，頁22-45。

2.2.3 社會關懷

在基督教歷史裏，社會關懷並非新鮮事物。《聖經》裏共有約四百處提及上帝關懷貧窮的經文、約有四十二處經文與社會服務有關，[105]可惜，在六、七十年代的華人教會圈子裏，社會關懷幾乎被視作「異端」。在文章〈教會——有閒階級的活動？〉內，蘇恩佩以小説筆法，通過幾個信徒之間的對話，反映一個普遍現象：基督徒活在狹窄、安穩的生活圈子裏，脱離群眾，不關心社會。她更在文末嚴厲地批評：

「基要派的信徒常被人批評是懦弱而又自滿的中層階級分子，『上不到、下不到』的，既不能抓住最高的知識分子；又不能幫助被生活鞭笞的群眾。教會成了有閒階級的享受……基督徒的目光就是那麼短視，所關心的範圍就是那麼狹小……我多麼渴望神在中國的基督徒中興起一些『約翰•衛斯理』，把福音帶到廣大的群眾中去；一些『威廉•威伯法斯』，為著廢除不平等制度（實踐基督的博愛）而獻出他畢生的精力。」[106]

蘇恩佩文中提及的約翰‧衛斯理（John Wesley，1703-1791）與威廉‧威伯法斯（William Wilberforce，1759-1833）都是十八世紀歐美福音派社會關懷的先驅人物。歷史學家認為英國所以能避免法國式的流血革命，主要歸功於約翰‧衛斯理在英國各地遊行佈道，激勵國人奉上帝的名去從事社會改革。同一時期，美國的威廉‧威伯法斯領導教區關懷非洲黑奴的慘況，一生為廢止奴隸買賣、解放黑奴而奔走。兩人的事蹟，對大西洋兩岸的社會造成深遠的影響。[107]當其時，基督福音不僅在歐美帶來社會改革的善果，連帶亞洲、非洲也因宣教士的貢獻而同樣蒙福。

可是，到了十九世紀末，當自由派神學滲入歐美教會，出現所謂「社會福音」，引致福音派信徒對社會關懷出現一次大逆轉。郭秀娟指出：

「十九世紀末興起的社會福音（Social Gospel）運動，以及解放神學（Liberation Theology），鼓吹社會改革，強調教會應該照顧窮人與被欺壓者。極端的社會改革者，甚至主張神的國度可以藉社會進步或革命而在今天實現；非福音派逐漸遠離『拯救靈魂』的工作。」[108]

於是，福音派信徒為了保護教會單純傳福音的功能，惟有走向另一個極端，專注於傳福音及個別的慈惠服務，與社會及政府行動一刀兩斷，遠離社會關懷。

直至1974年，由普世教會協會（World Council of Churches）主辦在瑞士洛桑舉行的世界福音會議，成為全球福音派重新負起社會責任的轉捩點。[109]大會通過「洛桑宣言」，其中第五段「基督徒的社會責任」宣告：

「……傳福音和社會政治參與都是基督徒的責任。兩者都是我們的神觀和人觀的必須表達，也是我們對鄰舍的愛和對耶穌基督的順服。救恩的信息包含一種審判——對任何形式的割絕、壓迫和歧視。我們不應害怕揭發世上的罪惡和不義。」[110]

蘇恩佩也參加該次會議。身處瑞士的湖光山色之中，她極願意留下一輩子，可是「我有我的責任、我的使命，我就必須離開這美麗的『世界公園』，回到空氣污染，聲音嘈雜的人群中。」[111]早在六十年代，新福音信仰（New Evangelicalism）在美國萌芽，蘇恩佩適逢其會，在惠頓大學進修，涉獵好些二十世紀大師級神學家的著作，當中以潘霍華（Dietrich Bonhoeffer，1906-1945；蘇恩佩在1966年信函中譯作「邦可法」）

對她影響最深。潘霍華是德國神學家，21歲取得神學博士，因反對希特拉而流亡英美，後來返國參加地下活動被捕、被殺，終年39歲。潘霍華一生反對將信仰變成信條，以致失去「信」和「行」的關係，繼而失去信仰的本質。他認為，教會是分散的團契，責任是服侍世界，見證基督。[112]

蘇恩佩返港後，繼續藉著《突破》雜誌實踐基督徒的社會責任，因此雜誌的專題超過一半屬於社會科學類，以下是一些較觸目的社會事件與《突破》專題的對應例子：

<table>
<tr><th>年份</th><th>社會事件[113]</th><th>《突破》專題</th></tr>
<tr><td rowspan="2">1973</td><td>香港色情書刊氾濫，月售六萬冊。</td><td>讀書樂（1974）</td></tr>
<tr><td>香港吸毒人數比例冠全球。</td><td rowspan="2">中學生•吸毒•黑社會（1974）</td></tr>
<tr><td rowspan="2">1974</td><td>大毒梟「跛豪」落網。</td></tr>
<tr><td>清潔香港運動標誌「垃圾蟲」亮相。</td><td>污染（1974）</td></tr>
<tr><td rowspan="6">1975</td><td>港府及公司職位少，大學畢業生就業難。</td><td>出路（1975）</td></tr>
<tr><td>新生嬰兒七萬，六千餘沒父親。社會風氣敗壞，少女容易受騙。</td><td>愛苗（1975）</td></tr>
<tr><td>總商會要求港府恢復死刑。</td><td>罪與罰（1976）</td></tr>
<tr><td>發展沙田徵用地，近千村民被逼遷。</td><td>城與鄉（1976）</td></tr>
<tr><td>民政司黎敦義夫人主持香港婦女研討大會開幕。</td><td>新女性運動（1976）</td></tr>
<tr><td>破產清盤案近百宗，創下戰後最高紀錄。</td><td>錢•錢•錢（1977）</td></tr>
</table>

1976	「六合彩」正式攪珠開彩。	賭博（1976）
	香港約有十萬人吸毒，最年幼者僅十五歲。	吸毒•抗毒（1977）
	香港色情罪行研討會透露，本年上半年色情案件達924宗，平均每天5宗。	新道德（1977）
1977	國際家庭計劃會議在港召開	家（1977）
	環境擠迫，生活重壓，香港精神病患者日多。	挫折（1977）
	哈佛大學校長包德禮訪港。	留學（1977）
	港府規定初中強迫教育，官立資助學校三年初中免費。	從校園踏入工廠（1978）
	港府發表《高中及專上教育綠皮書》，提出未來的高中及專上教育方向。	前途（1978）
1978	《憲報》公佈，不准報道被強姦者的姓名。	色情•強姦•人性尊嚴（1979）
	中大師生團結反對「四改三」。	專上教育（1979）、危機（1979）
	以色列管弦樂團一行117人抵港，港警嚴加戒備。	恐怖主義（1979）
	港島首間康復精神病人工場在黃竹坑啟用。	精神健康（1980）
1979	政府發表「進入八十年代的社會福利」白皮書，臚列有關改善及擴大社會保障制度的建議，以及各類社會服務計劃的大綱。	香港'80（1980）

可見，《突破》雜誌對社會關懷的取態，深入而直接。然而，福音派教會對「社會福音」仍心存戒懼，普遍對「洛桑宣言」持觀望態度，一些較激進的，更揚言另組一個國際性的福

音派機構，與普世教會協會抗衡。於是，聖公會香港區主教龐明德在報章撰文，勸止分裂，呼籲福音派教會「能夠恢復其早期的拓荒精神，貫徹其信仰與行動，不再將傳道事工與社會責任一分為二。」[114]由此，更顯出《突破》雜誌的風格，在華文基督教刊物中獨樹一幟。

註釋

105 Jane Ferguson, *The Congregation as Contest for Social Work, Church Social Work*, Botsford: North American Association of Christians in Social Work, 1992, p.44.

106 蘇恩佩：〈教會——有閒階級的活動？〉，見《蘇恩佩文集 I》(香港：突破，1987），頁79。

107 斯托特著，劉良淑譯：《當代基督教與社會》（台北：校園書房，2003），頁17。

108 郭秀娟：〈社會關懷——福音派教會的覺醒〉，《校園》（1995年6月），頁20。

109 斯托特：《當代基督教與社會》，頁28。

110 〈教會關社思想摘錄〉，《思》，第2期（1989年6月），頁15。

111 蘇恩佩:〈洛桑之行—— 一次國際性的集會〉,見《蘇恩佩文集 I》(香港：突破，1987），頁189。

112 黃德榮：《潘霍華對生活的啟迪》（香港：香港中文大學崇基學院神學組，2001），頁87。

113 參考陳昕、郭志坤主編：《香港全紀錄卷二：1960-1997》（香港：中華書局，1998），以及湯開建、蕭國健：《香港6000年》（香港：麒麟書業，1998）。

114 龐德明：〈福音派對普世教協的挑戰〉，《基督教週報》（1974年9月15日），版1。

2.2.4 福音預工

在七十年代的華人基督教圈子裏，「福音預工」仍是個陌生的詞彙，蘇恩佩在出版《突破》雜誌的同時，首先引入這個理念。[115]提起「福音預工」，我們或會聯想到甄雅各（James F. Engel）與羅愛頓（H. Wilbert Norton）所提倡的Pre-evangelism，尤其兩位學者都是蘇恩佩的母校惠頓大學（Wheaton College）的教授，甄雅各更以《突破》雜誌為研究對象，把研究結果發表在著作*Contemporary Christian Communication, Its Theory and Practice*之內。不過，蘇恩佩與羅愛頓雖屬同時期的「惠頓人」，但羅愛頓是研究院教授，蘇恩佩是文學院學生，沒資料顯示兩人相識，也沒資料顯示蘇恩佩的理論曾受羅愛頓影響。至於甄雅各，蘇恩佩首次跟他碰面是在1974年7月的洛桑會議，那時《突破》雜誌已出版了四期；而更重要的是，蘇恩佩的「福音預工」，跟兩人的Pre-evangelism，只是名同實異，內容是兩碼子的事。

首先，甄雅各與羅愛頓的理論，建基於市場營銷策略和消費行為模式，是一個線性的「屬靈抉擇過程」（Spiritual Decision Process）：[116]

	人的反應
-8	初步知道有至高主宰但對福音無認識
-7	初步認識福音
-6	認識福音基本內容
-5	把握福音涵意
-4	對福音有積極態度
-3	認識自己個人問題
-2	有所抉擇
-1	悔改認罪相信基督
	新造的人
+1	抉擇後重新評估
+2	加入基督身體
+3	理念及行為長進
+4	與神相交
+5	作管家

在這個線性過程中，人聽見、認識福音後的反應，由-8至-3項，統稱為Pre-evangelism。

相反，蘇恩佩的「福音預工」從另一個角度出發，不是「接收者」對福音的反應，而是「傳播者」所採用的方法。她用了一個生動的字眼描述這項工作——鬆土，靈感出自〈馬太福音〉第十三章的「撒種的比喻」：

「他（耶穌）用比喻對他們講許多道理，説：有一個撒種的出去撒種；撒的時候，有落在路旁的，飛鳥來吃盡了；有落在土淺石頭地上的，土既不深，發苗最快，日頭出來一曬，因為沒有根，就枯乾了；有落在荊棘裏的，荊棘長起來，把它擠住了；又有落在好土裏的，就結實，有一百倍的，有六十倍的，有三十倍的……所以，你們當聽這撒種的比喻。凡聽見天國道理不明白的，那惡者就來，把所撒在他心裏的奪了去；這就是撒在路旁的了。撒在石頭地上的，就是人聽了道，當下歡喜領受，只因心裏沒有根，不過是暫時的，及至為道遭了患難，或是受了逼迫，立刻就跌倒了。撒在荊棘裏的，就是人聽了道，後來有世上的思慮、錢財的迷惑把道擠住了，不能結實。撒在好地上的，就是人聽道明白了，後來結實，有一百倍的，有六十倍的，有三十倍的。」[117]

福音預工是「撒種」的前階段工作。在撒種之前，「傳播者」先進行「鬆土」，把「石頭」挪走，把「荊棘」除掉，把不理想的土壤變成「好土」；當福音的種子撒下後，「接收者」聽道明白，並接受福音。總結過去四十多年的「鬆土」經驗，蔡元雲自有一番心得：「文化等如土壤，文化包含教育、家庭、潮流等等。我們處理土壤，針對文化弊病，提倡文化抗衡，啟迪年輕人擺脫物質主義、個人主義、無神論。」[118]

1981年，突破機構成立，註冊標誌的其中一個取意「種子撒進地土裏」，正正反映這個「鬆土—撒種」的理念。那麼，《突破》雜誌如何實踐？蘇恩佩的指示是：

「要發揮大眾傳播媒介和藝術媒介的作用，必須避免太濃的說教性，因此往往不能（也不該）將福音的內容很直接地、很詳盡地表達……許多做『福音預工』的工人不明白這個道理，過分熱心地將舞台或銀幕或雜誌變成講壇，結果藝術的質素大為降低，引起觀眾或讀者的反感。」[119]

然而，蘇恩佩是個創作人，做事憑直覺、靠信心，不會有完整的計劃，整合理論非她所長，她的理論並不周密，表達也不夠精確，例如：要多平淡才算不太濃的說教？要多間接才不直接？要多簡略才不詳盡？追問下去，的確有點疑惑。故此，要明白蘇恩佩的「福音預工」，須結合她的基督教文學觀，我們才可掌握一個相對較精確的概念。她在〈基督徒與文藝創作〉文中，嘗試總結其創作經驗，得出基督教文學作品的特質：

「在基督教文學的領域裏，信仰與文學是分不開的。一個基督徒作家的作品應是很自然的反映他的信仰、宇宙人生觀、人格——他的全人。因此最好的基督教文學作品不是有意的、宣傳性的作品，而是『不自覺』的心靈產品。」[120]

首先，基督教文學的獨特功能是傳揚信仰，所以作者必須是基督徒，正如戈德曼所說「我只能解釋我所理解的東西。」[121]非基督徒作者沒可能正確地、全面地解說基督福音。至於基督徒作者對信仰的剖白，若用「不是有意的」、「不自覺的」心靈產品，來豐富「福音預工」的不直接、不詳盡，可作為補充，對理解「福音預工」會有幫助；若輔以蘇恩佩作品的例子加以說明，就更易掌握。例如，《仄徑》的收結，失戀的司徒苑心潮萬丈，蘇恩佩卻以平實的筆法處理，司徒苑沒掉淚，沒怨懟，反而理智地把逝去的愛情總結為「假如我們都曾作了一些犧牲的話。那我們是真正愛過了。因為真正的愛情都是犧牲的。」[122]李志騰欣賞其「淡淡中更顯傷痛的深刻，也映襯基督徒在面臨困難時所需的靈性鎮靜」[123]。其實，基督徒於患難當中保持鎮靜，並非他們本身有甚麼過人的能力，秘訣在於他們願意接受神的安慰：「你們得救在乎歸回安息，你們得力在乎平靜安穩。」（以賽亞書30:15）司徒苑是個屬靈人，自然明白這個秘訣。

又例如，當蘇恩佩寫城市的蛻變，起筆先描畫一個可怕、混亂的表象：「辦公室對面的房子也都在拆，改建為更高更華美的大廈。於是打樁機的機聲整天不留情地震動我們的玻璃窗，震動我們的耳膜，打斷我們的談話，打斷我們的思路……」接著引入結論似的詰問：「在一個只重物質建設，而任由心靈被蹂躪、被閹割的世界，我們該如何保持身心靈的平衡？我們到哪裏找尋一個庇護所護衛著生命最寶貴的東西？」她沒即時回答，讓讀者停一停，想一想，把尋找答案的路徑留在文章的結尾：「當音樂也寂止下來，內外世界的活動都凝固，我遂退入心靈最隱秘的密室，與創造和救贖我的主宰會晤，我瞻仰、頌讚、省察、傾吐，那如烈火、如甘霖的能力重新燃燒、洗滌、滋潤……」[124]同樣，也是「得力在乎平靜安穩」。然而，在「至高者隱密處」與聖靈交通，對於非基督徒讀者，無疑是匪夷所思的屬靈經驗，他們根本無從體會和理解，蘇恩佩點到即止，不求說得透徹，不作深入如神學思想的哲理探討，也不強迫讀者認同，儘量用顯淺、生動的文字，分享個人感受，讓年輕人自行尋索、自由選擇。蘇恩佩的處理恰到好處。

余達心感到蘇恩佩的文章有一種「言未盡或力求淺白平易的壓力」，[125]因而窒礙她的創作才華。其實，余達心的話，說對一半，「力求淺白平易」不一定是壓力；相反，可以是創作才華的展現，因為於淺處見才，方是文章高手。另外，蘇恩佩的「言未盡」，乃福音預工的表達手法，把福音信息隱藏在文字表象的背後，通過年輕讀者關心的主題，啟迪他們反思生命，不是硬銷（hard-sell），也不是教導（preaching），而是潛移默化。

到底，福音預工有果效嗎？胡燕青的經歷大抵可作參考。1974年，《中國學生周報》停刊，文藝學生胡燕青大感失望，幸而，她很快發現了《突破》雜誌，尤其文藝版，可成為《中國學生周報》的替代。胡燕青讀了幾年《突破》雜誌，間中也有投稿。1980年代初，《突破》雜誌編輯李淑潔接觸胡燕青，邀請她撰寫專欄。1983年9月胡燕青成為《突破》雜誌「詩歌欣賞」的專欄作者。那年她在香港大學畢業，亦在詩壇嶄露頭角。在港大中文系，她師承羅慷烈教授，新詩古韻都有造詣，專欄很受歡迎。她雖然加入「突破」大家庭，但仍未相信基督，「突破」的同工也沒向她傳福音（李淑潔、黎海華、羅菁只在背後切切為她禱告）。通過閱讀《突破》，參與《突破》，胡燕青知道福音，認識基督，敬佩基督徒朋友。福音預工在她心靈裏默默動工，她說：「福音預工把我的心變成好土，種子撒在好土上，才會結果。」[126]1980年代末，大學的同事帶她信主，毫無困難的，正式成為基督徒。

蘇恩佩的作品如是，她主編的《突破》雜誌亦如是，在雜社的每期專題中，福音預工以一種「N+1」模式默默進行。這點，我們在下一節有關「《突破》雜誌的內容分析」再作討論。總括而言，在《突破》雜誌的「二元性意涵結構」架構之中，「社會關懷」與「福音預工」組合成為關鍵的行動。「突破」團隊以大眾關心的問題作切入，藉著社會關懷方法，以福音預工為內容，引領年輕人走出現實困局，接觸基督信仰，從「此處」過渡「他處」，進入基督救恩，與永恆結合，得到平安喜樂。

註釋

115 任志強：〈三十年回望身後事——今日教會群體所虧欠蘇恩佩前輩的〉，《時代論壇週報》，第1284期，頁11。

116 甄雅各、羅愛頓：《福音•傳媒•策略》，頁36。

117 〈馬太福音〉13:17-23。

118 根據〈蔡元雲訪談資料〉。

119 蘇恩佩：〈撒種之前——「福音預工」的實踐〉，《抉擇》，頁7。

120 蘇恩佩：〈基督徒與文藝創作〉，見《蘇恩佩文集 I》（香港：突破，1987），頁42。

121 戈德曼：《文學社會學方法論》，頁52。

122 蘇恩佩：《仄徑》，頁308。

123 李志騰：《近五十年香港基督教文學概況》（「紀念朱維之百年誕辰暨基督教文化與文學」國際學術研討會，天津：南開大學，2005年7月3-5日），頁13。

124 蘇恩佩：《巴士•渡輪•747》（香港：突破，1980），頁58。

125 余達心：〈散文序〉，序於《蘇恩佩文集 I》（香港：突破，1987），頁35。

126 根據〈胡燕青訪談資料〉。

[2.3] 《突破》雜誌的內容分析

2.3.1 主題

《突破》雜誌創刊首年，工作人員當中，並沒有一個全職編輯。[127]「突破」首位全職員工是朱國志，負責行政、發行、攝影，但他沒參與編輯工作。蘇恩佩和蔡元雲都是半職，[128]編輯組二十多位成員全是義工。蘇恩佩把義工編輯分為A、B兩組，以單、雙期區分，輪流負責一期的雜誌編務。1975年9月，《突破》雜誌由雙月刊轉為月刊，A、B組便以單、雙月劃分工作。他們每逢星期二晚上七時正在雜誌社舉行編輯會議，會議前先作半小時讀經、祈禱，才開始當晚的編務討論。

辦得成功的雜誌，都有一共通點，就是重視專題（Feature），由於「專題是雜誌成功的核心」[129]，一個出色的專題，能夠體現辦刊宗旨，突出雜誌的特色，增強雜誌的吸引力。《突破》雜誌亦一樣，自創刊開始，每期均設定一個專題，配以相關的「主打」文章、問卷調查、評論、訪問等稿件，組成該期雜誌的核心內容。蘇恩佩對專題的主題要求嚴格，因為她相信「主題是作品的靈魂」。[130]每期專題的主題，都經過深思熟慮才敲定，為求主題均衡、工作量平均，編輯組有策略地預先定下全年各期專題、專題由誰負責，以下是1979年的專題例子：[131]

期數	月份	主題	編輯
51	一月	娼妓•強姦•色情	吳麗娟
52	二月	享樂	李淑潔
53	三月	專上教育	文蘭芳、陳湛杰
54	四月	危機	蔡元雲
55	五月	青春	羅潔雅
56	六月	競爭•奮鬥	周子森
57	七月	安全感	何盛華、黃小鳳
58	八月	恐怖主義	羅錫為、黃港生
59	九月	這一代	何慧雯、袁國良
60	十月	電視	梁永泰
61	十一月	成功	文保羅、王誌信
62	十二月	外太空	陳佐堅

運作模式是由負責的編輯先行搜集資料，開會時，各人提出主題若干，逐一討論。蔡元雲説：「密密麻麻的，一百幾十個主題，寫滿黑板。大家輪流發言，提出理據，旁人質詢，互相辯論，過程有時頗為火爆。」[132]

意見不同，看法不一，是任何團隊都要面對的問題，如何有效地協調矛盾、收窄分歧？就要看領導者的才能與團隊的合作精神了。在《突破》雜誌的團隊裏，義工編輯只為理想，不求名利，跟充滿爾虞我詐的政、商團隊，自有分別。何盛華説：「雖然，我們有時爭拗得臉紅耳赤，但對事不對人，無損友誼，爭拗過後，又是好朋友，有説有笑，毫無芥蒂。」[133]同時，在編輯會議席上，蘇恩佩常擔當最重要的協調者角色。李淑潔説：

「每逢遇到爭拗，恩佩便發揮她的領導才能。她的眼光準確，處事情理兼備，有能力，有胸襟，能夠綜合不同的思路和意見，抽取論點中可取之處，加以優化，去蕪存菁，再與其他論點融合。總之，每次爭持不下，就靠恩佩一錘定音。」[134]

吳思源更以「指揮家」來形容蘇恩佩：「我們這個團隊就像一個交響樂團，成員來自五湖四海，而恩佩就像一個出色的指揮家，把不同聲音、不同才華，配搭得和諧有序，讓我們每一個都能發揮所長。」[135]

《突破》雜誌每期的專題，就是透過如此嚴謹的過程逐一擬定。由資料搜集、研究、構思、討論、分工、撰稿，至出版，前後需時約八個月。專題文章的文類、由誰人執筆等等，所有細節，都經過反覆思考，一絲不苟，尤其蘇恩佩不斷強調聖經基礎，不斷提醒編輯「有沒有聖經基礎？」、「有甚麼聖經根據？」她這個要求，有時會把編輯難倒，蔡元雲記得：「有一期，我負責『黑社會』，聖經裏何來黑社會呢？我費煞思量，翻查經文，哈，終於給我找到了！在〈撒母耳記上〉，大衛被掃羅追殺時，在亞杜蘭洞、在哈列的樹林跟隨大衛的那四百人，他們具有黑社會的性質。我一說出來，大家都同意。」[136]

如果主題是文學作品的靈魂，那麼，專題就是《突破》雜誌的靈魂。由此，本文選擇《突破》雜誌每期專題為研究材料，結合圖書館學的分類理論，對共二百九十八個專題進行主題分析，找出合理的、準確的、客觀的數據，作為深入討論的基礎。

註釋

127 《突破》雜誌首位全職編輯是何盛華女士，何女士1974年大學畢業後從美國回港，參加《突破》的義工編輯組，1975年成為同工。另外兩位全職編輯為文蘭芳和吳思源，兩人唸大學時已加入義工行列，文蘭芳畢業後當過三年中學教師，1978年成為同工。吳思源在1979年畢業，同年成為同工。

128 蘇恩佩因健康欠佳，選擇半職工作，支取半薪，不過她付出的時間和心力，比全職的還要多。至於蔡元雲，他每日上午在播道醫院當值，下午到突破上班；當時他也有些半職的醫生同事，不過，他們下午回私人診所執業。蔡元雲半職搞出版，為醫生中的另類；上司曾以升職作條件，要求蔡元雲回復全職工作，但被蔡元雲婉拒。蔡元雲的半職醫生生涯，維持了三年半，至1976年辭職赴美進修神學及輔導。

129 John Morrish, *Magazine Editing*, p.116.

130 蘇恩佩：〈基督徒與文藝創作〉，見《蘇恩佩文集 I》，頁44。

131 根據李淑潔女士提供的手抄編輯資料〈一九七九年特輯主題及特輯編輯〉。

132 根據〈蔡元雲訪談資料〉。

133 根據〈何盛華電話訪談資料〉。

134 根據〈李淑潔訪談資料〉（2013年4月30日，地點：銅鑼灣一餐廳）。李淑潔女士，前突破機構國際培訓經理。

135 根據〈吳思源訪談資料〉（2013年3月13日，地點：吳思源的辦公室）。吳思源先生，前突破機構出版總監，現為從心會社社長。

136 根據〈蔡元雲訪談資料〉。

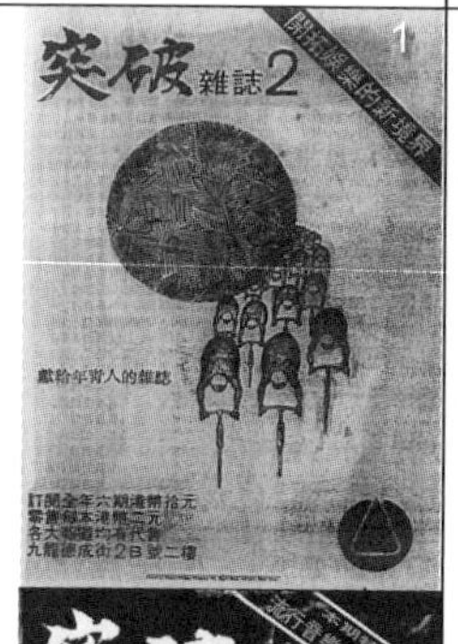

1　《突破》第二及第三期封面
2　早期《突破》雜誌編輯同工及義工
3　位於界限街的辦公室

突破轉月刊！

每月十五號出版

每本零售二元・各大報攤均有代售

特輯

九月號——愛苗

十月號——死亡

十一月號——污染

十二月號——影片

贈品

突破雜誌社　九龍德成街2號B二樓

4　1975年9月《突破》雜誌由雙月刊改為月刊

5　第一代突破同工（右至左：朱國志、黃愛冰、蘇恩佩、蔡元雲）

2.3.2 分類理論

內容分析（Content Analysis）是傳播學領域裏慣用的研究方法，常於報紙、雜誌、書籍、電台或電視節目的計量研究方式出現，用以檢驗某個特定話題佔據多少空間，以及某些關鍵詞（Key Words）出現的頻率。[137]然而，抽取字面上的關鍵詞容易出現抽樣偏差和遺漏「潛在內容」（Latent Content）。考慮到這些缺點，以及上文所述《突破》雜誌的主題先導、編輯主導等特點，筆者借用圖書館學的分類法，確定雜誌專題的「主題詞」，代替文章的關鍵詞，作為制訂數據之用。

一方面，在進行戈德曼主張的「理解」和「解釋」時，結合圖書館學理論，可避免出現任何扭曲作品本意的「舉動」，因為《英美編目規則》首條1.0A1訂明「取自主要信息源的信息優先於任何其他來源的信息」[138]，主要信息源是指文獻的原始資料，除非主要信息源有所遺缺，否則，編目人員不會考慮其他來源或攙雜其他資料。故此，借助圖書館學的編目原則，進行主題分析，完全符合戈德曼的研究要求。

編目建基於分類（Classification）。王省吾把「分類」界定為「分別異同」，用以確定事物所屬的領域，目的「在於辨識與記憶事物的特質」，在分別異同之後，還須「將同類中的組織分子，按類似的等級排列起來，成為一個系統的集團。」[139]圖書資訊分類的基本原則是「物以類聚」，把相同的圖書資訊歸併在一起，而相同和不相同之間必須有一條清晰的界線，把兩者區分。這條界線稱為「相同性終止」。「相同性終止」在應用上是指物與物之間不同的開始，例如，黑種人與白種人之間有相同性，黑馬與白馬之間也有相同性，可是人與馬之間沒有相同性。[140]基於這個概念，在圖書館學的分類理論出現了「類目」（Categories）。1876年出版的「杜威十進分類法」（Dewey Decimal Classification, DDC）是目前全球最廣泛應用的類目，最新版本為DDC23，共分三個層級。第一個層級的十個主類（Main Classes）涵括人類所有知識體系；每個主類以下，細分十門學科（Disciplines）；每一門學科以下，再細分十個主題（Subjects）。對於每個類目，都設定特定範圍的類號，由000至999的阿拉伯數字表示。

由於杜威十進分類法的類目偏重於歐美領域，西洋以外地區的類目極不足夠，關於中國的類目，更是不敷應用，故此1929年金陵圖書館館長劉國鈞以杜威十進分類法為基礎，參考《漢書藝文志》、《四庫全書總目》等中國古代目錄，擴增有關中文圖書的類目，編訂「中國圖書分類法」。其後，賴永祥按實際需要，增補劉國鈞原來的版本。目前，本地圖書館的中文圖書編目，主要採用賴永祥的版本。

主題分析是圖書館編目工作的首要步驟，以求建立一套統一的主題標目，方便館際合作，達致編目互用，[141]同時把意念相同、主題類近的資料集中在一起，方便讀者瀏覽。方法是將組成圖書資料的主題詞素「切分」至不能再切分的「單元詞」。相類似的，戈德曼在分析作品的意涵結構時，也運用切分方法，他認為作品「包含由不同成分組成的各類因素」，透過有效的切分，便能掌握作品裏的政治、社會和經濟生活等時代信息。[142]

圖書館的編目人員，決定單元詞後，參考經規範的主題詞表，選定最合適的「主題詞」及「類號」，對該份資料的內容特徵作出高度濃縮的概括描述，[143]例如，電腦科學是312，中文資料處理是312.9，中文輸入法是312.92，倉頡輸入法是

312.992977。所採用的主題詞，亦須嚴格依從規範，例如，用「演化論」，不用「進化論」；用「儒教」，不用「孔教」；用「宦官」，不用「太監」。這樣，編目便不會出現詞義混淆、模稜兩可的毛病。若主題涉及一個以上學科時，例如電影與文學，基於互相排斥的原則，排除含混相似，編目人員只能在800（語言文學類）與900（藝術類）之間，二擇其一，如經內容分析，發覺資料以電影為主、文學為次，便把它歸入900；相反，則為800。

總括而言，現時圖書館廣泛使用的傳統分類模式是一種明確分類（Crisp Classification），把某一冊圖書歸屬於特定類別，書籍與類別的關係只有「屬於」與「不屬於」兩種可能。

然而，今天的資訊社會，信息迅速湧現與傳播，科技日新月異，新議題不斷產生，資訊持續不斷累積，出版物的內容廣泛，主題多變，跨學科的概念互相交叉滲透，採用「單一分類 / 單一位置」的傳統分類法，有時不足以處理那些資訊超載的出版物。因此，踏入二十一世紀，圖書館學者導入「模糊詮釋資料」（Fuzzy Metadata）概念，採用較具彈性的模糊邏輯觀念來取代二元邏輯概念，研究「圖書模糊分類」模式，以解決資訊超載的問題，成為圖書分類法其中一個新發展方向。[144]

儘管如此，傳統分類法仍然適用於《突破》雜誌的研究，由於是項研究的文本，亦即《突破》與其餘三份用作比較分析的雜誌，都是上世紀九十年代的刊物，內容不存在今天的資訊超載，《突破》更是年輕人雜誌，並非概念複雜的學術期刊，每期的主題單一而明確，絕不模糊，也沒多重主題。筆者應用「中文主題詞表」與「中文圖書分類法」，對雜誌進行主題分析，順暢而準確，決定每期雜誌的主題詞與類號，過程毫無窒礙與混淆，所制訂的數據都能恰當地用作計量分析。

註釋

137 Thomas F Carney, *Content Analysis : A Technique for Systematic Inference from Communications*, Winnipeg: University of Manitoba Press, 1972. P.34.

138 吳龍濤等譯：《英美編目規則》第二版（北京：北京圖書館出版社，2006），頁28。*Anglo-American Cataloguing Rules*, Second Edition，原文為：Prefer information found in that chief source to information found elsewhere。

139 王省吾：《圖書分類法導論》（台北：國文化大學，1980），頁4。

140 何光國：《圖書資訊組織原理》（台北：三民書局，1993），頁147。

141 陳麥麟屏、林國強：《美國國會圖書館與主題編目》，頁31。

142 戈德曼：《文學社會學方法論》，頁186。

143 于良芝：《圖書館學導論》，頁37。

144 吳政叡：〈模糊邏輯在主題分析的應用：標題權值的計算方式〉，《圖書與資訊學刊》，第40期（2002年2月），頁11。

2.3.3 主題分析

分析的第一步，是根據《突破》雜誌由1974年1月至1980年12月的專題內容，應用「中文主題詞表」與「中文圖書分類法」，確定每期專題的主題詞與類號，部分例子如下（其餘詳見附件一）：

年	月	期號	專題名稱	主題詞	類號
1974	1	創刊號	我們的明天	青少年問題	544.67
1974	3	002	開拓娛樂的新境界	課外活動	527.84
1974	5	003	流行音樂：時代的脈搏	流行歌曲	913.6

接著下來的分析步驟，是運用類號，組成數據，製成圖表如下：

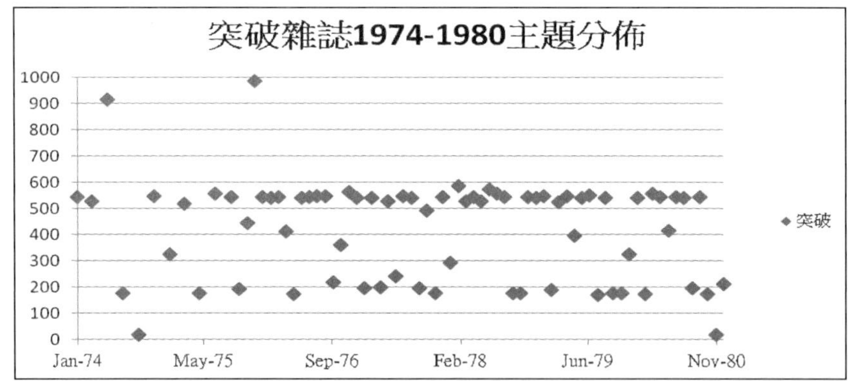

類目	主題數量	百分比
000 總類	2	3%
100 哲學類	17	23%
200 宗教類	4	5%
300 科學類	4	5%
400 應用科學類	5	7%
500 社會科學類	40	54%
600 中國史地類	0	0
700 世界史地類	0	0
800 語言文學類	0	0
900 藝術類	2	3%
總數	74	100%

綜合上述圖表和數據，我們可以得出《突破》雜誌四個編輯方向：

（1）儘量把主題的涵蓋面拓闊，部分類目如科學、藝術、總類，寧少而不缺，以求開拓年輕讀者的視野。

（2）一眾主類當中，欠缺三類，「800 語言文學類」乃其中之一。由於《突破》雜誌另闢15-20%內頁作為「文藝版」，加上蘇恩佩的「巴士•渡輪」、文蘭芳的「清歌十八拍」等富文藝氣息的專欄，整體上，800類稿件的質與量都很充足，為保持雜誌內文的主題均衡，不選用800類的主題作為專題，完全可以理解。

(3) 欠缺「600 中國史地類」與「700 世界史地類」的專題。七十年代，香港人的焦點仍集中於本土經濟民生；到了八十年代，隨著中英兩國關於香港主權的談判展開，以及內地民主運動的發展，《突破》雜誌緊貼時代脈搏，才相應增加中國研究 (610)、香港問題 (733.8) 的主題（詳情留待下一章討論）。

(4) 「500 社會科學類」的專題佔超過一半，其次是「100 哲學類」（主要為心理學）。與宗教信仰有關的專題，只得四個：「人生」、「鬼•鬼•鬼」、「命運」和「信仰與人生」，而且都不是直接傳揚基督福音。這些數據，印證了任志強對《突破》雜誌的描述：

「雜誌講香港，講鄉土，講青年人的文化和生活，卻幾乎沒有叫人信耶穌。青年學生愛讀，傳媒為之側目，惟獨教會群體渾身不舒服，拋出十萬個為甚麼：動用這麼多人力物力，出版了如此精美的刊物，怎麼不把握機會傳福音？」[145]

《突破》雜誌明明是一本基督教刊物，蘇恩佩亦承認，辦《突破》的最終目的「確是引領青年人歸向基督」[146]，為甚麼會給人一個「不把握機會傳福音」的不良印象？這關乎蘇恩佩另一具革命性的理念——福音預工。如前文所述，在《突破》雜誌的「二元性意涵結構」架構之中，福音預工是其中一個關鍵行動，於雜誌內文，以一種N+1模式默默進行。

註釋

145 任志強：〈三十年回望身後事——今日教會群體所虧欠蘇恩佩前輩的〉，《時代論壇週報》，第1284期，頁11。

146 〈書信第二組〉，見《蘇恩佩文集 I》，頁528。

2.3.4「N+1」模式

所謂「N+1」模式，乃筆者細閱各期《突破》雜誌的專題時，發現的一種特別的文章編排模式。模式設計巧見心思，編輯常在若干篇與基督信仰無關的文章之間，插入一篇與基督信仰有關的文章。筆者把前者稱為N，把後者稱為1。文章N的作用是圍繞主題，引導讀者作多角度思考，而文章1是「終極答案」。若套用蘇恩佩的「福音預工」理論，N的作用是鬆土，1的作用是撒種；N是前階段工作，1是最核心的福音信息。

若以「N+1」概念來檢視《突破》雜誌，N可以理解為社會關懷，1則為福音預工。若套用戈德曼的「二元性意涵結構」理論，N屬於「此處」，1屬於「他處」。

站在傳福音的角度，以下是一些難以處理的專題例子，這些專題的主題不是跟聖經道理相違，就是不容易跟基督信仰扯上關係。透過這些例子，有助我們明白「N+1」模式的實際運作：

期號	專題	主題詞	N（文章）	1（文章）
4年3月 2期）	開拓娛樂的新境界	課外活動	1.〈為甚麼我老是娛而不樂？〉 2.〈香港學生課餘活動調查〉 3.〈「家」——一套極富人情味的電視片集〉 4.〈電視劇對觀眾的影響〉 5.〈電視對市民應有的貢獻〉 6.〈我的娛樂〉	〈介紹：野谷〉 摘錄：我們更相信：透過體驗和享受大自然的生活，無論是優悠的海濱漫步，或是艱苦的爬山訓練，我們會發現造物主的存在。我們是一群基督徒，我們切望與別人一起生活，讓造物主透過大自然，透過家庭式的團體生活向人「説話」。在城市裏我們心靈的耳朵被其他聲浪蓋住，不容易聽到上帝的聲音，可是在這裏我們比較清醒和敏感。
4年5月 3期）	流行音樂：時代的脈搏	流行歌曲	1.〈青春脈搏躍動——熱門音樂〉 2.〈現代民歌——一種抗議的聲音〉 3.〈聆聽風中的秘密〉 4.〈現代民歌之夜〉 5.〈生命是一條單行道〉 6.〈中國音樂在香港青年心中的地位〉	〈樂評：「耶穌基督天皇巨星」〉 摘錄：況且耶穌的一生並不在祂的死亡而停下來。基督徒相信祂在各各他山上受死是為了除去世人的罪，而祂的復活是要叫人得新生命，新的盼望。
5年9月 11期）	愛苗	戀愛	1.〈我長大了！〉 2.〈你對異性認識有多少？〉 3.〈圓圈的兩半〉 4.〈那是愛嗎？〉 5.〈愛是……〉 6.〈約會〉 7.〈何必等到結婚〉	〈那特別的一個——你不可錯過的幾本書〉 摘錄：作為基督徒，每逢談到愛的時候，我們不免想到一切愛的源頭——神的愛。人類懂得愛，是由於神賜給我們愛的情操，並且差祂的獨生子為我們的罪而死，叫我們明白這就是最大的愛，從此我們也就知道甚麼是愛了。
5年 月 13期）	污染	環境保護	1.〈煙霧瀰漫的海港——香港污染實況面面觀〉 2.〈沙灘上的對話〉 3.〈香港人眼中的污染問題〉 4.〈安寧何處？——噪音的嚴重性〉 5.〈污染何價？〉 6.〈反污染運動〉 7.〈救救我們的世界！〉 8.〈小測驗：你是大自然之友嗎？〉	〈誰之過〉 摘錄：人類的罪惡破壞了創造的和諧。人類以自己為中心，以其他受造物為可利用的工具。仇恨、暴力、戰爭……世界滿目瘡痍，大自然黯然失色……人類必須歸向他的神，以耶穌基督為中心，才可以得到救贖，受染污的大地才得到拯救。

1976年3月 （第17期）	新女性運動	女性運動	1.〈新女性運動〉 2.〈走出廚房〉 3.〈兩性對女性崗位的看法〉 4.〈給男士們〉 5.〈女性的角色〉 6.〈追尋自我——一個女作家的現身說法〉	〈你喜歡做女孩子嗎？〉 摘錄：基督徒相信男和女都有形象，同樣受託「管理」宇宙萬工作，「為他造配偶幫助他」二：18）。因此，在宇宙歷史序始時，我們可以看清楚了，男女是偶然產生，他（她）們都是在妙創造、恩典下，為要互相輔助相配合、更要互相完成的被造物。
1976年9月 （第23期）	賭博	賭博	1.〈香港——禁賭的城市？〉 2.〈無形魔掌——賭風蹂躪下的香港〉 3.〈中學生的賭風〉 4.〈慈眉善目的蠍子——馬會存在的價值〉 5.〈賭仔自新——一個真實的故事〉 6.〈日常賭博小把戲〉	〈賭博的背後〉 摘錄：聖經裏有一句很精警的「貪財為萬惡之根。」大抵賭博離「貪」念，由「貪」念可以生出很惡行為來。此外，我們更可以想到積極的一面。神在創造人類時，已類安排了工作。從此以後，工作與的發揮便不可分割。只有樂於工作明瞭工作意義的人，才能真正享受的樂趣。
1976年11月 （第25期）	進化論之謎	演化論	1.〈我從哪裏來？〉 2.〈椰菜花會變成捲心菜嗎？〉 3.〈剖析進化論證據〉 4.〈小測驗：進化論知多少？〉 5.〈盡信書不如無書〉 6.〈我是一隻高等猿猴嗎？〉 7.〈化石——進化論的可靠證據？〉	〈訪問：我為甚麼相信有神〉 摘錄：當我看到科學的定律時，便科學與信仰是相輔而行的。若用科光看自然界裏很多現象，都會支持神存在的信念……科學的任務只是宇宙的常規，還不足以探討事物的因由，神才是萬物的因由。
1979年4月 （第54期）	專上教育	高等教育	1.〈門裏門外——訪問四位學生會會長〉 2.〈我是大學生〉 3.〈大學教育的需要〉 4.〈真像——大專同學看專上教育〉	〈大學之道〉 摘錄：基督教教育理想是一個全人育，使人的每一方面都得到平衡全發展，這種發展是美好的，因為人眼中具有無限價值……基督教大做到知識融和在信仰中，而非敵對立；美善的創造、發明與完美的人更是教育的目標。
1979年12月 （第62期）	外太空人	不明飛行物體	1.〈第三類接觸〉 2.〈客從何方來〉	〈耶穌——天外訪客〉 摘錄：人渴望「天外來客」來解宙人生的問題。歷史上只有一位的「來客」，祂就是上帝的兒子基督。祂從永恆而進入人類的時史裏，就在二千年前的猶大國，我們之中，顯明上帝的恩典和真理

現以1979年4月的「專上教育」為例，分析《突破》雜誌如何不經意地在專題裏帶出福音信息。

該專題由五篇文章組成，從不同角度思考香港的高等教育，基督教信仰是其中一個角度，所佔的篇幅僅是其中一篇文章的四分一。

在七十年代，香港只得兩所大學，競爭激烈，入學門檻很高，專題的第一句：「大學之門，是開放的，但也是不易闖進的，這門往往成了學生與市民的隔閡。」對於中學生讀者，這話極其吸引，他們寒窗苦讀，就是要跨進大學的門牆。翻開專題的首篇文章〈門裏門外——訪問四位學生會會長〉，讀者對不同院校的特色、師生關係、學生會工作、大學生活、學生出路等，會有初步了解。接著的〈我是大學生〉，六位來自不同院校的學生現身說法，分享住宿生活的體驗、比較大學與中學的不同、述說面對的挑戰與反省等等。主觀的個人經驗與感受之後，是一份客觀的問卷調查報告〈真像〉，較廣泛地分析大專同學如何看專上教育。同時配合一篇深入的評論〈大學教育的需要——現況與前瞻〉，探討功利取向的形成，大學長期側重精英訓練，畢業生追逐高薪厚職，普遍的心態是搶進大學，拿一個學位，找一份優差。要扭轉這個局面，惟有積極發展道德教育、通才教育和社會教育。這四篇「鬆土」文章，沒片語隻字提及基督教信仰，只多角度的啟導讀者思考大學教育，也許他們從沒認真想過類似的問題，《突破》的專題羅列資料，一步一步的幫助他們思考：將來若有機會入讀大學，會隨波逐流的投向功利取向嗎？抑或培養學問與品格兼備？到時要過一個怎樣的大學生活？建立一個怎樣的價值觀？如何適應新環境、應對新挑戰？如何避免淪為「高分低品」？讀者心裏有數，各有判斷。當他們心裏著急，要尋找答案時，那篇「撒種」文章〈大學之道〉，會為他們指示方向。文章介紹四種影響本港大學教育的「道統」：

1. 中國的「大學之道」追求學而優則仕，修身齊家治國平天下，重視人才對國家的貢獻。
2. 英式大學講求繼承傳統，傾向純粹學術研究，有質素卻不普及。
3. 美式大學主張通才及多元化課程，崇尚自由平等，普及卻質素參差。
4. 基督教教育，融和知識與信仰，推崇美善的創造、發明與完美的人格，堅持道德教育的絕對水準。

何者最好？作者沒下判語，留給讀者自行選擇。不管讀者選哪條道路，作者已成功把現世的教育接連上帝的美善，把讀者的目光由「此處」帶往「他處」。

筆者在不同的訪談之中，提及這個「N+1」模式，所有在七十年代參與《突破》工作的受訪前輩均表認同。至於模式如何確立，卻無從知曉，在他們的記憶裏，由始至終，蘇恩佩從沒指示，也沒人建議專題文章要這般處理。大概由於蘇恩佩耳提面命聖經基礎，編輯在構思專題時，不自覺地、不刻意地把聖經基礎融入其中一篇文章之內。這種「不自覺的心靈產品」跟蘇恩佩的基督教文學觀不謀而合。

因此，《突破》雜誌的讀者或會從一個關於UFO的專題裏，不自覺地讀到關於基督降世的信息；專題的「此處」是女性運動，「他處」則是神的創造；專題以流行音樂作「鬆土」，編輯不刻意地撒下神愛世人的「種子」。就這樣，福音預工透過與福音無關的主題，潤物無聲的、不經意的，引起沒聽過福音的人去注意福音信息，或者挑起對福音不感興趣的人去思想福音內容。

1　「突破」機構十分關心青少年的教育問題

2　《突破》是首份在報攤公開出售的基督教雜誌

2.3.5 比較分析

為加強研究的深度、廣度，筆者揀選三本別的雜誌，跟《突破》雜誌互相比較，嘗試分析在同一城市、同一時間，不同刊物的關注點有何差異；倘若彼此的關注點相同或相近，則分析不同刊物的處理手法的異同，從而凸顯《突破》雜誌的特色。雜誌的揀選準則如下：

（1）本地出版的中文刊物；

（2）出版年期相若；

（3）同樣是月刊，因週刊、日報的編輯手法與月刊大有分別，失去比較的意義；

（4）以同類型的雜誌為最理想，可惜本地基督教團體出版的年輕人刊物，《突破》雜誌乃獨一無二。

最後，選定《滙聲》、《青年良友》和《號外》三份刊物。《滙聲》由中華基督教會香港區會編製，1951年出版至今，初名《會訊》，1994年易名為《滙聲》，在教會裏免費派發給會眾，不分年長或年輕，也不論讀者是否基督徒。《滙聲》按月出版，出版穩定，同是基督教刊物，適用於與《突破》雜誌比較。

《青年良友》由「良友之聲」出版，初為半月刊，全年出版十八期，1980年轉為月刊，至2001年停刊為止。「良友之聲」於1953年成立，是天主教慈幼會屬下的非牟利機構，其宗旨是希望「成為兒童及青少年的良朋摯友，以諄諄善導的聲音，陶冶高尚的品格」。《青年良友》雖是慈幼會屬下機構的刊物，但整體而言，內容的信仰元素十分薄弱，編者、作者為非教徒，慈幼會也不干涉編輯事務，可歸類為益智的學生課外讀物。[147] 其出版年期與《突破》雜誌相近，同樣以年輕人為目標讀者，亦頗受歡迎，按月的最高銷售量達二萬冊。據說《青年良友》創刊於1976年，可惜在本地大學圖書館收藏的版本，始於1978年的「革新版第1期」。本文遂採用1978年的《青年良友》作比較分析的開始。

《號外》於1976年9月由陳冠中創辦，初期為八開印刷形式的小報（The Tabloid），以「美國東岸地下刊物為楷模」[148]，是一份質感粗糙，集合新聞、專欄、書評、潮流話題的小型文化報紙。1977年2月改作十六開度雜誌，定位為「城市雜誌」（*City*

Magazine），以「現代設計及編排，準確預測城市潮流」作賣點，廣受讀者歡迎，至今仍然出版。在八十年代，《號外》的聲勢與《突破》雜誌旗鼓相當，乃用作比較的不二之選。

註釋

147 根據〈許定銘電郵訪問資料〉（2013年12月4日）。許定銘先生，前《青年良友》編輯。

148 黃夏柏：《看雜誌：1980s-1990s紀事》（香港：麥穗，2010），頁57。

2.3.6 《突破》與《滙聲》比較

筆者根據《滙聲》由1974年1月至1980年12月每期的專題文章，使用「中文主題詞表」與「中文圖書分類法」，確定主題詞與類號（詳見附件二），製成比較圖表如下：

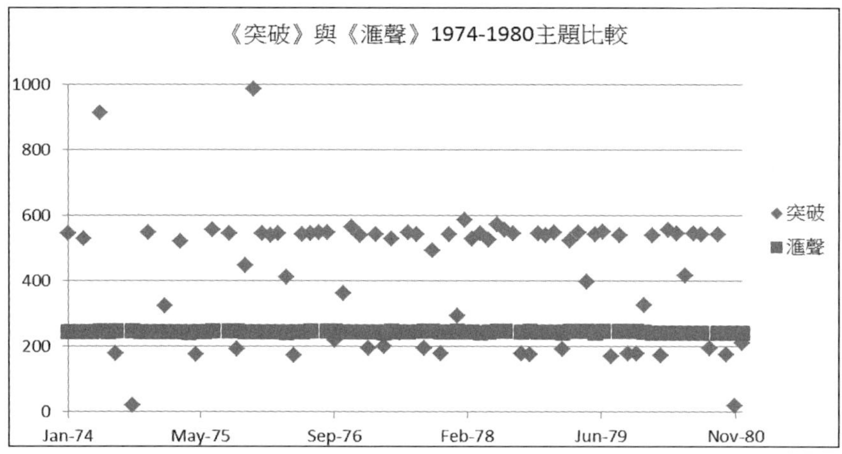

蔡桂球在1995年作了一個關於「基督教文字工作」的問卷調查，所得結果令他有點失望，因為調查發現，在教牧傳道及信徒領袖的層面，認為基督教文字工作應集中於傳福音、令教會增長、牧養信徒、團契、初信造就等五項功能。蔡桂球失望之餘，仍不忘在其結論裏呼籲：「文字與教會功能太局限在基

督徒圈內，這也是一個不可忽視的現實，且不宜繼續。」[149]蔡桂球的問卷調查在九十年代進行，七十年代的「現實」相信更為保守。《突破》與《滙聲》1974至1980主題比較圖表，正是一個充分的反映。《滙聲》的主題集中於類目240（基督教），主題（Subjects）包括聖經人物241.099、聖靈242.15、基督論242.2、基督徒生活244.9、見證244.95、佈道245.1、團契247.49等等。

另外，圖表亦反映了《突破》雜誌與教會從不同角度看福音工作，而「福音預工」是雙方最大的分野。前者認為舉凡年輕人關注的事物都可成為傳福音的切入點，先引起話題，再間接討論；後者抱持一個相反的看法，認為應直接明確的宣講福音要道，令人為罪為義為審判自責、悔改，繼而接受救恩。1974年5月電影《萬世巨星》（*Jesus Christ, Superstar*）在香港上畫，雙方反應不一，便是一例。

1970年，由安德魯•韋伯（Andrew L. Webber）作曲、添•懷斯（Tim Rice）填詞的搖滾歌劇（Rock Opera）*Jesus Christ, Superstar* 在美國一炮而紅，插曲 *I Don't Know How to Love Him* 更是全球熱播，全年售出唱片250萬套。翌年在百老

匯搬上舞台，首演預售收入120萬美元，1973年拍成電影，長期高踞票房冠軍。然而，劇本的內容卻有不少歪曲聖經之處，如馬利亞與耶穌的戀情、猶大的無辜、耶穌的神經質、彼拉多的明理善良等。

蘇恩佩的反應積極而明快，先在1974年5月的《突破》雜誌策劃一個專題「流行音樂：時代的脈搏」，主打文章是一篇對*Jesus Christ, Superstar*的樂評，由音樂大師葉惠康口述。葉惠康分別從音樂、聖經兩個角度，作出客觀而專業的分析，其結論是：

「因為這套以聖經為題材的作品，配上現代青年人所喜歡的音樂，在情緒上激動他們，有很多青年因此而受到感動，而對耶穌的生平發生興趣。但，正如前面所說，它是『慢性毒素』，反成了青年人日後接受福音難（攔）阻，對福音起了有反效果的作用。」[150]

同時，蘇恩佩舉辦座談會，邀請熱愛音樂的大專學生、熟悉電影藝術的中學老師、傳理及神學的專家一起公開討論那齣電影，希望給予「對耶穌生平發生興趣」的年輕人正確的聖經知識，從而探討基督的救恩。當時，在中華基督教會當牧師的李清詞寫信給蘇恩佩，反對多此一舉的舉辦該次電影座談會，理由是「不懂《聖經》不信主的人不會藉此片信主是事實。但已信主的、深明《聖經》真理的不會因此片影響信心」。[151]

四十年後，筆者跟李清詞談起這段往事，李清詞爽朗地說：「一場誤會而已。恩佩回信向我解釋，後來我們碰面，又談論此事。恩佩是對的。我與恩佩縱有不同看法，仍可客觀地、平和地討論，不似那些人胡亂攻擊、謾罵。」[152]的確，當年《突破》雜誌的「福音預工」面對不少嚴苛的批評。當文蘭芳自豪地說「當年，我們的工作具先知性」後，頓了一頓，才補充下一句：「先知在家鄉是不受歡迎的。」[153]如果「突破人」比別人走快一步，那麼，承受那些比他們走慢一步而又不理解的人的非議，乃一個無可避免的悲哀。

所以，蘇恩佩訴說「福音預工」長期的被誤會、被批評，是一個「經年來我們極其困難地嘗試著向教會解釋，使信徒明白的策略。」[154]

那時候，他們被批評的場合，多是座談會、研討會、公開講座等，面對面的被作風保守的教會領袖質問。李淑潔憶記：「我們試過被人拍枱大罵，直罵得狗血淋頭。」[155]相對於當面的責罵，文字的批評卻含蓄得多，例如：

「……另一時期為『哀求時期』，好像我們在哀求那些非基督徒加入教會，使我們傳播福音的人得著好處一般。這段時期，就是由十年前至今日。在這段時期我們不能不討好『顧客』！因此我們不敢直接傳播福音，往往要轉彎子，恐怕如果不是這樣則會沒有人來信耶穌。」[156]

「……藉著雜誌作福音的傳揚——著作一些風格創新，內容新穎，迎合青少年人心理的福音雜誌，其銷路遠比富於屬靈氣息的刊物為佳，在普通的報攤上都可買到。……以上三種佈道方法，是否勝過傳統的佈道方法，暫時很難下定論，因為現代著名佈道家葛培理博士，兩次來港主領佈道會，前後相隔約二十年，採用的佈道方法仍是一樣，信主的人數卻創下了空前的記錄……」[157]

雖沒「指名道姓」，且用語溫和客氣，但一看就明白文章是衝著《突破》雜誌而寫的。不過，《突破》雜誌的處境亦非一面倒的備受指責，在基督教圈子裏，仍有少數公開支持「福音預工」的聲音：

「直接明確的宣講福音要道，是絕對必需的……但，那些不肯到禮拜堂去，也不肯閱讀宗教性書刊的人，永遠不能接觸福音，也就無從歸依基督了。因此，教會必須有些間接傳福音的刊物，將基督教思想在不知不覺中灌輸在非基督徒的心中，作為他們將來信奉基督的準備。（例如最近開始的「突破」雜誌。）這一類的刊物值得教會的支持。」[158]

滕近輝這篇文章，嘗試以一個持平的態度，希望化解「直接」與「間接」的矛盾，在互不牴觸的情況下，教會與《突破》雜誌各自在不同的場域傳播福音；可惜，當時只屬小眾意見，得不到基督教界的普遍認同。

註釋

149 蔡桂球：〈華文基督教出版書籍的分類（文學 / 神學）和評估〉，《吉隆坡、馬六甲：第三屆基督教華人文字事工研討會》（1995年8月3-6日），下載：2013年3月22日，網址：http://www.acp.org.hk

150 葉維康口述，陳佐堅、何珍好代筆：〈樂評：「耶穌基督天皇巨星」〉《突破》，第3期（1974年5月），頁20。

151 〈書信第二組〉，見《蘇恩佩文集 I》，頁538。

152 根據〈李清詞訪談資料〉。

153 根據〈文蘭芳訪談資料〉。

154 蘇恩佩：〈撒種之前——「福音預工」的實踐〉，《抉擇》，頁7。

155 根據〈李淑潔訪談資料〉。

156 江偉：〈大眾傳播與教會〉，《基督教週報》（1976年8月22日），版1。

157 曾仲愚：〈談佈道新方法〉，《基督教週報》（1977年2月27日），版1。

158 滕近輝：〈基督教文字工作縱橫談〉，《基督教週報》（1974年5月5日），版1。

2.3.7 《突破》與《青年良友》、《號外》比較

《青年良友》每期均有一篇專題文章，可用作比較。至於《號外》，在七十年代出版初期，《號外》除專欄外，沒設專題，只有特稿及特約文章。筆者根據《號外》第32期封底內頁所列由第1期至第20期的特稿及特約文章名單，揀選每月名單的第一篇，用作比較分析。第20期以後的比較材料，亦按此原則揀選。

筆者採用與前文相同的方法，製成比較圖表如下（主題詞與類目詳見附件三及四）：

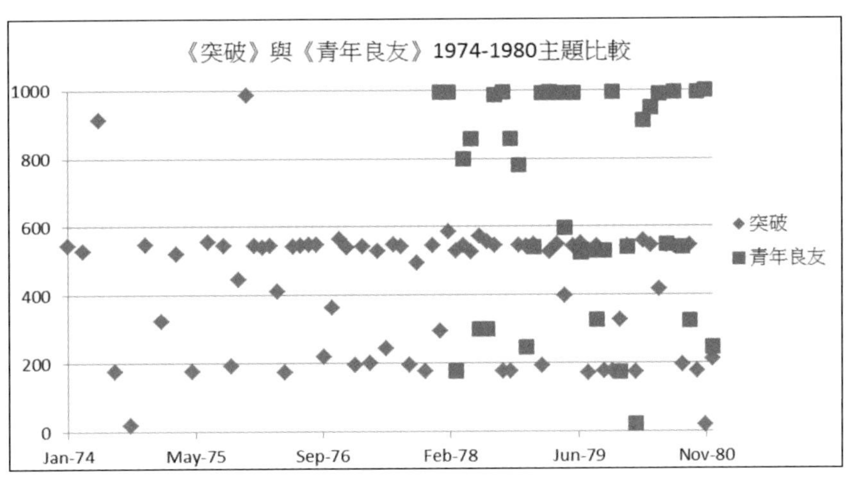

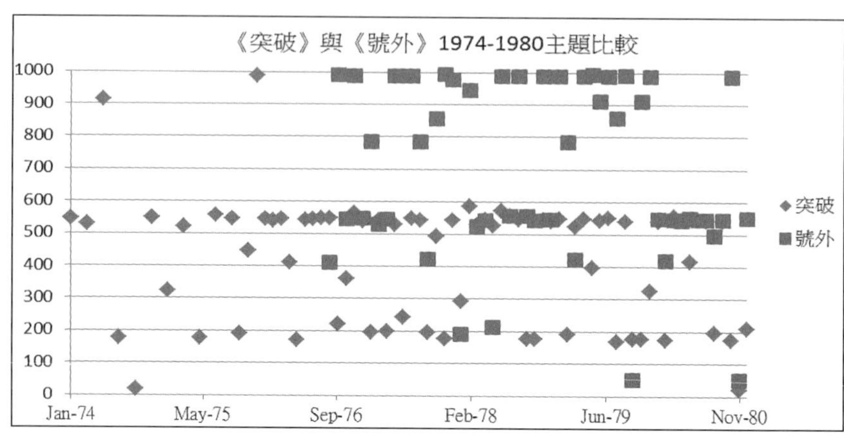

類目	突破	青年良友	號外
000 總類	3%	3%	4%
100 哲學類	23%	6%	2%
200 宗教類	5%	3%	2%
300 科學類	5%	10%	0
400 應用科學類	7%	0	10%
500 社會科學類	54%	23%	34%
600 中國史地類	0	0	0
700 世界史地類	0	6%	6%
800 語言文學類	0	6%	4%
900 藝術類	3%	43%	38%
總數	100%	100%	100%

首先，就以上圖表及數據分析，再一次印證那位《突破》發行商的經驗之談，年輕人雜誌必須具備明星、歌星、潮流玩意等元素，方能保證銷路。《青年良友》和《號外》的主題集中於主類900（藝術類），分別佔43%及38%。儘管兩者之間略有不同，《青年良友》的主題類目屬990（遊藝及休閒活動）的居多，例如992（旅遊）、993（戶外活動）、993.5（球類運動）等；《號外》的主題類目則為980（戲劇），以987（電影）、987.32（演員）、電視劇（989.2）為主，卻都是吸引年輕讀者的不二法門。

反觀《突破》，屬於主類900的主題僅得兩個：第5期〈流行音樂：時代的脈搏〉、第12期〈影片〉。前者上文已作探討，編輯藉流行音樂作切入點，介紹耶穌生平；而後者亦與明星、歌星無關，專題內容包括：香港青年看電影的習慣、電影語言、分析香港的影評、漫談電影特技等，還有一篇文章，介紹欣賞冷門藝術電影的好去處，如法國文化協會、歌德學院、義大利文化協會、火鳥電影會等。另外，由1974年至1980年《突破》雜誌惟一涉及「電視」的專題，只有第65期〈電視這一代〉。看電視為七十年代香港市民的主要娛樂，電視文化深入民心，《突破》雜誌提倡文化抗衡，透過專題引導年輕人不要盲目跟風，要擺脱電視文化的轄制（故其分類為500社會科學類）。《號外》的取態恰恰相反，文章以評論電視劇集、品評電視人物、分析電視台爭霸戰、批判本地媒體文化等熱門話題為主。兩份雜誌的價值取向，南轅北轍。

其次，《突破》雜誌是蘇恩佩推動社會關懷的媒體工具，專題的主題偏重於500社會科學類，佔54%。雖然《青年良友》和《號外》的500類文章所佔的比率亦高，分別為23%及34%，但三份雜誌的取材和處理手法各有不同。《青年良友》的專題文章以敘述為主，有介紹學生的課外活動，如〈學校圈外〉、〈漫談課餘活動〉、〈香港青少年團體〉等，也有述説節日傳統，如〈新年特輯〉、〈萬家喜慶迎新春〉、〈父親節〉等，內容點到即止，沒有分析，缺乏深度。總的來説，《青年良友》的風格四平八穩，面目模糊，欠缺鮮明的個性。

相對而言，《號外》的500類文章，內容較《青年良友》豐富且多樣，既有社會現象、事件的評論，如〈贊育醫院弄錯血型輸錯血〉、〈恐怖的幼稚園〉、〈大圈仔之聲〉、〈毒品專輯〉、〈兩性關係〉、〈香港的同性戀圈子及大男人主義〉等，也有潮流文化的分析，如〈Soft Punk——香港第三勢力〉、〈New Narcissim〉、〈Summer in the City〉、〈What's in?〉等。不過，《號外》的社會評論，層面僅止於評論，不像《突破》從現實事件切入更高的信仰層面。另外，《號外》強調緊貼潮流文化，分析潮流趨勢，跟《突破》提倡的抗衡潮流文化，屬兩種截然不同的生活態度。

若把戈德曼的二元性意涵結構理論套入《滙聲》、《號外》和《青年良友》，明顯的格格不入。《滙聲》一面倒的偏重永恆信仰的「他處」，忽略現實社會的「此處」。《號外》剛巧相反，重「此處」而輕「他處」。我們若把「他處」視為一種意識形態，《號外》呈現一種對生活的新理解——「生活方式是個人的選擇，是個人生活態度的表現」。[159]《號外》重視個人，走的路線是通識。創辦人陳冠中剖析：「我們是醫生、律師、講師、新聞記者、電影界⋯⋯我們談功能，即強調不同的專長，而不尋求共同的起點——即知識分子或公民的共通點⋯⋯我們認為每一個有識之士應對所有範疇保持一定的認識，由時裝到政治。」[160]所以，《號外》一方面談馬克思、女權、環保；一方面講時裝、飲食、的士高，充分體現本土文化的「混雜」（Hybridity），從國際化的香港人的角度去看香港的人和事。這種意識形態，明顯的有別於基督徒「高舉上帝，放下個人」的生活態度。至於《青年良友》，則欠深度，「此處」和「他處」都沒有。

另一個顯著不同之處，屬於主類100（哲學類）的專題，在《青年良友》和《號外》佔極低的百分比，跟《突破》的23%，差距極大。年輕人的心理分析和輔導是《突破》的強項。背後欠缺專業的輔導團隊支持，《青年良友》和《號外》自然沒法比擬。

最後，三份雜誌惟一相同之處，均沒主類600（中國史地類）的主題。七十年代香港人著眼於本土經濟、民生、治安等問題，中英談判還未展開，香港主權問題尚未浮現，中港兩地雖然相隔一條狹窄的深圳河，若是咫尺天涯，在香港人心目中，中國仍是一個遙遠的政權，中國專題的吸引力始終不大。

註釋

159 呂大樂：〈《號外》：一個香港文化的故事〉，載呂大樂主編：《號外三十：城市》（香港：三聯書店，2007），頁〔7〕。

160 陳冠中：〈Attitude & Style Manual〉，載呂大樂主編：《號外三十：內部傳閱》，頁44。

[2.4]

雜誌的延伸

2.4.1 從「明心信箱」到「突破輔導中心」

在籌辦《突破》雜誌的義工之中，詹維明是惟一受過專業訓練的輔導員，她認為年輕人雜誌與讀者之間一定要有交流，便自告奮勇擔任「明心一號」，開始第1期的「明心信箱」專欄，亦展開「突破」第一項輔導工作。詹維明又邀請李淑潔、周永新等義工，擔任明心二號、三號……組成一支頗具規模的輔導團隊，解答讀者來信問及人生、信仰、愛情、學業、情緒、家庭等問題。「明心信箱」一直大受歡迎，為《突破》雜誌最長壽的專欄。由於受版面所限，每期雜誌只能登載兩、三封來信及「明心」的回應，大部分來信都由義工以書信回覆，當中遇到較複雜、較棘手的個案，便以電話或面談方式作更直接的輔導。

隨著需求持續增加，「突破」輔導中心在1975年2月成立。最初借用別人的辦公室，由三十多位已受輔導訓練的義工每週兩晚，由晚上六時半至九時半，輪流當值，提供電話輔導及個人面談輔導。義務出任導師或顧問的專家，包括：麥希捷（律師）、羅紹光（精神治療科醫生）、周永健（神學教授）、胡問憲（神學教授）、吳珹（兒科醫生）、雷黃若蓮（社工）、陳黔開（傳道人）、張子江（校長）、陳慶德（行政人員）。強調「透過輔導、宣揚基督」，從基督教信仰角度，關注人身、心、靈的需要，幫助青年人面對及處理心靈困擾，亦是福音預工的鬆土工作之一。[161]

1976年，「突破」輔導中心遷到愛民邨的正式辦事處，服務由每週兩晚逐漸增加為五晚。蔡元雲亦放下香港的工作，赴美進修神學及輔導兩年，1978年回港後，大事開展「突破」的輔導工作，1981-1996年又與中國神學院合辦專業輔導訓練課程。

在七十年代，電話熱線、心理輔導都是香港的新鮮事物，均由「突破」開創先河。

註釋

161 梁柏堅主編：《Light：突破運動40年特刊》（香港：突破，2013），頁46。

1 輔導中心電話熱線義工
2 「突破」輔導中心同工合照
3 蘇恩佩與詹維明（明心一號）
4 輔導中心宣傳單張

2.4.2 從「空中突破」到「突破時刻」

1975年9月14日，應商業二台的的邀請，「空中突破」啟播，每逢星期日晚上7時至8時在商業二台播出。最初的主持人只有蘇恩佩、蔡元雲、麥芝華、陳港開。1976年陸續加入潘安盛、王誌信、朱國志、李小雲、胡文漪、陳婉燕、陳永忠、李展強等。另外，「明心」亦從雜誌延伸到大氣電波，主持半小時節目「空中明心」，由1976年3月開始逢星期一晚上9時30分播出。

「空中突破」的內容主要來自《突破》雜誌，義工從雜誌內容裏選出適合廣播的材料，融入「空中影評」、「他與她」、「科學趣談」、「談心」、「日光之下」、「身心樂」等特輯之中，配合適當的音響效果及樂曲，義工在公餘時間分段錄音，再剪輯成一小時的雜誌式廣播節目。

1977年2月，「空中突破」停播，改由「突破時刻」接棒，播放時段亦延長為星期一至五晚上10時至11時，並加入李成富、時美真、萬得康、梁文施等「新力軍」，內容更趨多元化，莊諧並重，動靜皆宜。節目的收聽率一直很高，延續至八十年代，廣播超過十年。「突破」偶然「進軍」廣播界，卻成為重要的空中媒體，一班當初沒廣播經驗的義工，累積經驗，成為專業DJ，亦開展日後「突破」影音工作的伏線，盡皆遠超蘇恩佩和蔡元雲原先的計劃。

廣播圈

商台新型青年節目

空中突破

因受歡迎增加時間

鏡頭前後播出時間

亦將改於週日二時

1　「空中突破」 1975年開始在商業電台啟播

2　「空中突破」啟播短短一個月大受歡迎，須加時播放。

3　1977年「空中突破」易名為「突破時刻」

4　早年「突破時刻」，從內容策劃到活動，大部分由義工一手包辦。

2.4.3 從《突破》到《突破少年》

1979年，《突破》雜誌一分為二，另出版了《突破少年》，編輯為程正家、蕭鋭志、楊碧瑤和黃鳳珍。讀者對象是十至十五歲的兒童和青少年，編輯特別選取適合「尷尬年齡」的題材，為處於成長期的小讀者的心理、生理轉變提供輔導。同時《突破》的路線亦順應作出調整，著重於青年人初涉社會的困惑和挑戰，內容由分析個人問題，漸轉為分析社會問題。

遺憾的是，《突破少年》的受落程度未達預期，蘇恩佩始料不及：

「我們本來對《突破少年》寄很高的期望，以為在沒有其他雜誌競爭的情況下，銷出三萬本不會很困難。然而真實的情況比我們預期的棘手得多，到目前我們連兩萬的數字還達不到。原來十五歲以下的這一代是在電視機前長大的，我們最大的勁敵是TV！很悲哀的事實——這一代的孩子對閱讀沒有興趣！這將是一場長期的戰爭。」[162]

《突破》在《突破少年》出版前一月的銷量達歷史的最高點48,000冊。《突破少年》面世，直接分薄了《突破》的讀者，而《突破少年》的銷量又不達標，梁永泰回想：「出版突破少年，是突破雜誌沒落之始。」[163]的確，1979年是《突破》雜誌發展的一個分水嶺，到底它如何由盛轉衰，下一章再作討論。

註釋

162 〈書信第二組〉，見《蘇恩佩文集 I》，頁497。

163 根據〈梁永泰訪談資料〉（2012年6月20日，地點：突破青年村）。梁永泰博士，突破機構總幹事。

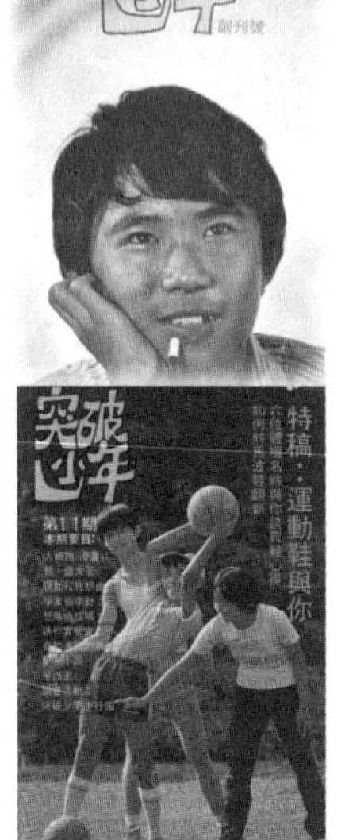

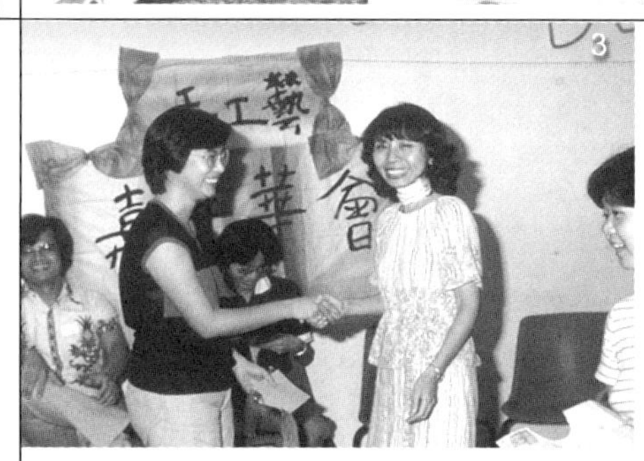

1　當日出版《突破少年》，各人皆寄予厚望。
2　《突破少年》早期編輯會
3　蘇恩佩出席《突破少年》讀者活動

2.4.4 從「火種」到「薪火相傳」

2008年，蔡元雲替《死亡，別狂傲》復刻本寫跋時，寫下這段心底話：

「恩佩，當年你身邊的小弟弟永泰，今天是突破機構總幹事；你的小妹妹淑潔是突破國際培訓組的資深生命導師——你那份對文化和生命更新全心承擔的真情，透過他們仍然感染著突破同工和義工的生命。你可能沒有想過，當年突破的義工盧龍光、余達心，和同工梁家麟，現在都成為神學院院長；義工周子森是牧師，李金漢、宋恩榮、江丕盛都是大學教授。《突破》的編輯文蘭芳、何盛華、吳思源仍是文字工場的精英，設計組的義工許朝英是出版社社長……突破運動孕育了一代神國的工人，他們的身上盛載著你那甘心獻身委身服侍神的真情。」[164]

整個七十年代，《突破》雜誌的全職編輯只有何盛華、文蘭芳、吳思源三人。雜誌的編製，義工是主力。何、文、吳三位最初亦是義工。四十多年後，回憶那段在「突破」開荒的日子，他們依然津津樂道：

「我在出版界、基督教界打滾了大半生，從沒見過這樣的一個義工團隊。其他機構的義工主要集中於前線的、基層的工作。突破則不同，由高層的策劃到基層的扛抬，都是義工。大家毫無保留，上下一心，不求名利，只為要辦好雜誌。」（文蘭芳）

「工作時，我們不分同工、義工。工作量、工作性質，各人都差不多。那時候，突破還是小機構，我們甚麼也要做，編、寫、採訪、設計，以至送貨，真是少林寺式訓練。不過，上班就像返團契，很快樂。一班年輕人，或心境年輕的人，聚在一起，有理想，有幹勁。」（吳思源）

「恩佩對義工是有要求的，並非來者不拒，需要經過試用，達到一定的水平，恩佩才肯錄用。另一方面，她又肯花時間在義工身上，訓練他們，栽培他們。」（何盛華）

蘇恩佩如何栽培年輕人？余達心的經驗是一個好例子。1975年，才二十出頭的余達心，已完成神學課程，年輕有為。他說：「我當時的文章已寫得不錯，但蘇恩佩還是把我給她的一篇文章批滿紅字，並一點點的教導我如何寫作。從那刻開始，我認識了這位特別的人，她不止跟你工作，也不單委身投入事工，而是花時間、心力去栽培別人。我便是她定意要栽培的其中一位年輕人。」[165]同一件事，何盛華的印象同樣深刻，她說：「余達心有多少年輕人的傲氣，文章給恩佩改得滿江紅，當然有點不服氣，後來談下去，恩佩逐字逐句向他解說，他心悦誠服了。」[166]

義工的人數雖多，但各人的個性和能力蘇恩佩都一一了解。李淑潔保存一份出自蘇恩佩的義工寫作組名單，人數超過六十，除了組員的姓名、地址、電話和學歷外，還有各人的擅長，例如：

陳中禧—擅長文藝稿，論文亦可以

陳燕儀—擅長文藝稿

梁燕城—擅長中國問題、哲學

李海林—擅長翻譯

劉冰瑩—可寫論文

高偉嫻—興趣理論文章

黃港生—擅長採訪，較喜愛寫議論文

李柏雄—擅長寫論文及散文

王信誌—擅長論文及散文

梁永泰—適宜寫散文或論文

當中，如陳中禧、梁燕城、梁永泰等，昔日初出茅廬的「小伙子」，今天已是獨當一面的人物。

除了栽培義工、同工，蘇恩佩同樣樂意提攜年輕讀者。《突破》雜誌文藝版四大方針之一：「開『文藝習作』欄，讓年紀較輕，作品也較幼稚的作者也有機會練習。」[167]蘇恩佩還在1976年舉辦徵文比賽，邀請余光中、小思、胡菊人和陸離作評判，藉以鼓勵創作，發掘新秀。當年的中學組冠軍，正是今日依然活躍文壇的潘金英、潘明珠姊妹。潘金英說：「那是我們得到的第一個文學獎項，意義重大。之後，我們放學後常跑到突破找恩佩聊天，她雖然工作忙，但仍抽時間指導我們看書、寫作。她的身體不好，談一會，便要歇一歇，喝點暖水。」[168]蘇恩佩還安排潘氏姊妹在《突破》、《突破少年》發表小說，當潘明珠留學日本時，蘇恩佩更鼓勵她把留日的生活點滴，寫成遊記，在《突破》連載。

蘇恩佩對年輕人的提攜，也是「撒種」，不強求即時回報、速見成效，不追逐一閃即逝、無以為繼的煙花效果；而是細水長流的生命工程，讓幼苗慢慢茁壯成長，造就是一生一世的。

能編擅寫，敢於創新，不懼挑戰，清心服侍，扶掖後進，蘇恩佩拿著一根禿筆，在台灣、新加玻、香港燃點一個又一個的火種，薪火相傳，一直沒熄滅。當論到現代出版人的素質時，吳思源的答案似乎來得不假思索：

「對時代有觸覺，對人類有悲憫，對信仰認真，有寬大的胸襟與細膩的觀察，擅長於文字運用與影像思考，具相當的文學修養，都是現代出版人 / 文字工作者最起碼的條件。」[169]

吳思源這個最起碼的條件，要求非常高，及格的人恐怕不多，或許在他心中，基督教文字工作永遠只得一個名字——蘇恩佩。

註釋

164 蔡元雲：〈跋：三十五年不止息的真情！〉，見《死亡，別狂傲》（香港：突破，2008），頁171。

165 余達心：〈那些年，她感動我們一群小伙子〉，《上 • 行 • 站》，下載：2013年5月28日，網址：http://www.upwill.org/news/daily-news/8795-so

166 根據〈何盛華電話訪談資料〉。

167 其餘三個方針是：(1) 多走寫實的路線，不與社會和群眾脱節。(2) 不會壓抑個人主義比較濃的作品，但避免無病呻吟。(3) 專請基督徒名家發表。出自〈書信第二組〉，見《蘇恩佩文集 I》(香港：突破，1987），頁531。

168 根據〈潘金英、潘明珠訪談資料〉。

169 吳思源：〈基督教華文文字刊物 / 雜誌的評估與展望〉，《吉隆坡、馬六甲：第三屆基督教華人文字事工研討會》（1995年8月3-6日），下載：2013年3月22日，網址：http://www.acp.org.hk

[2.5]

小結

正如呂大樂所言，1974年在香港歷史中是一個新舊交替的年份。經過1973年的股災，[170]香港經濟跌至谷底，1974年底開始復甦，從谷底反彈，香港人發揮「獅子山下」精神，[171]勤懇工作，經濟漸漸步向起飛。同年，廉政公署成立，展開肅貪倡廉行動，「反貪污，捉葛柏」成為全城熱話，[172]自此，從前各行各業視為理所當然的「茶錢」、「黑錢」，大大收斂，整體社會漸趨和諧穩定。

就在這個社會轉型的年代，市民大眾著眼於如何改善經濟民生，忽略了青少年問題。蘇恩佩效法昔日的先知，肩負起基督徒的社會責任，關懷處於成長期困惑的青少年人，啟導他們反思生命、探索人生目標。隨著《文林》、《燈塔》、《中國學生周報》等認真而有深度的雜誌陸續停刊，蘇恩佩和她的團隊在1974年1月出版《突破》雜誌，推動社會關懷，實踐福音預工，以一份全新的、沒明星歌星的刊物，叩擊文化之門，把年輕人身處現實世界裏的種種困難顯明出來。透過豐富的內容、具體的關懷，為年輕讀者開啟出路，在基督信仰裏尋找答案，成為他們的暮鼓晨鐘，幫助他們從社會不良風氣、享樂主義與個人罪惡枷鎖中突破出來。可見，《突破》的出現，絕非偶然，具時代意義。

《突破》雜誌的發展，在七十年代末期達致最高峰，按月銷量高達48,000冊。正當大家對前景滿有信心之際，八十年代初，蘇恩佩離世，「突破」失去靈魂人物。[173]如果出版《突破少年》是《突破》由盛轉衰的先兆；那麼，蘇恩佩離世，就是《突破》由盛轉衰的序幕。究竟，「突破」沒有蘇恩佩，日子怎麼過？我們下一章再作討論。

註釋

170 恒生指數從1973年3月的1774.96，大幅暴瀉，跌至1974年12月的150.11，跌幅達91.5%。

171 《獅子山下》是香港電台1972年開始製作的電視劇集。同名主題曲《獅子山下》，由顧家輝作曲、黃霑填詞、羅文主唱，成為香港人無畏崎嶇、刻苦拚搏的象徵。

172 葛柏（Peter F. Godber）1952年來港加入警隊，1973年退休前為九龍區副指揮官，任職二十一年的總薪金為89萬港元，但官職與收入不相稱，家財高達437萬港元。1973年葛柏潛逃返英，1974年2月，廉署成立，接手案件，1975年把葛柏引渡回港受審。

173 根據〈蔡元雲訪談資料〉。

第三章

八十年代的「尋根」

[3.1]

八十年代的香港社會與香港教會

在分析八十年代的《突破》雜誌之前，筆者先從《滙聲》（當時仍稱《會訊月刊》）的專題主題作切入點，透過其「戲劇性」的變化，探討香港社會和香港教會在八十年代的獨特變遷。

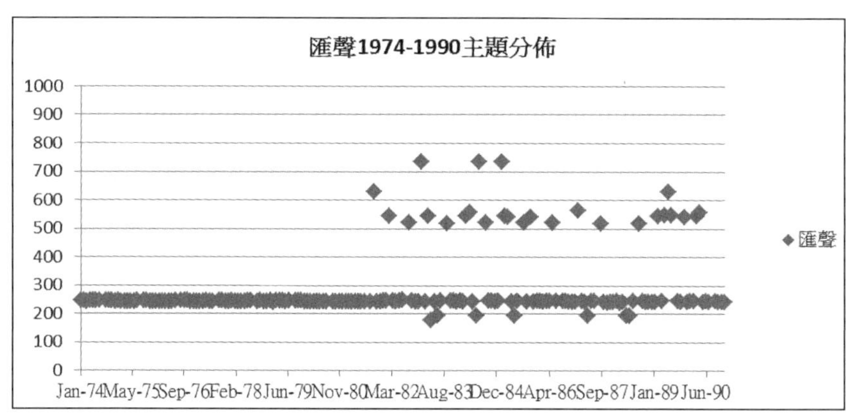

左圖所示，七十年代《滙聲》的專題主題全屬類號240「基督教」範疇，故由1974至1980年，類號不離240至249之間，分佈幾乎成一直線。到了八十年代，240主題雖仍佔大多數，但已由過往的100%，下降至70%，而在33篇「非240」的專題文章當中，超過60%屬於500社會科學類。更值得注意的是，在四個特別的年份，「非240」主題顯著偏多，分別是1983、1984和1989年，各佔45%；而1985年更高達55%，數量超越基督教主題。由此反映，那些年頭，香港整體社會的「大氣候」與基督教會的「小氣候」，出現了重大的轉變。楊牧谷在八十年代末，回望過去，總結香港的十年風雨，劃分出三個時期：[174]

（1）1982至1984年，中英聯合聲明簽署，[175]市民飽受虛驚，湧到超級市場去搶購糧食，港幣遭到恐慌性拋售。

（2）1985至1988年，香港人開始尋索自己的身分，社會上普遍存著意興闌珊的情緒。

（3）1989年，「六四事件」[176]影響所及，香港社會出現史無前例的大型群眾運動。

相同的年頭，相同的事件，陳清僑則以兩次「恐慌」來形容八十年代的香港經驗，第一次是中英聯合聲明簽署，第二次是六四事件。陳清僑指出，這些惶恐的經驗，令香港社會「介於恐慌與完全無助之間」[177]。雖然根據《聖經》的原則，教會建立在地上只是「寄居」，信徒生活於現世只是「客旅」，[178]但當社會動盪，教會和信徒不可能絕對超然的置身事外。所以，在八十年代《滙聲》的眾多基督教專題文章以外，我們可以讀到關注婦女、勞工、家庭倫理、教育工作、九七回歸等主題。當然，還有1989年6月號第385期直接批判現世政權的專題文章〈忠〉，作者馮壽松一開筆，便開宗明義地指出，「忠」是中國傳統八德之首，忠於國家乃公民責任，接著由1919年的五四運動切入1989年——

「七十年後的『五四』，北京的大學生數十萬人大遊行，發表了『新五四宣言』，抨擊『官僚』與『特權』。提出『自由民主』的口號，希望促進民主化的政治改革。他們都盡了一己的努力，卓然不撓。這正可表現出他們忠於國家民族的高尚情操。」[179]

〈忠〉刊登於該期月刊的首頁，末頁則前後呼應的夾附中華基督教會香港區會總幹事翁玨光給全體同工的公開信，表達對「六四」流血事件的哀痛和憤激，呼籲「各堂會於主日崇拜及各種聚會中為國為民主，為自由，為法治，為北京學運所產生的死難事件懇切禱求。」[180]如此安排，在《滙聲》的出版歷史裏，是一次極其重要的突破。

在七十年代，香港人普遍關注貧窮問題。因著各行各業的苦幹經營，加上開明和合理的法治制度，到了八十年代，香港漸漸變成一個富裕社會，廣泛的失業已經基本上消失。[181]隨著社會經濟現代化、教育水平上升、政權開放，群眾的政治覺醒和政治參與，成為香港社會演變的特質之一。[182]面對政治、社會的重大變遷，「活在地上」的教會，要「不沾染世俗」的完全超然物外，畢竟絕不可能，受到時局影響，教會的取態和路向總作出大大小小的改變。正如楊牧谷所説，八十年代的香港教會「不能再停留在『要不要參與社會建設』一類的討論上，這是屬於『九七問題』前期的命運；九七問題把教會與社會的分割完全消解。」[183]這些改變，套用社會學的宗教世俗化理論，可視為「神聖與世俗之間界線之不確定性或模糊性的發展過程」[184]，甚至有社會學者認為，世俗化的盡頭將會是一個無宗教的社會。儘管宗教世俗化屬於假設性的推論，達致「無宗教的社會」，過程既漫長且充滿變數，亦無礙陳慎慶運用此理論，嘗試觀察香港基督教的歷史發展，他結果發現：

「一條明顯的主線是更正教（基督教）信仰中神聖與世俗的界線越來越模糊。五零年代以後出現的『宣教』與『社會關懷』的爭論可以說是世俗化的開端，八零年代以後部分更正教（基督教）群體從參與社會事務轉向政治事務是世俗化的進一步發展。」[185]

陳慎慶這個香港基督教「世俗化」的觀察所得，恰當地解釋《滙聲》專題的主題變化。另一方面，較《滙聲》更早「世俗化」的《突破》，在八十年代，面對中英談判、香港前途、六四事件等劃時代的政治、社會大事，雜誌的主題變化會否較《滙聲》更具戲劇性？下一節自有分曉。

註釋

174 楊牧谷：〈楊牧谷對香港教會的回顧與前瞻〉，《突破》，第182期（1989年12月15日），頁18。

175 《中華人民共和國政府和大不列顛及北愛爾蘭聯合王國政府關於香港問題的聯合聲明》（Joint Declaration of the Government of the United Kingdom of Great Britain and Northern Ireland and the Government of the People's Republic of China on the Question of Hong Kong）簡稱《中英聯合聲明》，在1984年12月19日由中國國務院總理趙紫陽與英國首相戴卓爾夫人在北京簽訂。根據此份聲明，中國政府於1997年7月1日收回香港，並對香港恢復行使主權，香港在「一國兩制」原則下，維持資本主義制度和生活方式五十年不變。

176 事件始自1989年4月15日，北京學生和市民在天安門廣場自發集會，悼念逝世的中共中央總書記胡耀邦，漸漸演變成學生運動，示威蔓延全國，人民上街要求民主改革。事件最終發展至北京戒嚴，軍隊在6月3日晚至4日清晨開入天安門廣場，以武力鎮壓及清場，爆發流血衝突，示威活動才告平息。

177 陳清僑：〈介於殖民與新殖民時期的香港社會〉，載廖炳惠編：《回顧現代文化想像》（台北：時報文化，1995），頁28。

178 〈希伯來書〉11:13，載《新舊約全書》（香港：聖經公會，1986），〈新約〉頁323。

179 馮壽松：〈忠〉，《會訊月刊》第385期（1989年6月15日），頁1。

180 翁玨光信函，《會訊月刊》第385期（1989年6月15日），附頁。

181 李明堃：〈八十年代香港社會內部衝突的新形勢〉，載趙雨樂、程美寶編：《香港史研究論著選輯》（香港：香港公開大學，1999），頁425。

182 關信基：〈香港政治社會的形成〉，載劉青峰、關小青編：《轉化中的香港：身分與秩序的再尋求》（香港：香港中文大學，1998），頁105。

183 楊牧谷：〈參與更新〉，《會訊月刊》第333期（1985年2月15日），頁1。

184 陳慎慶：〈香港的世俗化與社會變遷：社會學的詮釋〉，載陳慎慶編：《香港的遠象》（香港：基督教文藝，1998），頁243。

185 同上，頁252。

1 八九民運，「突破」機構發起全港青年大會，聲援北京學生。

2 「突破」鼓勵年輕人不要忘記歷史，但同時也要愛國。

[3.2]

《突破》的後蘇恩佩時代

蘇恩佩在1982年4月11日病逝，早在1979年，《突破》已踏入「後蘇恩佩時代」。

1978年底，蘇恩佩的健康轉壞，血壓極不穩定，遂遵從醫生的命令，從《突破》總編輯的崗位退下來，自1979年1月1日起改任顧問編輯。[186]雜誌的編務工作，由何盛華、文蘭芳和吳思源三人共同執行。同年，蘇恩佩申領安息年假，飛往美加休息、讀書、思想、寫作，[187]至1980年3月底返港。經過一年靜養，她的身體狀況轉佳，體重回升，可是，當她重新投入緊張的生活和繁忙的工作，不足一年，健康再度轉壞，不時進出醫院，她自覺「身體越來越不行」[188]，於是決定正式交棒。1981年

10月1日出版的《突破》雜誌，版權頁再次印上久違了三十二個月的舊職位「總編輯」，卻換上新姓名——吳思源。[189]

隨著蘇恩佩的淡出、逝世，編輯的人事更替，[190]加上政治和社會的變遷，與七十年代相比，《突破》的編輯方針及路線可有改變？我們先看以下七、八十年代專題主題分佈，以及主題百分比的比較。

主題類目	70's突破	80's突破
000 總類	3%	0
100 哲學類	23%	20%
200 宗教類	5%	6%
300 科學類	5%	3%
400 應用科學類	7%	6%
500 社會科學類	54%	43%
600 中國史地類	0%	4%
700 世界史地類	0%	9%
800 語言文學類	0%	2%
900 藝術類	3%	7%
總數	100%	100%

在整個八十年代，500社會科學類及100哲學類的專題，仍是《突破》的主力，延續《突破》雜誌的一貫路線，著重社會關懷與心理輔導。然而，與七十年代相比，社會類專題的百分比，大幅減少超過10%，騰出版面，刊載新的主題。在七十年代欠缺的600（中國史地類）、700（世界史地類）、800（語言文學類）專題，都在八十年代出現「零的突破」。

因應九七回歸帶來的焦慮，《突破》有策略地製作十四個相關的專題，分別屬於主題「中國研究」（類號610）及「香港問題」（類號733.8），包括中英就香港前途問題進行談判期間的「中國」（1981年4月）、「香港•『鄉』港」（1981年9月）、「未來」（1982年9月），以及中英聯合聲明簽署前數月的「做個中國人」（1984年3月）和「再闖香港新里程」（1984年9月）。藉此，《突破》希望年輕讀者多認識中國，減低疑慮，鼓勵他們積極面對「回歸」，在新時代裏追求豐盛人生。

1990年下半年，《突破》更接連推出四個733.8專題：「他來自香港」、「我們願意留下」、「突破的時代見證」、「留得有創意」。在世紀之交，尤其六四事件之後，香港人處於恐慌與無助的陰霾底下，《突破》於毋忘六四的同時，[191]再次明確地以「尋根中國，植根香港，紮根永恆」作為對時代變遷的回應。[192]

八十年代初，九七回歸引起香港人前所未有的信心危機，每八個香港市民便有一個打算移民外地。[193]對於「中國人」、「香港人」、「英國屬土公民（海外）」的身分取捨；對於回歸或移民的矛盾抉擇，香港人出現極其困惑的身分迷失。1981年10月31日，《1981年英國國籍法令》獲得御准，[194]胡菊人直言香港人「可憐」，他說：

「我們生於斯長於斯，經過艱苦的努力，才有今日的香港，可是不知道將來怎樣，也不能選擇喜歡的生活方式和政治經濟制度。新國籍法通過，我們全都是沒有國籍的國際流浪兒。」[195]

同樣的身分迷失，也在《突破》雜誌所關心的年輕新一代當中找到。六四事件之後，《突破》雜誌做了一次意見調查，發現約45%被訪的青少年認為香港有前途，約35%認為香港沒前途，其餘的20%不能判斷香港的前途。[196]

《突破》雜誌的取態，由始至終是植根香港，服務年輕人。1981年脫離香港基督徒學生福音團契，自立成為突破機構，同年以六百萬元購入九龍灣利基大廈A、B座；1985年以一千八百萬元購入吳松街191號富林商業大廈（接近全幢），易名「突破中心」，都是長遠的發展策略。蔡元雲引以自豪地說：

「那時，中英爭拗不絕，香港人賣樓移民，企業遷冊海外，我們反其道而行，斥巨資購買寫字樓，大家都說我們愚蠢。我第一個不主張租樓，每年擔心業主加租，每年找新地方搬遷，同工怎能全心全意工作？我們對香港有承擔，有責任。錢，神為我們預備；路，神為我們開拓。」[197]

《突破》沒信心危機，沒身分迷失，與香港八十年代的「主流民意」：移民、恐共，大相逕庭。套用第二章所引述的戈德曼（Goldmann）二元性意涵結構：

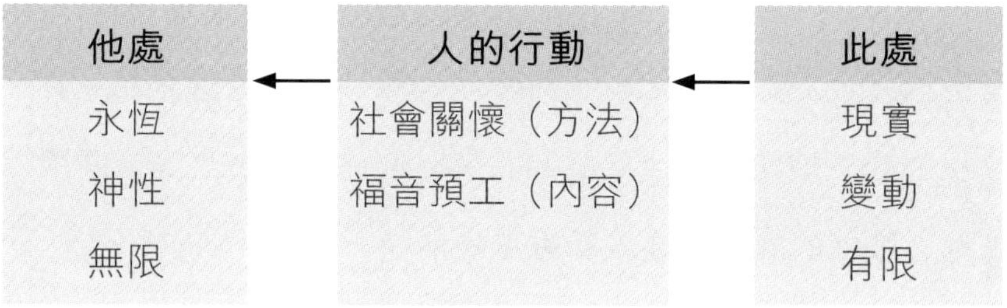

他處	←	人的行動	←	此處
永恆		社會關懷（方法）		現實
神性		福音預工（內容）		變動
無限				有限

「此處」的困難，在七十年代集中於社會問題；到了八十年代，增添政治問題。《突破》雜誌回應時局轉變，調整專題的主題，乃因時制宜、實事求是之舉，相信仍由蘇恩佩主持大局，方向亦一樣。而一群「突破人」，人在「此處」，靠賴信仰，生命聯於「他處」，與永恆結合，當然有信心留港建港。然而，他們能否有效地把相同的信息帶給讀者？引領年輕人過渡到「他處」？找到取得平衡、解決困難的「終極答案」？這些才是關鍵所在。

《突破》雜誌始自創刊，便積極推動社會關懷，實踐福音預工，兩者互相配合，構成雜誌專題的主要內容。在蘇恩佩主導下，不經意地以一種N+1模式運作，編排數篇從多角度思考主題而不含福音信息的文章，配合一篇以《聖經》為基礎、以基督教信仰為核心的文章，思考「此處」的問題，指向「他處」的答案，達致平衡。若套入福音預工的「鬆土」與「撒種」的概念，N是「此處」的鬆土，1是指向「他處」的撒種；若以N+1概念來看《突破》雜誌，也可以理解為N是「社會關懷」，1是「福音預工」。

在七十年代，傳統教會對《突破》雜誌的工作，大都不以為然，且時有批評。踏入八十年代，教會關心社會事務，已成大勢所趨，支持蘇恩佩的教會亦逐漸增多。例如，1981年6月28日的《基督教週報》刊登蘇恩佩的文章〈傳福音的新途徑與機會〉，鼓勵教會摒除成見，嘗試以「新觀念、新作風、新方法」去傳揚福音。[198]又例如，1982年7月15日，《會訊月刊》的專題文章〈旅程與天路〉提到：「今天在香港的信徒，不妨參考蘇恩佩女士的智慧，在人生的旅程上，去選擇奔走屬天的道路。」[199]正當「社會關懷」與「福音預工」漸受認同，意想不到的是，《突破》專題一直行之有效的N+1運作模式，卻在後蘇恩佩時代呈現一種不穩定的波動。

註釋

186 〈書信第一組〉，見《蘇恩佩文集 I》，頁497。

187 〈書信第二組〉，見《蘇恩佩文集 I》，頁581。

188 同上，頁586。

189 1981年9月，有一天，蘇恩佩把吳思源叫到辦公室，很嚴肅地對他說：「思源，由下個月起，你來當總編輯吧。做了總編輯之後，要穿得好一點，我決定加你一百元薪水。」當時吳思源年僅26歲。引自吳思源：〈德成街二號A二樓：蘇恩佩的突破小故事〉，《基督教週報》第2485期，（2012年4月8日），頁10。

190 何盛華、文蘭芳在1981年相繼離職；1982年後，許立中、梁家麟、何子江、麥寶琳等陸續加入《突破》編輯組。

191 《突破》在1989年7月和1990年5月分別推出專題「北京學運的震盪」、「六四紀念特輯」。

192 〈戰線上——「我們」的歷史廿五年回顧〉，《突破》第298期，頁23。

193 郭乃弘：〈基督徒在香港發展中的角色和任務〉，載郭乃弘主編：《香港教會與社會運動——八十年代的反思》（香港：香港基督徒學會，1994），頁85。

194 《1981年英國國籍法令》（British Nationality Act 1981）在1983年1月1日生效，法令把「英國及殖民地公民」（Citizen of the United Kingdom and Colonies）重新劃分為英國公民、英國屬土公民、英國海外公民三大類。當時有批評指，法令背後的政治動機是剝奪香港人在英國的居留資格，英國政府一刀切的拒絕給予三百五十萬香港人政治保險。

195 胡菊人：〈香港人必須努力去表達願望〉，《突破》第87期（1982年1月15日），頁32。

196 黃淑貞：〈香港青少年對中國民運及中港前途意見調查〉，《突破》第178期，頁63。

197 根據〈蔡元雲訪談資料〉。

198 蘇恩佩：〈傳福音的新途徑與機會〉，《基督教週報》（1981年6月28日），版1。

199 黃道一：〈旅程與天路〉，《會訊月刊》，第302 / 303期（1982年7月15日），頁1。

1　界限街福音閱覽室年代同工合照
2　牛頭角年代的「突破」
3　面對九七問題，「突破」毅然買下吳松街一幢商業大廈，以示植根香港的決心。

[3.3]

「N+1」與「N-1」

下圖為1974至1990年《突破》專題的N+1與N-1模式出現的次數，「N-1」代表該期專題只有多篇「鬆土」文章，並沒核心的「撒種」文章。例如1974年的《突破》雙月刊，六期專題全是N+1，沒一個N-1；而1990年，N+1專題有四個，N-1的則有八個。

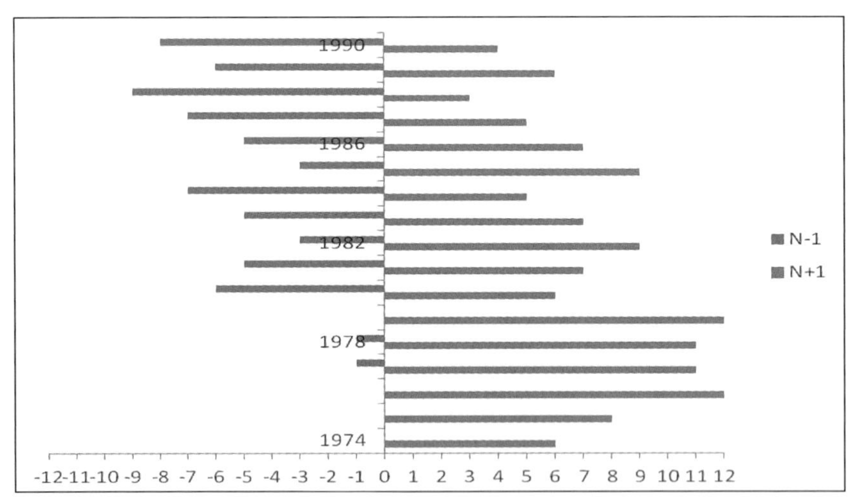

綜觀1974至1979年，《突破》的N-1專題只得兩個，分別是1977年5月的「留學」和1978年9月的「人際關係」。在七十年代，關於海外升學的資訊十分匱乏，《突破》的編輯和作者，不少曾是留學生，包括蘇恩佩本人，也許大家過分熱心於分享選校、上課、生活的經驗和心得，一時不慎，偏離一貫的編輯路線。至於「人際關係」，在1979年10月《突破》還有一個專題「人際關係（續集）」，當中包含兩篇「撒種」文章，若將「上下集」合而為一，仍是N+1。不管怎樣，六十二個專題，只有兩個N-1，故1974至1979年的N+1專題高達96.7%，可說非常穩定和一致。

《突破》雜誌的「福音預工」，由蘇恩佩主導，她一直堅持專題要有聖經基礎、符合聖經原則，經常不厭其煩地追問負責的編輯「專題有甚麼聖經根據」，不達這個「屬靈」要求，專題不能「上馬」。結果，編輯挖空心思，絞盡腦汁，不管甚麼主題，不論甚麼類型，都把專題與聖經接軌。但當蘇恩佩淡出，影響力減退時，接棒的吳思源顯然欠缺蘇恩佩那份細密。縱然如蔡元雲所說：「蘇恩佩與吳思源，都是獨立的個體，各有長處，各有看法，我不會要求吳思源複製蘇恩佩。後來羅乃萱接吳思源的棒，我也不要求羅乃萱複製吳思源。這是不公平的。」[200]不過，數字不騙人。1979年初蘇恩佩離開香港，由於《突破》編輯組採行年度計劃，1978年底已定好1979年的十二期專題，由構思到出版，需時八個月。儘管蘇恩佩不在香港，沒參與實際編務，1979年的專題仍保持N+1模式。1980年以後，波動出現了。

畢竟，N+1模式是一種不經意的「屬靈」編輯手法，七十年代《突破》在蘇恩佩主導下「偶然」產生，不著跡地打進年輕人的生活圈子裏，收到福音預工的效果。這種編輯模式，從沒清晰指引和明文規範，人去茶涼，事過境遷，當一代人過去，新一代接棒，不具體的傳統便慢慢失落。文蘭芳在1982年中重返突破機構，出任編輯主任，其後擔當突破出版社社長，她雖是《突破》雜誌的第一代編輯，但崗位不同，不在其位，不謀其政。她說：「突破一向奉行編輯自主，不論任何年代，編輯都是強勢主導。八十年代，我管行政，名義上是思源的上司，卻不過問編輯事務。」[201]到了1986年，羅乃萱加入《突破》編輯組，當時專題的編訂，已由一年十二期改為每半年六期。對於所謂N+1模式，有別於她的前輩，羅乃萱全然陌生，亦沒聽聞「有沒有聖經基礎」、「有甚麼聖經根據」的耳提面命。[202]

談到N+1與N-1，吳思源的回應是，減少《突破》專題的福音信息，並非刻意，正如N+1模式的建立亦非刻意。至於原因，他想了一會，回答：「可能是這樣，在八十年代我們增加了一些福音性較重的專欄，為保持雜誌整體內容的平衡，所以削弱專題的福音信息。」[203]他所指的專欄，包括梁家麟的〈泥土黎民〉、魯宗的〈探索篇〉和〈思路之旅〉、小麥子的〈天上人間〉和〈伊甸園外〉、楊牧谷的〈如此我信〉、吳思源的〈戌樓低語〉、多人合寫的〈祂的腳蹤〉。

吳思源的回應固然有其道理，筆者卻另有見解。潘國靈閱讀《突破》的經驗，會是一個參考。潘國靈在八十年代上中學，念初中時，深受《突破》作者影響：「這些作者在《突破》雜誌設有欄目，寫一些於今天少年學生來説很難想像的嚴肅文學哲學思潮……那打開的世界，剛好切中那個對存在深感困惑的少年我。沒有它們，我中學的閱讀回憶會蒼白很多。」[204]在《突破》裏，找到些甚麼？潘國靈如數家珍：

「打開《迷》即讀到披頭四的*Nowhere Man*，《人世間》裏讀到Paul Simon 的 *I'm a Rock*、Joe Darion 的 *Man of La Mancha*等等，歌詞寫得富有哲思，而且優美如詩，我未聽其

歌，先把它們當成文學作品來咀嚼了。其中，《荒漠行》是小時開啟我進入現代文學之門的一把鑰匙……存在主義的一些命題如『荒謬』、『反抗』、『怖慄』、『自由』、『空無』深深地吸引著我，它們不是純抽象的，而能顫動內心的琴弦。」[205]

那麼，基督救恩呢？潘國靈不僅沒找到，更反過來得到一個否定。「由一群『基督教作家』為一個困惑少年開啟一條通向『否定神』的」道路，[206]潘國靈理解為一種存在主義的境遇（situation）。當被問到：「為甚麼不讀楊牧谷、梁家麟、小麥子的文章？」潘國靈爽快地回答：「楊牧谷有看呀，他的《讀書這玩意兒》，我跟他學習怎分配時間、怎做學問、怎做讀書卡等等，最切合我那種哲學、文學的渴求。至於關於福音的，當時興趣不大。」[207]遺憾的是，《讀書這玩意兒》並非突破「產品」。

潘國靈的經驗，至少說明一個成年人不願相信的事實，年輕讀者是會選擇讀或不讀、接收或拒收信息，勉強不來。

「福音預工」的概念，在七十年代由蘇恩佩首先引入華人教會，透過《突破》雜誌實踐出來，行之有效。可是，時至今日，仍有不少教會和信徒輕視福音預工，認為是虛無飄渺、福音信息若有若無。因為教會傳統的佈道訓練，著重直接、清楚與完整，例如三元福音倍進佈道、福音橋、信主的四個階段、重生三部曲等等，都強調傳「完整的福音」。然而，反叛、好動的年輕人，有多少人願意安靜坐下，聽基督徒由神的創世說到耶穌釘十架，再到末世審判？甚至知道對方要「講耶穌」，早就溜掉。正因為「福音預工」的虛無飄渺、福音信息若有若無，年輕人才容易「中伏」。楊牧谷、梁家麟、小麥子等的專欄，明說福音，年輕讀者或會選擇跳過不讀。專題則不同，專題是雜誌的「靈魂」，有如晚餐的主菜，「顧客」總不會錯過，何況N+1專題觸及年輕人所關心的主題，福音信息藉著專題的「掩護」，不知不覺間進入年輕人的思想，成為思考、話題的一部分。

同樣是文藝青年，同樣在啟蒙時期閱讀《突破》，七十年代的胡燕青後來成為基督徒，八十年代的潘國靈跟基督福音擦身而過。撇開個人品性、成長際遇，兩代《突破》所傳播「福音預工」信息的強弱，會是其中一個關鍵因素。

「福音預工」不是佈道會，佈道會的成效，某程度上可透過決志人數統計出來。福音預工則不同，它的成效無從量化，其特點並非長篇大論的説服人，而是短短的一兩段話，從而改變人對信仰的態度。如果，年輕的《突破》讀者，覺得基督徒正直善良，願意跟他們交朋友；或者發現《聖經》的道理有助待人處事，願意多認識一點；又或者發覺基督教的聚會並不沉悶，願意參加青年團契、主日崇拜。這樣，「福音預工」已初步收效。當佈道會的牧師、工作人員欣慰地看見決志者從座位站起，會不會想到是「福音預工」撒下的種子在那時候萌芽呢？正如《聖經》早已預示：「那人撒種，這人收割。」[208]

《突破》N-1模式的專題，不錯從多角度思考主題，卻沒指向解決困難的「終極答案」。下面是一個例子，不論甚麼年代，愛情都是少年十五二十時的必然疑難。

1978年4月 第42期 專題「戀愛」 N+1	1988年12月 第170期 專題「初戀」 N-1
1. 異性相吸？——香港青年對戀愛的態度與行為 2. 人有我有？——為甚麼要談戀愛 3. 擇偶 4. 婚姻——戀愛的墳墓？ 5. 愛情詩篇 6. 愛情四部曲 7. 給女兒的信 （節錄）……無論以後妳所遇的或順或逆，媽都求那位萬愛的主耶穌賜妳智慧和恩典。記著，要「先求祂的國和祂的義」，妳便甚麼都不缺。若是神為妳所預備的配偶，總跑不掉……聖經上説的「恆久忍耐、恩慈、不嫉妒、不自誇、不計算人的惡、不喜歡不義、只喜歡真理、包容、相信、盼望」等等，都是千古如一的原則，又是建立不止息的愛的基石……	1. 初戀難忘 2. 初戀人語 3. 初戀組曲 4. 初戀鏡頭 5. 初戀前奏 6. 初戀黑洞 7. 初戀成婚

1978年的專題「戀愛」和1988年的專題「初戀」，都詳盡地從忐忑的初戀，談到甜蜜的熱戀，及至感情成熟的結婚，內容相當完備，切合年輕人的需要。惟一分別的是，1978年「戀愛」多了一篇〈給女兒的信〉，把「此處」的愛情和婚姻，與「他處」的基督聯繫起來，以及準確地引用著名的「愛的真諦」金句，[209]豐富「愛」的定義。站在信仰的角度，內容更為完美，層次亦較1988年的「初戀」更高一層。

多看兩個關於「電影」和「錢」的例子。

<table>
<tr><th>1975年12月
第14期
專題「影片」
N+1</th><th>1987年8月
第154期
專題「電影新潮」
N-1</th></tr>
<tr><td>1. 調查：香港青年看電影的習慣
2. 學習一種新語言——從鏡頭運用看電影特性
3. 座談會：怎樣才算是一套好電影
4. 選片的指標——香港影評分析
5. 漫談電影特技
6. 影壇巨匠
7. 披荊斬棘之後
8. 看電影的好去處
9. 只有「明星」，沒有「演員」！
10. 影片：社會形態的反照（節錄）……若你是基督徒，我會鼓勵你更深入思想一下和採取行動，在學校、工作機構發表你的抗議。因為既然你已得到耶穌基督的愛，得到新生命，那麼也應該用愛心去關心社會的福利和建設。得到了耶穌無窮無盡的愛是不容許我們沉默的……</td><td>1. 「最愛」——他們眼中的好電影
2. 電影的真善美
3. 信念與堅持——訪德寶宣傳經理舒琪
4. 一個健康娛樂的選擇——訪銀都董事馬逢國
5. 外語片在香港有前途嗎？——訪問安樂影片公司經理江志強
6. 不冷的赤誠——嚴浩對電影與人生的堅持
7. 無為而無不為——許鞍華說自己沒有使命感
8. 隨興所至——柯一正戲內戲外的人生
9. 香港電影趨勢三部曲
10. 「業餘人」看電影
11. 電影順逆流</td></tr>
</table>

1977年1月 第27期 專題「錢•錢•錢」 N+1	1990年3月 第185期 專題「炒風逼人」 N-1
1. 小訪問：假如我有錢 2. 錢從哪裏來？ 3. 笑貧不笑娼 4. 理財之道 5. 財產管理人 6. 一個鈔票的故事 7. 常見經濟學理論演繹 8. 錢能使你滿足嗎？ （節錄）……耶穌下結論說：「那些為自己積聚財富，在上帝眼中卻不富足的人，也是這樣。」我們可以隨己意為自己積儹錢財，但能否有機會享受財富卻非自己所能控制……空有物質財富而屬靈生命貧窮，真是人生的大悲劇。	1. 炒場快拍 2. 攞出嚟博一博 3. 擔得起又輸得起 4. 投機OK！ 5. 以小博大，分散投資——香港投機現況 6. 冰封三尺非一日之寒——炒風背後的大小氣候

總的來說，N-1模式專題，不管電影或金錢，雖能充分反映社會現狀，但僅止於「社會關懷」，由於「福音預工」的信息薄弱、甚或欠缺，未能把困惑者的目光從「此處」領往「他處」。因此，八十年代《突破》，在二元性意涵結構的架構裏，出現下圖的轉變：

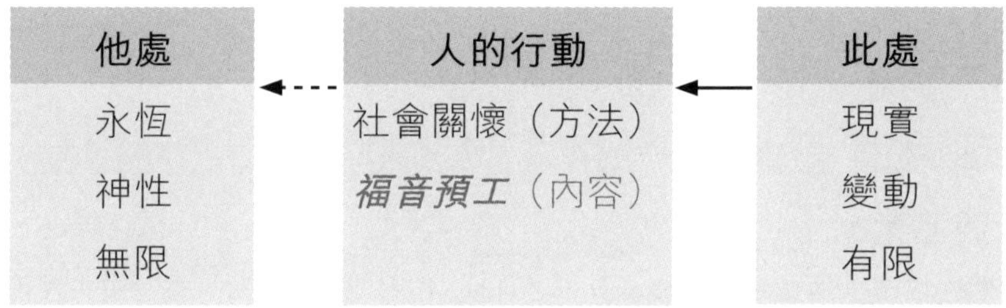

「福音預工」的波動，導致從「此處」通往「他處」的福音信息並不穩定，

時強時弱，或有或無，開始遠離《突破》創刊時那份不經意奠定的屬靈傳統。

註釋

200 根據〈蔡元雲訪談資料〉。

201 根據〈文蘭芳訪談資料〉。

202 根據〈羅乃萱訪談資料〉（2013年11月29日，地點：羅乃萱的辦公室）。羅乃萱太平紳士，前《突破》總編輯，現為家庭基建發展總監。

203 根據〈吳思源訪談資料〉。

204 潘國靈：〈存在主義——成長畫板上的一抹底色〉，《字花》，第45期（2013年10 / 11月），頁113。

205 同上，頁114。

206 同上。

207 根據〈潘國靈訪談資料〉（2013年12月7日，地點：香港中央圖書館）。潘國靈先生，香港作家、文化評論人、大學講師。

208 〈約翰福音〉4:37，載《新舊約全書》（香港：聖經公會，1986），〈新約〉，頁130。

209 〈哥多林前書〉13:4-8，載《新舊約全書》（香港：聖經公會，1986），〈新約〉，頁242。

[3.4] 《突破》雜誌第一次革新

「雜誌的革新與銷量下跌，是一個雞與蛋的問題。」[210]文蘭芳沒法總結出一個確切的答案。踏入八十年代，《突破》雜誌的銷量持續下跌，中學生讀者持續減少，[211]是一個事實；一本刊行超過十年的雜誌，面對時代變遷，需要革新是另一個事實。不過，銷量既然下跌，雜誌作出革新，寄望藉著革新，刺激銷量，亦是人之常情。1986年1月，《突破》出現首次重大革新，本來開度214x280mm、56頁的舊版，增加為227x300mm、64頁的新版，並把目標讀者由中學生提升到「職青」（在職青年），其原因有三：[212]

（1）不論是根據讀者意見調查抑或透過讀者活動的觀察，近一兩年《突破》的主要讀者群是中五或預科程度以上的青年人；

（2）越來越多青年人期望《突破》的內容能更適合他們的需要，例如討論人生問題、家庭與事業問題、社會與國家問題等；

（3）我們也期望《突破》的信息能接觸到一群「青成人」。

上述是「官方」原因，另一方面，吳思源坦言：「經過十年歲月，《突破》的編輯、作者、義工都已長大、成熟，慢慢跟中學生活脱節，繼續追趕中學生的潮流文化，自感力不從心；與其吃力不討好，倒不如編與寫一些切合自己興趣、學養、價值觀的文章。」[213]

基於上述「官方」的和私下的原因，《突破》從第135期的「革新特大號」開始，新增十多個符合職青趣味的新專欄，例如，述説朝九晚五白領生涯的「都市麗人」、提供在職進修與升學途徑的「再上路」、探討信仰和哲理的「思路之旅」、刊登讀者來信大發城市牢騷的「參議廣場」、大膽討論性慾問題的「人之慾」等等。每月專題方面，關於校園、讀書、交友、課外活動、年輕人潮流的主題，再不復見；取而代之的，是初闖天下、我要結婚、流浪、社會行動、成家立室、城市人求生處方、中環一族、錢來錢去、都市病、我愛夜生活等專題，走成熟路線，視野擴闊，卻偏離中學生口味。

同時，突破機構所出版的另一份雜誌，1979年創刊的《突破少年》，亦配合《突破》的革新，作出相應的改變，把目標讀者由原來的高小、初中調高至高中學生，以填補《突破》的「升格」而出現的讀者空隙。[214]

革新初期，立竿見影，《突破》雜誌的訂戶人數連續三個月上升，創下過去兩年來的最高紀錄。[215]可惜，新刺激帶來的勢頭未能延續，半年左右，銷量再度下滑。其實八十年代開始，閱讀風氣普遍轉弱，雜誌市場日漸萎縮，已成社會的整體趨勢，如《青年良友》在七十年代銷量達二萬冊，到了八十年代，訂戶鋭減累積過萬，跌幅逾70%。[216]故此，《突破》要逆轉大勢，談何容易呢！何況放棄中學生，轉戰較為陌生的「職青」市場，無疑是打一場沒把握的仗。而且，《突破》革新的決定，決心到底有多大？有沒有經過深思熟慮？計劃是否周詳？倒是疑問，因為在1985年9月，當「突破時刻」十週年，電台廣播突破二千五百小時，蔡元雲撰文〈讓「突破」成為青少年生活的一部分！〉為「突破時刻」打氣，文中他特別提到：

「最近，幾個廣播電台都嘗試爭取一些成年的聽眾。『突破』卻不會改變方針，仍將以青少年為我們的對象……他們是『突破』要服侍的新一代，而廣播是這新一代生活的一部分。透過廣播，『突破』要成為他們生活的一部分。」[217]

「突破時刻」一直是《突破》雜誌的延伸，廣播內容與雜誌內容互相呼應，宗旨相同，方向一致，爭取同一批受眾。前後只得四個月，受眾便由青少年變為職青，變動未免倉卒，而《突破》雜誌對職青的需要有否足夠的了解？

事實歸事實，梁永泰回顧過去，總結得失，不得不承認《突破》雜誌1986年的革新並不成功，他說：「職青的需要，比中學生的複雜得多，實在難以掌握。《突破》轉型職青、大專學生雜誌，失卻中學生群體，又未能打進職青市場，變成兩面不討好。」[218]

另一方面，《突破少年》亦不能填補《突破》「升格」後出現的讀者空隙。《突破》是一份中學生雜誌，《突破少年》專為少年人（十至十五歲）而辦，[219]早已深入民心，讀者的閱讀習慣非短時間內可以改變。再者，《突破少年》的銷量從1979年創刊開始，就遠遜預期。[220]除了關乎小學生的閱讀習慣、興趣，銷售策略也是成敗關鍵。中學生會自行訂閱或到報攤購買《突破》，小學生則不同，小學生訂閱或購買《突破少年》，總是透過學校或家長，於是涉及小學生喜歡的讀物，以及成年人希望小學生讀甚麼讀物，這兩個複雜的課題，而兩者之間，落差可能很大。《突破》對於經營中學市場，可説駕輕就熟，游刃有餘；不過，《突破少年》開拓小學市場，卻是舉步為艱，對市場的反應，有時無所適從。例如，文蘭芳收過小學校長的投訴電話，指《突破少年》的圖片展露少女大腿，非常不雅，反對給學生閱讀。[221]

總之，革新未能使《突破》雜誌的銷量回升，帶給吳思源沉重的壓力。工作失意時，他特別懷念在德成街的日子：「當時，突破的辦公室只得兩張寫字枱，環境非常擠迫、簡陋，但我們不分彼此，全心全意辦好雜誌，完全不掛心錢的問題。」[222]但當突破由牛頭角遷進吳松街「突破」中心，已發展成一個大機構，全職同工接近一百人，各有各的部門，一切變得制度化。從地下入口開始，逐層而上，有突破書廊、突破輔導中心、突破影音中心、突破活動部、總辦事處、植字房、攝影室、突破出版社、營業部、圖書館等不同的部門。[223]當時，突破機構的整體工作，主要分出版、影音、輔導三方面，《突破》和《突破少年》屬於出版社編輯部轄下的兩個支部。那時候，吳思源的「40%工作時間是用來談budget」。他說：「部門多，分工細，一般的檢討和考績以最簡單的量化作準則，自然就有比較。在會議桌上，大家把業績、數字攤開，《突破》不斷下跌的銷量，構成一種沉重的壓力。」[224]

於是，銷售壓力，加上「六四」、「九七」等因素，導致《突破》雜誌在1990年進行第二次革新。

註釋

210 根據〈文蘭芳訪談資料〉。

211 吳思源：〈編輯案頭〉，《突破》，第134期（1985年12月），頁1。

212 同上。

213 根據〈吳思源訪談資料〉。

214 根據〈羅乃萱訪談資料〉。

215 吳思源：〈只有一件事〉，《突破》，第138期（1986年4月），頁1。

216 根據〈許定銘電郵訪問資料〉。

217 蔡元雲：〈讓「突破」成為青少年生活的一部分！〉，《突破》，第131期（1985年9月），頁5。

218 根據〈梁永泰訪談資料〉。

219 林植森：〈關於《突破少年》月刊〉，載周蜜蜜編：《香港兒夢話百年：香港兒童文學探源（六十至九十年代）》（香港：明報，1996），頁63。

220 蘇恩佩曾在信中透露：「我們本來對《突破少年》寄很高的期望，以為在沒有其他雜誌競爭的情況下，銷出三萬本不會很困難。然而真實的情況卻比我們預期的棘手得多，到目前我們連兩萬的數字還達不到。」引自〈書信第一組〉，見《蘇恩佩文集 I》（香港：突破，1987），頁497。

221 根據〈文蘭芳訪談資料〉。

222 根據〈吳思源訪談資料〉。

223 莊杜游：〈突破中心巡禮〉，《突破》，第135期（1986年1月），頁72。

224 根據〈吳思源訪談資料〉。

1　德成街辦公室編輯及設計同工
2　界限街辦公室
3　八十年代雜誌編輯同工
4　出版部同工與台灣作者杏林子合照

[3.5]

《突破》雜誌第二次革新

1990年9月第191期《突破》雜誌的首頁文章〈結束也是開始〉，吳思源作出預告，「現有」的《突破》將告一段落，新的《突破》將於翌月面世，作為對時代的回應：

「我們是否仍擁抱著昔日的一些方針與做法，只講個人的理想、戀愛與交友、事業與家庭、思想三部曲諸如此類？這一切無疑有它的需要。但在社會急變之中，我們也需要一個更闊大的視野與胸襟、一些新的觀念與價值，去盛載和詮釋時代加諸我們身上的問題。」[225]

七十年代，《突破》雜誌的創刊宗旨，是關懷被忽略的青少年；到了1990年，《突破》的立場是「留港」，希望藉著雜誌「匯集一群志同道合的人，共同摸索怎樣有創意、有尊嚴地繼續留在香港生活。」[226]《突破》雜誌的第二次革新，受九七回歸、「六四」事件的影響，較單單為提高銷量更為明顯，而且有跡可尋。1988年以後，《突破》雜誌關於中國、香港問題的專題顯著增加，1989年「六四」事件更大大改變《突破》一貫的編輯模式，時局變化實在太急太廣，昔日預先定下十二期主題、或者六期主題，慢慢討論、思考、醞釀的做法，已不可行。六四事件在六月發生，七月出版專題「北京學運的震盪」，在《突破》過往的出版歷史裏，是絕無僅有的反應敏捷，但仍較其他報刊晚一個月，畢竟「追新聞」並非《突破》的強項，《突破》的編輯、作者、義工普遍欠缺這種訓練和經驗，一個月完成一個「六四」專題，乃是熬許多個通宵工作換來的成果，長遠而言，根本難以應付。可是，1990年以後，「追新聞」成為《突破》的常態。

在《突破》雜誌「變身」的第192期，刊登了一篇徵稿消息，呼籲讀者參與，合力辦一份「留港」雜誌，主要徵求四類稿件：[227]

（1）公民論壇：對於時事政治的任何新知灼見、牢騷矛盾。

（2）文化反思：生於斯長於斯的香港人，處身中西文化夾縫中，對中國文化的優劣的反省體會。

（3）創作特區：對香港地、香港事、香港情的體會，具時代感、都市感的道地香港創作。

（4）九七小小説：「九七」影響下香港人的生活故事。

這次徵稿，我們一方面可以理解為《突破》希望全民參與留港大計，另一方面亦證明雜誌原本的編寫班底短期內不能滿足這四類稿源，才公開徵稿。

至於該期的專題「留得有創意」，卻令人失望，內容貧弱，創意欠奉。「留得有創意」是一個N-1模式專題，不含福音信息。共四篇文章，其中兩篇〈我們仍可選擇〉和〈留在香港what's first！〉，同屬雜錦式訪問。前者訪問七位城中名人，後者訪問十位普通市民，都是簡短的意見。另外〈六十個捨不得〉，只列出六十個香港人、物、地、事的名稱，如許冠文、臭豆腐、馬場、打小人等。整個專題，僅得一篇完整的文章〈超越九七的自救意識〉。作為革新版的頭炮專題，未免有一種雷聲大雨點小的單薄，沒深入分析，沒精闢見解，也沒內幕消息，平平無奇，不見驚喜。

與十年前的《突破》比較，八十年代末的《突破》，已完全放棄其創刊宗旨、目標讀者、編輯方法、專題模式、辦刊方向和路線。然而，棄舊容易，換新困難，兩次革新不成功，《突破》陷入進退兩難、兩面不討好的困局。

那時候，《突破》的困局，可借用本章第一節陳慎慶的「世俗化」觀察，作為描述的藍本。即是說，《突破》七十年代的社會關懷乃世俗化的開端，八十年代以後從社會事務轉向政治事務是世俗化的進一步發展。在八十年代末，《突破》那條神聖與世俗之間的不確定界線，已模糊得若隱若現，難以分辨。

除了雜誌內容，世俗化也存在於機構管理。正如楊牧谷所說，福音機構在八十年代面對的其中一個危險，是「運作的模式傾向世俗化，無論在籌款、管理和追求成功方面」[228]。1974年，《突破》以「兄弟班」方式創刊，發展到八十年代中期，已成為一個大機構，部門多，職員多，人事管理和財務管理是個包袱，也是個挑戰。要維持有效運作，適當的引進西方現代管理技巧，實在無可厚非。可是，開會討論「撥款」竟佔用總編輯40%工作時間，明顯地，警鐘已經敲響。其實，早在1980年，蘇恩佩亦有類似的反省和提醒：

「我們這些福音機構，在近年來，除了大量運用從北美傳過來、近代『企業化』的科技模式外，對時代問題的反省，卻沒有得到甚麼裨益……而我們今日不但沒有敲響警鐘作光、作鹽，反而『效法世界』。我早已對許多『超級組織』非常反感，我擔心我們已陷在這陷阱中。」[229]

遺憾的是，十年不到，蘇恩佩的擔心不幸言中。

註釋

225 吳思源：〈結束也是開始〉，《突破》，第191期（1990年9月），頁1。

226 同上。

227 「徵稿」，《突破》，第192期（1990年11月），頁4。

228 楊牧谷：〈楊牧谷對香港教會的回顧與前瞻〉，《突破》，第182期，頁19。

229 〈書信第二組〉，見《蘇恩佩文集 I》，頁580。

[3.6]
《突破》與《青年良友》、《號外》的比較

面對時代變遷，雜誌必須有所反應，與時並進，變化革新；不然的話，停滯不前，保守落伍，終被時代洪流淹沒。不過，革新須變得其所，量力而為，還應保留本身的風格和特色，方能展現雜誌的價值和活力。《突破》、《青年良友》、《號外》分別代表三種不同的反應，《突破》革新不成功；《青年良友》不作改變；《號外》則變化得宜。我們先看《青年良友》：

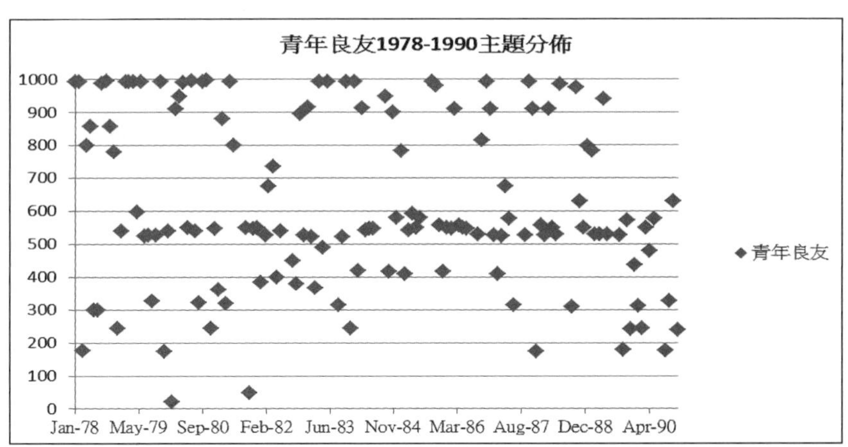

《青年良友》主題類目	70年代	80年代
000 總類	3%	1%
100 哲學類	6%	3%
200 宗教類	3%	4%
300 科學類	10%	11%
400 應用科學類	0%	9%
500 社會科學類	23%	40%
600 中國史地類	0%	4%
700 世界史地類	6%	4%
800 語言文學類	6%	4%
900 藝術類	43%	20%
總數	100%	100%

從數字上，比較七十年代和八十年代的《青年良友》，最大的變化集中於三類主題：400應用科學類由0%增至9%，500社會科學類由23%增至40%，900藝術類由43%降至20%。我們若了解《青年良友》的編輯運作，便發覺雜誌的整體變化其實不大。

始自1981年3月，《青年良友》與香港樹仁學院新聞系合作，不支稿酬的撥出三分一篇幅給樹仁學生作實習之用，訓練他們的採訪、翻譯、新聞寫作等能力，由老師把關，把最後定稿交《青年良友》出版，作為雜誌的每月專題。綜觀整個八十年代，樹仁學生採訪的對象以公營機構、社會服務機構佔多，例如世界宣明會、女童軍、民安隊、香港小童群益會、消費者委員會、晨曦島、防止虐畜會、廉政公署等，其主題分類全屬「社會科學」範疇，致使500主題急增。相對而言，他們訪問「藝術類」的機構較少，如戶外康樂中心、市政局資助的表演藝術團體、音樂事務統籌處等，900主題因而大減23%。至於400類的主題上升9%，理由是他們訪問紅十字會、香港聖約翰機構、中途宿舍、醫療輔助隊等歸類為「應用科學」的機構。簡而言之，不論增加或減少，其實都是學生的習作。這類「專題」的特點，偏重機構和人物介紹，四平八穩，欠缺深入分析和評論，沒時間性，也談不上潮流觸覺、新聞觸覺。整個八十年代的時局動盪，如中英聯合聲明簽署、「六四事件」等重大事件，在《青年良友》裏幾乎不留痕跡，惟一的一個關於「九七回歸」的專題「香港學生談1997」（1982年4月），亦是街頭訪問而已。當然，負責的只是新聞系學生，不是「跑新聞」的記者，不能苛求。

《青年良友》另外三分二篇幅，在八十年代，主要由許定銘負責編輯。許定銘本身是中學教師，以兼職方式編輯《青年良友》，他早年參加文社，著重文藝創作，力邀作家朋友撰稿，包括陳正剛的「香港遊蹤」、杜漸的外國文學和書評、安宇的科幻小說、李大成的翻譯小說、伊曲的人物傳記、東瑞的小小說等。結果是，《青年良友》由許定銘所編的稿，與樹仁學生所組的稿，互不過問、兩不干涉的湊合成一份雜誌，雜誌的前三分一與後三分二，風格嚴重不統一。不過，作為幫助初中學生提高閱讀能力、語文水平的課外讀物，《青年良友》算是及格有餘。所以，《青年良友》透過學校為學生訂閱，缺乏競爭能力，沒在報攤公開售賣。讀者的歡迎程度如何？除訂戶持續下跌，學生的反應也可見一斑，三十二頁的雜誌，許定銘每期撥出八至十頁給學生投稿，結果學生來稿「少得可憐」！[230]

相較之下，《突破》的讀者參與程度，遠勝《青年良友》。除了從不間斷的讀者來信、學生投稿外，還有不同形式的讀者活動，如讀者營、座談會、音樂會等，其中以讀者營是《突破》讀者活動的「重大項目」。蘇恩佩一直主張雜誌與讀者互動，故每次讀者營，《突破》例必傾全力舉辦，透過營會裏的清晨默想、專題討論、戲劇比賽、越野追蹤、燭光晚會等活動，與讀者建立友誼，帶領他們認識上帝，每次都「收穫」豐富，以下是一個年輕營友的經驗分享：

「住營這幾天真好，這是我少有的情感投入，我把自己整個生命投向大自然投向真誠的友誼……下船了，我們一一和蔡醫生握手。突然我看見我的組長在哭，於是我追上前去，我看見她的淚在陽光下閃耀著，真感動得也要哭。我深深捕捉到人類最優美的情操，那就是——愛。」[231]

類似的讀者活動，「人丁單薄」的《青年良友》，根本無從效法。因此，礙於資源所限，《青年良友》對於社會變遷、時局動盪，欠缺回應，也沒作出相應的變革，落後於時代，受時代淘汰是意料中事。

《號外》方面，在八十年代《號外》有三大突破。第一，1982年養德堂出版集團注資《號外》，施養德為《號外》引進革命性的「設計」和「時尚」元素。同年4月開始，出現經典的長形書度435mmx280mm，每期由張叔平和劉天蘭設計封面，加上豪華的裝幀、誇張的版面，凸顯其城市美學與品味。第二，定位為「優皮」（Yuppies）[232]雜誌，把讀者群鎖定為中產人士。第三，「開山元老」陳冠中、鄧小宇、丘世文退居二線，由岑建勳、邵國華、簡國慧接棒，同樣奉行編輯自主，元老們沒左右雜誌內容，讓接班人自由地發揮所長。這樣，《號外》便不會跟隨創辦人一起老化，陳冠中形容為一個「最聰明」的做法。[233]

與七十年代比較，《號外》的主題如下圖所示，整體變化不大。

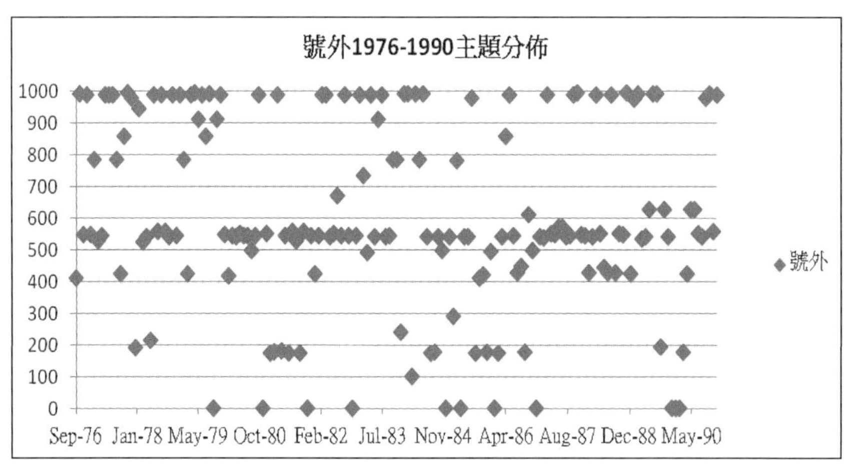

《號外》主題類目	70年代	80年代
000 總類	4%	8%
100 哲學類	2%	11%
200 宗教類	2%	2%
300 科學類	0%	0%
400 應用科學類	10%	12%
500 社會科學類	34%	34%
600 中國史地類	0%	5%
700 世界史地類	6%	4%
800 語言文學類	4%	1%
900 藝術類	38%	23%
總數	100%	100%

總括而言，八十年代的《號外》專題，以500社會科學類居多，湊巧地，跟七十年代一樣，同是34%；而300科學類依然是0%。受時局影響，人心惶惑虛怯，故此關於心理、情緒、品格等100哲學類的主題由2%增至11%。另外，類號628.776的「天安門事件」專題，在1989年至1990年共有三個，令600中國史地類的主題在八十年代出現「零的突破」。有增必有減，為容納新主題，900藝術類相對從38%減至23%，

儘管減少，整體比例仍高。

《號外》的風格是「混雜」（Hybridity），包括文字與主題。首先，《號外》的文字，與香港人日常一句中文、一句英文的語言習慣同出一轍，文字的表達手法特別，混雜中文書面語、粵語、英語，形成新一代的「三及第」文體，[234]以下是一個例子：

「選擇食物時，我會留意它的TEXTURE。食物不但要CHEMICALLY TASTY，亦要PHYSICALLY APPEALING。基本上，食物都應是MASTICATABLE，i.e.有「咬口」（THAT'S WHAT YOUR TEETH ARE FOR）。在進入食道時要有足夠BODY去引起各幫助蠕動……」[235]

丘世文認為，《號外》是一個以文會友的匯點，隨著機緣，讓自命不凡的人以「不同的頻道廣播一己之見」。他的見解是：「在適當的場合與適當的傾聽閱讀對象用適量的華洋夾雜語是無可厚非，有時甚至是非行不可的。原因很簡單：現代漢語只有短短幾十年歷史，暫時應付不少隨現代化而來的大量新鮮事物和概念；抽離文化語境的生硬翻譯容易產生望文生義的曲解，倒不如權用洋語原文來得實際。」[236]

然而，同樣身處華洋夾雜的社會和年代，類似的「混雜」文字，絕不會在《突破》出現。以下的一段文章，選自文蘭芳（筆名方華）在《突破》專欄「清歌十八拍」，可作比較：

「兩岸如鑽彩的輝煌，默然燦爛著，只為海中的夜行者、夜渡客而璀璨。萬點燈火的背後，佈滿了人世的悲歡離合，黑暗蓋住了社會的不公，無數破碎的家庭、破碎的人生，打碎了家中溫暖的燈光、砸爛人生的光輝，漫衍成群山下一片晶瑩。」[237]

《突破》雜誌自蘇恩佩開始，建立嚴謹的文字規範，蘇恩佩崇尚文字簡約、樸實、潔淨。「自問文章寫得不錯」的余達心，稿件被蘇恩佩批改得「滿江紅」，[238]正正顯出蘇恩佩對文字的執著。蘇恩佩更將這份執著，轉化成《突破》的傳統，文蘭芳精緻的文字在《突破》的歷史裏並非特殊例子；八十年代的文潔華、胡燕青、麥寶琳（筆名小麥子）；九十年代的黃幗坤（筆名谷穎）、吳美筠等，在她們的文章裏，我們不難讀出這份文字的傳承。

所以，《突破》與《號外》雖同屬本土雜誌，卻代表了兩種截然不同的文字風格。梁秉鈞認為，混雜的文字是香港人文化身分的一個縮影：

「他（香港人）可能會說英語或普通話，但那到底不是自小熟習的言語，他最熟悉的粵語，卻不方便使用於書寫；他念書時背誦古文，到社會工作卻得熟悉商業信札的格式、廣告文字的諧謔與簡略，這種文字上的混雜不純也是文化身分的一個縮影。」[239]

同一個現象，葉維廉卻另有見解。他認為，香港人這種不中不西的書寫習慣，是港英政府長期把中文壓制為「次語言」的惡果。港英政府再配合殖民文化工業、高度商業化的策略，有計劃地在香港推行「淡化、弱化民族意識和本源文化意識，使原住民對文化意義、價值的敏感度削弱至無」[240]，從而達致有效的殖民管治。我們若從葉維廉的論點進一步思考，會發覺《突破》雜誌對文字的執著，以及提倡文化抗衡、簡樸生活、社會公義、本土意識、尋根中國等，可視為一種對殖民主義的抗衡（resistance）。這方面，我們在下一章再作詳細討論。

話說回來，《號外》除了文字混雜，內容亦混雜，無所不談，可莊可諧，吸納不同類別主題的容量極大。就以六四事件為例，在1989年6月「中國民運 • 時代見證」專題的前後期，分別是5月談論Yuppie生活的「Yubohemians」和7月的旅遊專題「今夏歐洲選擇」，類號依次為542.55、628.776、992。主題變化雖大，但讀起來，並無格格不入的感覺，既可以悠閒地分析「優皮一族」的生活品味，亦可激越地論述「六四事件」，也可以逍遙地介紹歐遊行程。這種「混雜」變化出現在《號外》，反覺理所當然。

另一方面，《號外》應對突發事件的能力較《突破》迅速和徹底，並能充分發揮本身的特點，既保持雜誌的風格，又成功吸納新的信息。同樣以「中國民運•時代見證」專題為例，當時岑建勳代表香港支聯會北上，支援天安門的靜坐學生。在北京，岑建勳跑得比新聞記者更前，與學生最接近，所得的全是第一手資料、第一身感受。因此，在專題裏，我們可以讀到：

「在五月二十一日，情勢最危急的時候，廣場上的學生還未確定解放軍會否開進城內鎮壓，柴玲把自己鎖在一輛汽車上，身上淋滿了電油，要是解放軍衝破防線，她便立即劃火。可以見到，柴玲的決心竟是如此厲害。」[241]

同樣是編製「六四」專題，這種角度和內容，並非《突破》編輯所擅長。《突破》的「六四」專題「北京學運的震盪」，以三個香港中七學生的回憶、一個北京大學生的訪問作展開，四人雖曾參與天安門靜坐、目擊軍隊入城；相較之下，他們對事件的瞭解程度，顯然不及岑建勳的全面和深入。至於專題的另外三篇文章，均著重分析與思考。〈民主運動的根源——中國現行政制概覽〉，從一黨專政、寡頭政制、家長式統治、封閉式系統、黨政關係、特權階級等多角度分析八九民運的由來；〈基督徒看民主〉則從信仰角度闡釋民主、平等、政權；而〈北京學運創造出來的空間〉由楊牧谷執筆，是整個專題的重點文章，詳細分析「六四」後中國的官民關係、國內知識分子的處境，以及預測中國黨、政、軍的去向。總的來說，《突破》的「六四」專題，處理手法偏向克制、冷靜、理性。

反觀《號外》的「六四」專題，則偏向煽情、激越、感性。除上文提及岑建勳的〈今夜他們要動手〉，其餘的專題文章滿是：拋頭顱、灑熱血、拚死絕食、惡勢力、眼淚、吶喊、掙扎、流血、流淚、革命、咆哮、陰風腥雨、槍彈鎮壓、手無寸鐵、愛國、奴化、苦難的中國、火紅的年代、烈火中更生、大災難等「大是大非」式的遣詞用字；尤其矚目的是，《號外》另闢空頁印上一行大字：「舐嚐到血的腥膻，痛以血鍛洗我的靈魂」[242]，令人想起當日中資《文匯報》社論「開天窗」刊出「痛心疾首」的沉重、[243]一百五十萬香港市民上街聲援北京學生的震撼、[244]大小報刊覆天蓋地的刊登「天理不容、血債血償、打倒某某」一類聲明的悲憤。[245]

兩相對比，《號外》的「六四」專題，較《突破》的更貼近當時的社會民情。的確，對於「六四」、「九七」，《突破》的政治立場較民意「保守」。這種取態與其基督教信仰背景有直接關係。就盧龍光的觀察，在「六四」後，撇除那些加入移民潮的基督徒，選擇留港的，立場大致分為三類：[246]

（1）堅持民主路線，認為惟有西方式的民主制度才能確保港人的自由，選擇以不合作或對抗方式來面對中國政權。

（2）認為只要專心讀經、禱告及傳福音就可以，不必特別干預政治。

（3）尋求一種協商、溝通和妥協的中間路線，認為基督徒應該依靠信心及盼望而活，因而與中國政府建立起一種彼此了解與合作的關係。

其中，以第三類基督徒佔大多數，盧龍光亦屬於此類。盧龍光根據〈羅馬書〉第十三章，[247]解釋基督徒的政治立場：「世上的政權與我們之間並沒有必然的敵我關係，正如羅馬書十三所言，即使是地上的政權，也是上帝的僕人，不必因為懼怕而順服，卻必須持守無瑕的良心。」[248]

《突破》沒高呼打倒甚麼人，也不主張「血債血償」。蔡元雲年復一年的堅持出席紀念「六四」的祈禱會，鼓勵年輕人不要忘記歷史，同時也要愛國。蔡元雲從十架恩典看「六四」：

「上帝在十字架上完成了饒恕，但一定要悔改，一定是哀慟、虛心才有饒恕……我們的信仰有饒恕，亦有盼望，在永恆裏有公義……我們信神是公義的，我們知道愛才能改變，有盼望神一定伸張公義……沒有盼望只會是一種報復，我們不是報復，而是復和。」[249]

由此可見，當基督教的信仰原則與社會民情不相同，《突破》選擇持守信仰，便要承受令讀者失望的後果。

註釋

230 許定銘：《書人書事》（香港：香港作家協會，1998）頁53。

231 文傑：〈「突破冬季讀者營'77」點滴〉，《突破》，第40期（1978年2月5日），頁21。

232 Yuppies是指專業人士、學歷較高及年齡介乎30-40歲的市民。引自鍾庭耀：〈董建華民望綜論〉，《香港大學民意研究計劃》，2004。下載：2013年12月10日。網址：http://hkupop.hku.hk/chinese/columns/columns12.html

233 陳冠中：〈潮流與領導者——二十年後〉，《號外》，第243期（1996年12月），頁148。

234 「三及第」文體在四、五十年代流行於香港的小報和坊間通俗讀物，這種文體混合文言文、白話文、粵語而成，主要作者有任護花、我是山人、三蘇等。引自黃仲鳴：《香港三及第文體流變史》（香港：香港作家協會，2002）。

235 井四：〈飽餐不是必然〉，《號外》，第137期（1988年1月），頁32。

236 丘世文：〈略論《號外》語文風格的問題〉，載也斯主編：《香港文化特集》（香港：號外，1995），頁〔18〕。

237 方華：《清歌十八拍》（香港：突破，1985），頁68。

238 余達心：〈那些年，她感動我們一群小伙子〉。

239 梁秉鈞：〈都市文化與香港文學〉，載張京媛編：《後殖民理論與文化認同》（台北：麥田，1998），頁157。

240 葉維廉：〈殖民主義、文化工業與消費欲望〉，載張京媛編：《後殖民理論與文化認同》，頁129。

241 岑建勳：〈今夜他們要動手〉，《號外》，第154期（1989年6月），頁66。

242 《號外》，第154期（1989年6月），頁70。

243 《文匯報》（1989年5月21日），版2。

244 〈響應全球華人民主大遊行 港150萬市民步出光輝一頁〉，《明報》（1989年5月29日），版1。

245 香港市民、機構不分左、中、右，自1989年5月中旬開始，紛紛在大小報章上刊登各種聲明，支持北京學運，譴責武力鎮壓。

246 林淑芬：〈香港基督徒如何回應九七變局——專訪盧龍光談香港前途〉，《曠野雜誌》，下載：2014年1月8日，網址：http://life.fhl.net/Desert/97/s003.htm

247 「在上有權柄的，人人當順服他，因為沒有權柄不是出於神的。凡掌權的都是神所命的。所以，抗拒掌權的就是抗拒神的命；抗拒的必自取刑罰。作官的原不是叫行善的懼怕，乃是叫作惡的懼怕……」，引自〈羅馬書〉13章，載《新舊約全書》（香港：聖經公會，1986），〈新約〉頁223。

248 林淑芬：〈香港基督徒如何回應九七變局——專訪盧龍光談香港前途〉。

249 陳麗斯：〈基督徒角度看「六四」 蔡元雲：願意寬恕，但仍等待〉，《基督日報》，下載：2014年1月8日，網址：http://www.gospelherald.com.hk/news/gen-2584

1-4　「突破」經常舉辦讀者活動，如讀者營、座談會、音樂會等。

5-6　第一屆讀者福音營
7　　蘇恩佩出席讀者活動

[3.7] 小結

甚麼是福音？

作為第一代的《突破》義工、現為突破機構總幹事，梁永泰肯定地回答：「〈馬可福音〉1章1節，『神的兒子，耶穌基督福音的起頭。』所以，耶穌基督的位格是神，也是人；福音既屬天也屬世。」[250]

所以，《突破》雜誌傳揚的福音，同樣兼顧屬天與屬世，既有「從天上而來」的救恩，也有人間的溫暖和關懷。套用戈德曼「二元性意涵結構」，《突破》的屬天信息指向「他處」，屬世信息反映「此處」。兩者互相配搭，同樣重要。

1974年，《突破》在香港開創「福音預工」先河，結合社會關懷，以社會關懷作為「掩護」，把福音信息潤物無聲的帶進年輕人社群之內，其N+1模式專題一直行之有效；可惜，1980年以後，隨著編輯的人事變換，N-1模式專題漸增，徒具外圍的「掩護」，欠缺核心的福音信息。

到了八十年代中後期，時局動盪，社會紛亂，《突破》雜誌以留港回應時代。奈何時局的變化太急，《突破》的變革太著力，過分求變，不惜改變雜誌原來的路線，放棄原有的讀者群。同時，《突破》有必要地恪守信仰原則，致使走新路線卻不夠徹底，未能貼近社會民情，既失去舊讀者，又沒法吸納新讀者，革新得不償失，最終埋下九十年代雜誌掙扎求存的隱憂。

註釋

250 根據〈梁永泰訪談資料〉。

第四章

九十年代的「世紀領袖」

[4.1]

「突破人」在香港後殖民時期的身分認同

4.1.1 殖民與後殖民

「後殖民」（Post-colonial）一詞，最精警的組成部分是「後」（post）。加上這個「後」字，令詞義增添變化，也令後殖民的討論更見豐富。

「後」一方面指出時間的完結，並暗示政權的轉移。最直接的解讀，為殖民者撤離，把殖民地的主權歸還給原住民，結束在當地的殖民統治。另一方面，「後」不僅是時間分期上的更迭，還可解讀為空間上的伸展，[251]白人官員離去，歐洲國旗降下，並不等於殖民主義結束；代之而起的是，那些總部設於倫敦、巴黎的跨國銀行、跨國企業，以「經濟—文化」模式，延續過往的「軍事—領土」模式管治，在當地進行各色各樣的文化宰制。正如史雷蒙（Stephen Slemon）的分析，當直接的軍事或政治控制告一段落，原來的殖民者與被殖民者的關係，焦點落在文化或教育方面的間接宰制，其結論是：「殖民者的意識形態，透過有策略地運用記號學領域的再現，製造新的殖民關係。」[252]歷史告訴我們，當殖民地獨立後，原來的殖民者對原住民的支配，依然存在；所不同的是，由政治控制轉為經濟、文化控制。

政權的轉移可在一天之內完成，例如1997年7月1日，英國殖民政府官員最後撤離，香港特區政府正式運作。然而，教育、文化的影響和滲透，並非一朝一夕的事，故後殖民的「後」可理解為「殖民之後」，殖民地教育、文化滲透，在殖民地建立後已逐步展開。惟有這樣，殖民者方能消滅殖民地的傳統文化，弱化和瓦解原住民的國族意識，動機可能只為配合當時的殖民管治，結果卻又為殖民者佈下後著，於殖民地獨立後順利延續在當地的支配。故此，本文以下關於後殖民的討論，將採用這個「殖民之後」的觀點。

「後殖民」理論儘管源出於西方的學院，研究對象又是遠涉重洋的「第三世界」地區，論述卻不僅沒有隔閡，更時有真知灼見。[253]然而，有別於南美洲、非洲、亞洲的新興獨立國，從殖民到後殖民，香港的處境最為獨特，如林沛理所言，香港的殖民現實，幾乎徹底顛覆了所有殖民理論，九七回歸更是後殖民理論不能完滿涵括和解釋的。[254]

例如，香港社會雖充斥各種「混雜」（Hybridity），但那種出現在巴巴（Homi Bhabba）的祖國印度，藉著「混雜」達致對殖民者的集體不合作、破壞其權威的「戲謔」（Mimicry）[255]，在香港並不明顯。

又例如，香港的「去殖民化」（Decolonization）過程，主要透過中、英兩國的外交磋商，問題在談判桌上和平解決，並不似印度、牙買加、敘利亞等國在第二次世界大戰後，為掙脱殖民統治，屢屢發生流血衝突，還要在獨立後，面對後殖民遺留的種種創傷。[256]

還有，香港的去殖民化，不涉及家國情懷、民族覺醒，甚至乎在九十年代初，香港社會對回歸祖國瀰漫著一種「時不我予的焦慮」[257]；相較韓國1945年脫離日治時，所強調的「反抗外來強權」、「恢復國家政治和意識形態的獨立自主」、以及「埋葬殖民地含糊的、撕裂的忠誠」[258]，香港的國族觀念可說非常薄弱。

香港的獨特，正如周蕾所説，是一個「後殖民的反常體」[259]。香港並非貧窮落後的「第三世界」，經濟發展較宗主國還要發達，1842年不情不願地被英國「侵佔」，1997年脫離英國的殖民統治，香港居民並沒得到領土主權的獨立，而大部分人是不情不願地「回歸」政治經濟體系截然不同的中國管治。

或許，由於這些「反常」，令中國官員慨嘆「香港是一本難以讀得懂的書」[260]，也令香港學者慨嘆「香港故事沒法説得清楚」[261]。縱然是「難」，亦無礙本土研究的發展。當中，關於香港的後殖民研究，黃偉邦指出，課題以身分認同（Identity）居多。[262]同樣是研究香港人的身分認同，學者從不同角度、對象切入，涵蓋廣泛，層面深入，例如：

1. 人物：工廠女工、[263]左派人士、[264]內地新來港婦女、[265]蛋（蜑）家與客家社群。[266]

2. 地方：茶餐廳、[267]羅湖橋。[268]

3. 文藝：中國學生周報、[269]舞台劇本、[270]現代詩、[271]流行曲歌詞。[272]

4. 影視媒介：民族電影、[273]電視talk-show、[274]麥嘜卡通、[275]港產電影和電視劇。[276]

5. 中國：中國新聞採訪、[277]北京奧運會。[278]

本土的後殖民研究範圍雖廣，但關於《突破》雜誌的身分認同，學術界從沒探討。筆者嘗試填補這小片空白，於後面章節探討這個課題。

註釋

251 阿什克羅夫特（Bill Ashcroft）等著，劉自荃譯：《逆寫帝國：後殖民文學的理論與實踐》（台北：駱駝出版社，1998），頁3。

252 Stephen Slemon, *The Scramble for Post-colonialism, The Post-colonial Studies Reader*, London: Routledge,1995, p.45.（原文是：ideology reproduces colonialist relations through the strategic deployment of a vast semiotic field of representations.）所謂記號學領域，根據Slemon的界定，包括文學作品、廣告、雕刻、旅行見聞、開發文獻、地圖等。

253 後殖民理論用於論述殖民地獨立後的狀況，理論博雜龐大，大致可歸類為「未成功去殖民化」及「去殖民化」兩大研究方向。所謂「未成功去殖民化」，是指殖民地獨立後原住民仍深受前宗主國的影響，其心靈及文化尚未能自主，例如，薩依德（Edward Said）在《文化與帝國主義》（*Culture and Imperialism*）書中說明，很多後殖民國家仍有「帝國依賴」的模仿、勾結，要解除被殖民者從西方學習而來的帝國主義意識與習性並不容易；吳呂奇（Ngũgi wa Thiong'o）在《心靈的去殖》（*Decolonising the Mind*）書中揭露，被殖民者在思想、文化等各方面都用殖民者的眼光來作判斷，出現「土著臉孔，殖民心靈」的畸形現象。至於「去殖民化」，論述更多，包括戲謔、抗衡、反宰制、反寫等等，目的是解除殖民統治所加諸於殖民地的種種壓制，例如施碧娃（G.C. Spivak）在《後殖民理性批判》（*A Critique of Postcolonial Reason*）書中，運用解構的策略，從不同角度及場域去揭露殖民主義的「知識域暴力」運作，進而轉化、覺醒被殖民者的主體意識，幫助他們從不合理、壓迫的社會結構中解放出來。

254 林沛理：《香港，還剩下多少？》（香港：次文化堂，2007），頁〔3〕。

255 Homi K. Bhabha, *The Location of Culture*, New York: Routledge, 1994, p.88. 戲謔是一種諷刺式的妥協（ironic compromise），也是一種雙重發聲（double articulation），被殖民者被迫使用殖民者的語言，便借「幾乎相同的差異」（difference that is almost the same, but not quite），揭示殖民論述的含混，並破壞其權威。

256 Ella Shohat, Notes on the "Post-Colonial", *Social Text*, no.31/32, 1992, p.102.

257 李歐梵：〈世紀末的華麗〉，《明報月刊》（1993年2月），頁32。

258 Chungmoo Choi, *The Discourse of Decolonization and Popular Memory: South Korea, Formations of Colonial Modernity in East Asia*, Durham: Duke University Press, 1997, p.350.（原文是：... emphasizes the restoration of the political and ideological sovereignty of a nation. Locating the decolonization discourse in the arena of national sovereignty alone buries the intractable ambiguities of the postcolonial subject position with split loyalties...）

259 周蕾：《寫在家國以外》（香港：牛津大學出版社，1995），頁91。

260 港澳辦主任王光亞2011年1月在北京接見香港傳媒訪問團時，引用新華社前香港分社社長姜恩柱在1997年履新時的話「香港是一本難以讀得懂的書」，形容其工作狀況。（詳見《頭條日報》，2011年1月11日，網址：http://news.stheadline.com/dailynews/content_hk/2011/01/11/135630.asp）

261 盧瑋鑾：《香港故事：個人回憶與文學思考》（香港：牛津大學出版社，1996），頁4。

262 Thomas Wong, *Colonial Governance and the Hong Kong Story,* Hong Kong: Hong Kong Institute of Asia-Pacific Studies, 1998, p. 3.（原文是：Most post-colonial studies comment on the skewed, displaced and global character of the Hong Kong identity.）

263 蔡寶瓊：〈多少夜讀的寒暑（節錄）〉，載潘毅、余麗文編：《書寫城市：香港的身分與文化》（香港：牛津大學出版社，2003），頁459-879。（研究五、六十年代工廠女工兼顧家庭、工作、學業，展示女性在香港「成功故事」背後的辛酸。）

264 孔誥烽：〈論說六七：恐左意識底下的香港本土主義、中國民族主義與激進左翼思潮〉，載羅永生編：《誰的城市？》（香港：牛津大學出版社，1997），頁89-112。（分析由「反英抗暴」到「九七回歸」，本土左派人士在建構自身的「香港身分」時所面對的矛盾。）

265 樓瑋群：《內地新來港婦女身分認同及應付問題策略》（香港：基督教家庭服務中心，2000）。（探討新來港婦女的身分認同模式和處理問題的態度。）

266 Ho-fung Hung, *Rethinking the Hong Kong Cultural Identity,* Hong Kong: Hong Kong Institute of Asia-Pacific Studies, 1998.（以新界的蛋家與客家社群為焦點，論述香港身分認同的建構過程，當中充滿城鄉之間的矛盾和張力。）

267 梁世榮：〈茶餐廳與香港人的身分認同〉，載吳俊雄、馬傑偉、呂大樂合編：《香港•文化•研究》（香港：香港大學出版社，2006），頁45-86。（以Ricoeur的敘述認同作核心概念，梳理茶餐廳與香港人身分認同之間的微妙關係。）

268 馬傑偉：〈羅湖橋與文化邊界〉，《後九七香港認同》（香港：Voice，2007），頁158-163。（由羅湖橋的相對封鎖，轉變為對外開放，檢視港人國族 / 本土身分的變化。）

269 葉蔭聰：〈「本地人」從哪裏來？——從《中國學生周報》看六十年代的香港想像〉，載羅永生編《誰的城市？》，頁89-112。（以《中國學生周報》為文本分析的對象，探討文化民族主義的論述在冷戰的措辭下，如何跟殖民地的「本土」意象扣連在一起。）

270 李小良：〈揉性身分認同〉，載潘毅、余麗文編：《書寫城市：香港的身分與文化》，頁578-595。（從杜國威執筆的「春天舞台」系列劇本，回顧香港的社會變遷，探討歷史如何塑造香港人身分。）

271 洛楓：〈香港現代詩的殖民地主義與本土意識〉，載張京媛編：《後殖民理論與文化認同》，頁269-290。（透過香港詩人的歷照觀照，反映出「中國」與「香港」的身分取捨、「回歸」或「移民」的抉擇，以及矛盾、混纏的思緒與掙扎。）

272 朱耀偉：〈文化發聲：朝向香港流行曲歌詞的文化研究〉，《他性機器？後殖民香港文化論集》（香港：青文書屋，1998），頁190-216。（通過分析流行曲歌詞，討論香港人身分認同在後 / 新殖民的文化生產脈絡中帶出的疑問。）

273 也斯：〈民族電影與香港文化身分〉，《香港文化十論》（杭州：浙江大學出版社，2012），頁218-237。（從《霸王別姬》、《棋王》、《阮玲玉》三套電影切入，思考香港的文化身分，比較香港與中華民族文化的異同。）

274 譚萬基：〈愉悦、公共領域與「香港」身分：《龍門陣》的文化政治〉，載陳清僑編：《身分認同與公共文化》（香港：牛津大學出版社，1997），頁184-248。（論述文化認同和身分差異的邏輯在《龍門陣》節目中如何變得虛弱、難以捉摸。）

275 吳俊雄：〈當麥嘜遇上文化研究〉，載吳俊雄、馬傑偉、呂大樂合編：《香港 • 文化 • 研究》（香港：香港大學出版社，2006），頁115-154。（探索麥嘜的文化「呈現」和對「身分」持續的挑撥，所帶出的影響和啟示。）

276 馬傑偉、曾仲堅：《影視香港：身分認同的時代變奏》（香港：香港中文大學，2010）。（研究過去五十年間，影視媒介中的香港身分認同問題，回歸前後香港人如何重尋國族身分，又為本土身分重新定位的狀況。）

277 徐婉詩：〈香港記者的中國故事〉，載呂大樂、吳俊雄、馬傑偉合編：《香港‧生活‧文化》，頁68-86。（分析香港記者在採訪中國新聞時，如何建構自己的身分。）

278 馬傑偉、馮應謙、林萃光：〈後京奧香港身分認同〉，載呂大樂、吳俊雄、馬傑偉合編：《香港‧生活‧文化》，頁54-67。（探討中國成功主辦北京奧運會後，香港人對國族身分認同的務實轉變。）

4.1.2 誰需要「身分」？

赫爾（Stuart Hall）在*Questions of Cultural Identity*書的開端，問了一個挺有趣的問題：Who needs 'identity'？

這問題，筆者想起梁錦。

1996年3月30日，香港人歸化英籍的最後限期前夕，五萬四千多人通宵排隊申請，人龍長達兩公里，由灣仔入境處大樓伸延至灣仔運動場。[279]當年六十歲、當小販的梁錦與妻子在灣仔運動場排隊行列之中，不滿洪姓三兄弟（均三十多歲）插隊，梁錦出言斥責，結果被三人打傷。當天，不管梁錦、梁妻、洪姓三兄弟，抑或那幾萬香港人，在烈日下辛苦排隊輪候，目的只有一個，就是成功歸化英籍，繼而申領一本BNO（英國國民海外）護照。回應赫爾的問題，他們便是需要「身分」的人，「BNO身分」則是他們的共同目標。事後，梁錦與妻子獲入境處通融，優先辦理手續，而洪姓三兄弟，則被警方拘捕，錯失申請BNO護照的機會，三人後悔不已。

「身分」的得或失，其實，他們無須過分介懷或後悔，因為正如赫爾所言，身分是一個不斷因時制宜、矛盾重重的形塑過程，建構沒所謂「完成」階段，取捨有時並不取決於理智。[280]結果，不出三年，香港人逐漸發現「BNO身分不堪一擊」，[281]只是一本「殘缺不全」的旅遊證件，持有人空有英國「國民」之名，人們當初申領BNO護照時，獲得英國的領事保護的寄望，全然落空。[282]在九七回歸前，英國政府一共簽發270萬本BNO護照給香港人，到了2006年，在香港，有效的BNO護照下跌至150萬本，接近一半人捨棄這個「身分」。相反，持有香港特區護照的人，由1997年的33萬大幅攀升至2006年的377萬。[283]BNO護照的申請與捨棄，恰恰印證赫爾的說法，身分的取捨有時並不取決於理智，沒所謂得或失；同時亦反映出，在後殖民過程中，香港人對於「中國人」身分認同的改變，由抗拒至接受。

另一項佐證是，馮應謙在九七回歸前後所作的比較調查，發現1997年後香港人開始適應新的「香港人—中國人」身分，認同這個本土及國族「雙重身分」的趨勢明顯上升。[284]相對於七、八十年代，本地居民普遍認同自己為「香港人」（Hong-kongee），拒絕承認為「中國人」，[285]情況轉變極大。

註釋

279 〈殖民史上港人歸化英籍今日終結〉，《明報》（1996年3月31日），版A2。

280 Stuart Hall and Paul du Gay, *Questions of Cultural Identity*, London: SAGE Publications, 1996, p. 2.（原文是：a construction, a process never completed - always 'in process'. It is not determined in the sense that it can always be 'won' or 'lost', sustained or abandoned.）

281 〈BNO身分不堪一擊〉，《明報》（1999年11月24日），版A25。

282 北京政府視BNO護照持有人為中國公民，中國不承認雙重國籍，因此在中國領土——香港和大陸，英國都不能對他們提供保護。另外，具有雙重國籍的香港人，身在第三國，若中英兩個都為其國籍身分而爭拗，第三國會根據《關於國籍法衝突的若干問題的公約》作出考慮，視乎當事人與哪一國關係最密切，例如主要居所、資產所在地等。香港人以香港為主要居住地，資產亦在香港這塊中國領土，他們又不能到英國定居，他們與哪國關係比較密切，顯而易見。

283 〈續領BNO人數日少〉，《文匯報》（2006年7月3日），版A14。

284 Anthony Fung, Postcolonial Hong Kong Identity: Hybridising the Local and the National, *Social Identities*, Vol.10, No. 3, 2004, p. 399.

285 Lau Siu-kai, *Decolonization without Independence and the Poverty of Political Leaders in Hong Kong*, Hong Kong: The Chinese University of Hong Kong,1990, p.4.

4.1.3 香港人—中國人

香港人在七、八十年代拒絕承認「中國人」的身分，主要原因有內、外兩方面。1949年後，中國人生活於共產主義的政治、經濟體系之中，意識形態與資本主義的香港格格不入，中港兩地的隔膜牢不可破。至於香港內部，英國殖民地政府有策略地削弱香港人的國族意識，[286]致使香港人不希望成為中國人。

首先關於兩地隔膜，筆者引用撒斯（Harvey Sacks, 1935-1975）的「成員類別分析」（Membership Categorization Analysis）理論，[287]説明香港人在七、八十年代如何把中國人看作「外人」。撒斯指出，社會上的成員類別，源自一些約定俗成、廣為接納的規限，這些規限恰如其分的反映出該類成員的言行舉止，從而把各人按性別、年齡、種族、信仰、職業等作出分類。[288]而每個類別各有稱呼（named），在1979年的香港社會出現一個新的類別稱呼：「阿燦」。「阿燦」原是電視劇集《網中人》一個大陸新移民的角色，由廖偉雄飾演，後來成為香港人對中國人的身分標籤，長達十年之久。[289]「阿燦」這個身分標籤充滿歧視、貶義、負面，廖偉雄把角色演繹成沒文化、沒禮貌、污糟邋遢、好食懶飛、渴求發達，恰巧就是當時香港人眼中的中國人寫照，於是「阿燦」的稱呼成為大陸新移民這組「成員類別」的統稱。[290]

自1949年共產政權上台後，中國經歷二十多年的政治運動、階級鬥爭，社會動盪不安，經濟發展大受窒礙，社會普遍貧窮落後。相反，香港人經歷過1967年的暴動，社會上下一致抗拒在本土發生中國式政治鬥爭，無論在政治、社會、文化各方面，都謀求擺脱內地的影響；加上七十年代的經濟起飛，香港逐漸發展成國際金融中心，本地人安居樂業，以「香港人」的身分為榮，上一輩的過客心態、難民心態漸成過去。甚至有部分香港人以一個簡單的「富裕─貧窮」二分來論述兩地關係，香港是「富裕」的這邊，中國是「貧窮」的那邊，中國成了建立香港身分的「貧窮他者」（the economically poor other）。[291]

另外，殖民地教育制度削弱香港學生對中國文化的認同。殖民地教育不著重啟蒙，避免喚起學生的民族自覺，目的之一，是為「製造」替殖民地政府服務的人，葉維廉批評：

「這些人最好只是工具，因為如果他們有了強烈的中國民族意識，這將對殖民統治不利；這些人的人生取向，最好是指向英國式的上流社會，但是缺乏文化內涵的社會。」[292]

其執行方法，重點之一把英語定為官方語言，舉凡政府機構、法律、商業的主要用語，均以英語為準，不僅把本地人的中文貶為次等語言。而且，中文或英文的教育，都只停留在「實用」的層面，在課程內容的設計上，學生很少接觸香港和內地的政治問題，尤其中國的近代、現代的歷史和發展，出現好些所謂「唔講得」的問題，例如鴉片戰爭、帝國主義入侵，學者和教師只得採用「迴避」或「簡略」去處理，側重1842年之前或只從文化方面著墨，不敢觸及1842年後殖民統治的具體情況。[293]

於是，在文化認同一片空白之下，香港年輕人的心靈空間輕易為流行媒介所佔據。[294]同時，商業文化、消費文化隨著香港經濟急速發展，成為普及文化的主流，出現「文化原質的失真」現象（Cultural Inauthenticity），[295]香港人在適應求存中不自覺地把殖民思想內化，造成本身文化認同上的失焦，強烈追求西化品味，喪失民族的驕傲感。結果，香港人對民族的感情、對國家的觀念，變得模糊不清。

身分模糊，有時讓投機分子有機可乘，例如，有人利用「香港人—中國人」的浮性身分（flexible identity）獲取利益，需要愛國情操時，就用「中國人」；當面對中國人這身分可能帶來危險時，就用「香港人」。[296]由此可見，香港人頭腦靈活、善於鑽營。在全球眾多殖民地之中，香港的經濟發展一枝獨秀，不無道理。

最教人意外的是，1989年六四事件使香港人重拾長久失落的愛國熱誠，150萬人上街聲援北京學生，政治立場不分左、中、右，甚至對國情不太了解的年輕人，一往無前的支持北京學運，稱北京學生和北京市民作「同胞」，不僅徹底打破「成員類別」的區分，更把模糊不清的國族觀念，把唯利是圖的浮性身分，一掃而空。那一年，香港人最確切、最實在的認同「中國人」身分。不過，發展下去，出現「愛國不等於愛黨」的論點，有別於北京政府把「愛國」和「愛黨」緊扣一起的意識形態。總之，後殖民時期的「香港人—中國人」雙重身分，矛盾處處，纏繞不清。

註釋

286 除了經濟之外，殖民地政府對香港的管控非常嚴密（資料來源：Jan Morris：《香港1840-1997》（台北：馬可孛羅文化，2006），頁308-9）。尤其在教育方面，在香港推行非政治化的殖民地教育為英國一貫策略。薩伊德（Said）以印度為例指出，為了實行宰制，殖民者透過文化和教育的操控，不僅讓印度學生學習英國文學，還向他們講授英國民族的天生優越性，印度被白人統治是一種必然的宿命（資料來源：Edward Said, *Culture and Imperialism*, New York: Vintage Book,1994, p.121）。香港殖民地政府雖無意採納英國在印度的教育政策來同化香港人，但在實施英語精英教育時，同樣強調西方帝國主義的優越觀念，偏向務實及功利，學生缺乏文學、藝術、歷史等方面的培育（資料來源：吳倫霓霞：〈教育的回顧〉，載王賡武主編：《香港史新篇下冊》（香港：三聯書店，1997），頁417-464。

287 「成員類別分析」描述身分類別所具有的特徵以及可能帶來的結果，理解人們類別的選擇、忽略、歸屬、拒絕、認同、否認等，令互動發展成為可預期、可控的過程。「成員類別分析」的應用很廣，包括：身分表述如何與身分認同聯繫、如何描述「自己人」或「外人」、如何通過類別知識把握交互的情景脈絡（資料來源：潘琪、陳宏俊：〈成員類別分析的理論基礎與研究〉，《外國語文》，第28卷第6期（2012年12月），頁98-103）。例如，Mieroop與Clifton研究1940年代的黑人訪談數據庫，發現受訪者存著以下傾向：把自己視為旁觀者、不願與黑人為伍、不認同將自己歸屬於黑人類別，從而反映出奴隸制度背後殘酷的社會和種族狀況（資料來源：Doreen Van De Mieroop and Jonathan Clifton, *The Interactional Negotiation of Group Membership and Ethnicity*, Discourse Society, 2012〔23〕, p.163）。由此可見，「成員類別分析」適用於分析香港人與內地人之間的不認同、不和諧。

288 Harvey Sacks, *Lectures on Conversation* Volume I, Oxford: Blackwell, 1992, p.40.

289 1989年，六四事件發生後，支聯會主席司徒華，在集會上呼籲香港人停止稱國內同胞作「阿燦」，立竿見影，「阿燦」的身分標籤逐漸於香港淡化。

290 時而世易，隨著中國改革開放，近年大國崛起，部分人民先富起來，走在街上，一身名牌，身懷巨款。相比之下，香港人反而顯得寒傖，於是他們反過來標籤香港人為「港燦」。可見，身分建構永遠在「進行中」，沒所謂得或失。

291 盧龍光、楊國強：《香港基督教使命和身分尋索的歷史回顧》（香港：宗文社，2002），頁61。

292 葉維廉：〈殖民主義、文化工業與消費欲望〉，載張京媛編：《後殖民理論與文化認同》，頁127。

293 王宏志：〈機制建構本土意識〉，《突破》，第291期，（1999年1月），頁80。

294 馬傑偉、曾仲堅：《影視香港：身分認同的時代變奏》（香港：香港中文大學，2010），頁10。

295 Renato Constahtino, *Veocolonial Identity and Counter-Consciousness*, London: Merlin Press,1978, p.165.

296 李小良：〈多重身分同時擁有〉，《突破》，第291期（1999年1月15日），頁80。

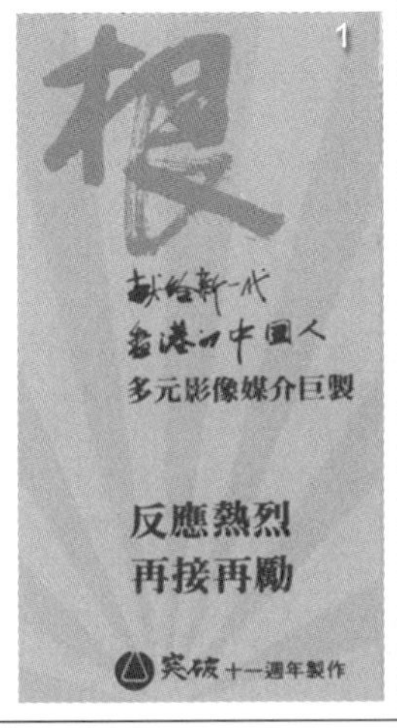

特稿

1 4 NOV 1984

生爲中國人．責任却茫然

突破爲港人尋「根」

首在劇院映多元影像媒介製作

身處本港的中國人，在此時此地如何看待自己的中國人身份，以及當中肩負的意義？

站在這小島上的各式人物，從來大多肯定自己是中國人的身份，只可惜對於作爲中國人的使命或責任，一般均感茫然。

與華在公眾被訪者對中國承擔責任作出認於空泛或理想的答話中，亦有較成熟人士道出一些切實的想法：

——一位擁有兩名女兒的家長，表示希望專心教養兩女長成好好的中國人。

——一位教師期望在工作崗上貢獻一分力傳遞中國的文化。

——一位現於大專修讀音樂的學生，計算自己有志在中國音樂上能有所貢獻的心聲。

在突破機構最新採用多元影像媒介製作——「根」片內，片首與結尾展示了約二、三十名學生，大專講師及在職青年，接受訪問對中國人身份及責任問題的看法，一部分被訪者便透露了上述的觀感。

除了片首與結尾的訪問部分，「根」主要內容是透過中國古代及現代七位人物：孔子、孫中山、魯迅、王陽毅、蘇曼殊、劉京生及潘曉這羣叱吒風雲的劃時代人物，藉以刻劃本港的青年觀衆反省身爲中國人的種種問題。

「根」片四位編導之一任志強表示，選擇該七位人物的原因，是基於這羣人物本身對國家民族，國家方面及人生都曾提出過很重要的問題，而且他們能投入在自己所相信的學說中，因而對周圍的人產生一定的影響力。

「幻燈片將以不同段落逐一介紹七位人物，而處理手法亦會因人而異。例如描述孫中山先生將會畫龍與海外華僑聯絡的工作，魯迅則會從其寫作着眼。」

運用十五部幻燈機放映，同時以一部教學電腦作中央控制的「根」片，將是本港首套在劇院內放映多元影像媒介之大型製作。任志強稱，幻燈片動用了三位攝影師，特別前赴中國大陸不同角落，由北京，上海及南京等大城市，遠及山東省等農村，東三省冰天雪地之際，以至廣東省及粵北少數民族地方搜羅鏡頭，另外還於台灣與北美僑胞特約攝影師拍下有關影像，目的是捕捉地方的精神面貌以反映片中的人物及其經歷。比如魯迅之故鄉及其下鄉時地，孫中山曾經遊歷的衆多地方……。

任志強承認拍攝過程中面臨不少困難，尤其要表現孔子及孫中山這些歷史人物並不容易。但克服之法是爲每個人物預先設計一個代表他的影像風格。

全片基本上以敍述帶動，但整個亦佔相當重要地位，此外配有對白，音樂及多種音響效果。

他強調，多元影像媒介適合運用於較嚴肅的題材，可惜少爲港人所採用。

爲了今次大型製作，突破機構還特地從美國訂來十呎乘三十呎的「超闊」銀幕，目的是予觀衆空間較廣闊的視覺感受。

「根」將於本月廿五、廿六日在大會堂劇院，另於下月十日至十六日假高山劇場放映，突破機構希望藉此片加深喚醒港人從文化源流方面探索作爲中國人的角色，特別在此時此刻上映該片，更是切合了今日港人需要冷靜細想的時機和需要！

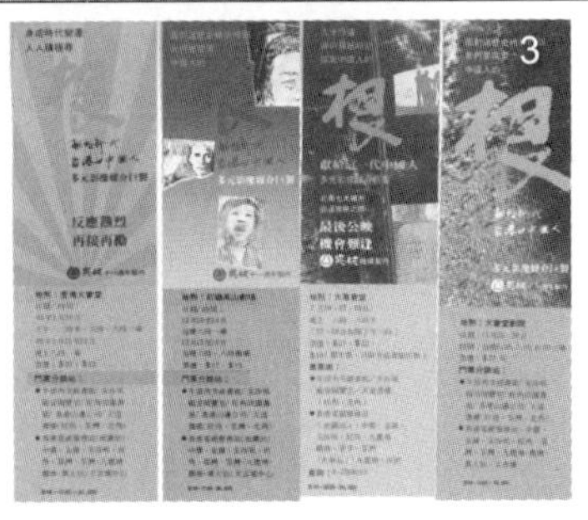

1-3 八、九十年代，香港人經歷身分危機，「突破」製作多元影像媒介《根》，深入探討這個議題。

4.1.4 香港人—中國人—基督徒

香港的基督徒擁有三重身分。他們信主重生得救，擁有天國子民的永恆身分；香港是他們在世上的家園，生於斯，長於斯；中國人的身分與生俱來，沒法抹掉。然而，在八十年代，根據陳佐才的觀察，這三重身分的認同有強弱之別：

「香港的中國人信徒以基督徒身分為最強，香港人身分較次，而中國人身分最弱。這種不均衡的現象，直接影響到堂會的教牧工作。結果，加強基督徒身分的工作最多，加強香港人身分的工作較遜，但已逐漸有進展；然而加強中國人身分的工作仍是絕無僅有。」[297]

本地基督徒也是香港居民，在英國殖民統治下成長，國族觀念長期被弱化，又與中國的共產主義意識形態格格不入，對「中國人」身分認同最弱，無可厚非。

不過，相對其他基督教團體，突破機構清晰而貫徹地認同「香港人—中國人—基督徒」三重身分。1983年，香港前途仍處於暗昧不明，香港人生活在一片混亂、焦慮的陰霾底下，《突破》雜誌提出「尋根中國，植根香港，紮根永恆」，作為對時代的回應，[298]願景毫不模糊。帶領突破機構過渡九七的蔡元雲，在六四事件後，一面為北京學生流淚祈禱，一面堅持 「尋根於中國，植根於香港，紮根於永恆」。[299]到了中英政權交接當天，他寫下這段自白：

「我雖然生於中國，但不足三歲便移居香港，就讀政府辦的中學，是標準的殖民地教育，課程全部英語教授，沒有公民教育，更沒有一點民族或國家觀念的傳送。中學畢業後，我可以說是沒有半點公民意識（那時還未有「清潔香港」運動），更不要談甚麼中國情（我根本從未踏足過中國）。意想不到的是到加拿大留學那七年，反而重新肯定自己是中國人：參加大學的華人學生會、華人基督徒團契、華人教會、到唐人街探訪華僑……因此我大學畢業後，便立即回歸香港，重拾香港心，深化中國情。九七香港回歸中國，是我所期待著的日子。從來沒有考慮移民，並且第一時間取了申請表格，預備將現有的『香港身分證明書』（C.I.）放下，改用『中華人民共和國特別行政區香港護照』，從今以後再不用被其他國家的海關人員批檢為“Stateless”（無國籍）。」[300]

在八十年代，《突破》雜誌提倡「尋根中國」，承認國家民族，追尋文化傳統，毫無疑問的，是香港基督徒對「中國人」的身分認同；而《突破》雜誌這個身分認同，亦毫無疑問的，始於蘇恩佩。

1973年，文革尚未完結，中國仍是一個封閉的「鐵幕國家」。那時候，蘇恩佩已呼籲基督徒不要坐著光等「大陸的門開啟」，需要做好進去的準備，首先「瞭解在唯物辯證論及無神論教育出來的年青一代的思想，要生活在他們中間，得到他們的信任」[301]，她勉勵在海外受過許多造就的基督徒，不怕艱辛、危險，以祖國廣大的地土為工場。

及至文革結束，中國逐步對外開放，蘇恩佩扶病北上。她不是去遊山玩水、尋幽覽勝，而是去探究中國往何處去。她為北京街頭無所事事、胡混度日的待業青年而感到扎心，直指「這一大群青少年沒有得到適當照顧，國家該負上很大的責任」。[302]這些都是蘇恩佩以「中國人」身分所發的評言。

在香港，身為「香港人」，生活在殖民管治底下，蘇恩佩為本土發聲，對殖民主義的不公義，作出尖銳的批評。以教育為例，她批評港英政府「不重視教育目標，不重視教育質素，基本上就是忽略人的價值」，教育制度的扭曲，歸根結底，是殖民地政府缺乏對香港人長遠的承擔：

「不正常的政府怎能建立正確的目標呢？一個在『借來的時間』生存的『借來的地方』，又怎能有長期通盤的計劃呢？」[303]

港英政府漠視文化、不關心青少年，蘇恩佩從民間逆流而上，從一份雜誌開始，關懷年輕人，提倡文化抗衡，引導年輕人走出商業文化、消費文化、流行文化的宰制。鄧庫姆（Stephen Dumcombe）説：「文化抗衡能提供一種『自由空間』去發展意念和實踐。從主流文化的限制和束縛之中，解放出來，你能夠試用新的方式去看和做，以及開發抗衡的工具和資源。」[304]《突破》雜誌提倡的簡樸生活、認識中國、鄉土情懷、全人教育、愛護環境、保護兒童、保障工人、兩性平權、尊重民意等等，在在凸顯殖民管治的不足或扭曲。蘇恩佩告訴年輕人，他們可以選擇另一種生活方式，學習另一種生活文化，也告訴香港人，殖民主義帶來的，並非惟一的選擇，我們還有民族、傳統、人權、自由、尊嚴。香港人仍有出路。

世上沒完美的政權，施政有得，亦有失。對於「舊殖民者」港英政府，《突破》雜誌有批評，亦有肯定：「回望這塊殖民地……香港沒有民主，但卻有法治及文官制度，及自由、公平空間讓人自行發展及競爭，只要你肯做就不是窮途末路，不會一無所得，但不拚搏的話就一定輸。」[305]

對於「新殖民者」北京政府，《突破》雜誌盼望「中港復和」，停止爭拗，互相信任，也盼望「六四」的結早日解開，期待「政府與學生、工人、其他民運領袖坦誠對話，各自承認錯失，彼此饒恕，讓歷史的傷口痊癒。」[306]饒恕與復和，源自基督精神，饒恕實現於悔改，願意悔改的，永遠脱離沉淪，這是造物主自創世以來對世人的期待。

1997年7月1日，香港的主權由殖民進入後殖民時代，面臨這件歷史大事，《突破》雜誌並沒大造文章，不似其他媒體的鋪天蓋地、驚天動地、呼天搶地，只在內頁闢了兩版，登載一篇特稿〈掏一勺回歸的心靈〉，寫著：

「一九九七年六月廿九日下午 / 沒有鬧哄哄的巡遊 / 沒有漫天閃爍的煙花 / 只有清幽的茶香 / 甦醒心靈的音樂 / 我們又聚在一起 / 呷呷茶 / 談談心 / 一同等待著歷史掠過——浮現——過濾——沉澱 / 把該留下的 / 留下 / 把該帶走的 / 帶走 / 重拾行裝 / 寫下願望 / 迎向未來」[307]

當中，加插喝茶、談心、聽音樂的圖片，以平常心從容過渡九七。令人想起蘇恩佩那種不經意的調子。

按任青委主席 稱改委員空談作風
蔡元雲：多聽青少年意見

1-2 「突破」一貫重視培育青少年，關心他們的全人發展。

註釋

297 陳佐才：〈基督徒•香港人•中國人〉，載郭佩蘭編：《一九九七與香港神學》（香港：崇基學院神學組，1983），頁41。

298 〈戰線上——「我們」的歷史廿五年回顧〉，《突破》第298期，頁23。。

299 蔡元雲：《植根香港》（香港：突破，1989），頁47。

300 蔡元雲：〈港式中國情〉，《突破》，第273期（1997年7月5日），頁29。

301 蘇恩佩：〈我們應有的政治意識〉，見《蘇恩佩文集 I》，頁147。

302 蘇恩佩：〈我們再沒有別的選擇〉，見《蘇恩佩文集 I》，頁423。

303 蘇恩佩：〈從《教育白皮書》談到我們的教育理想〉，見《蘇恩佩文集 I》，頁224。

304 Stephen Duncombe, *Cultural Resistance Reader*, New York: Verso, 2002, p.5.（原文是：Cultural resistance can provide a sort of 'free space' for developing ideas and practices. Freed from the limits and constraints of the dominant culture, you can experiment with new ways of seeing and being and develop tools and resources of resistance.）

305 編輯組：〈飯桌旁懷憶歲月之由成功嶺至男拔萃〉，《突破》，第260期（1996年7月15日），頁9。

306 蔡元雲：〈復和在廿一世紀？〉，《突破》，第296期（1999年6月15日），頁38。

307 〈掏一勺回歸的心靈〉，《突破》，第273期（1997年7月15日），頁74。

[4.2] 九十年代的焦慮

4.2.1 九十年代的港人心態

1984年12月19日，中英兩國就香港前途問題最終達成協議，並簽訂聯合聲明。而聯合聲明在1985年2月28日得到確認後，香港正式進入九七回歸的過渡時期。鍾庭耀把香港的過渡時期，由1985至1997年劃分為前、中、後三個階段。前過渡期（1985-1989）的香港民意，鍾庭耀歸納為「審慎樂觀」；可是，到了中過渡期（1989-1993），民意卻急轉直下的變為「憤怒與不安」，[308]究其原因，主要受六四事件及中英爭拗所影響。

首先，六四事件引發全國震動、舉世震驚。香港一百五十萬人上街聲援北京學生，大家在抗議北京政府鎮壓民運的同時，亦反思自身，莫不擔憂，回歸中國後的港人治港、資本主義生活方式五十年不變等承諾，會否兌現？

另外，1992年英國政府收緊對華政策，召回港督衛奕信（David C. Wilson），改派政壇重量級人物彭定康（Christopher F. Patten）出任末代港督。彭定康到任不久，推出香港的政改方案，中英關係隨即惡化，雙方爭拗不斷升溫。[309]香港人處於中英兩大政權的夾縫之間，身不由己，時不我予，毫無發言權，漸漸流露出政治冷感、疲態，擔心香港成為中英對抗的犧牲品，市民普遍存著一股強烈的鬱悶及無奈，在政治上感到無能及無可為，因而對解放軍駐港、籌委會選舉行政長官、臨時立法會的成立等問題，沒有甚麼意見和立場。[310]

香港人面對前景不明朗，移民是一種無聲的抗議。八十年代中期，移民離開香港的人數每年大約二萬，1987年上升至三萬，六四事件後移民人數達到一個高峰，1990年的數字是六萬二千人，1992年更增至六萬六千人。[311]當時，香港流行一句俗語：大家拚命「游蛙式」，一面「搲水」（賺錢），一面

「撐」（一走了之）。移民外國，缺錢不行，香港人靈活變通，賺錢的門路又多又快，所以，不僅移民成為熱潮，樓市、股市亦是炒風熾熱，曉得「賺快錢」的人，一般被視為有本事、有能力。在1997年香港的地產泡沫爆破之前，樓房地產市場在1989、1994、1999出現三次明顯的升浪，整個社會投機風氣猖獗，不務正業的炒賣活動到處皆是，相繼掀起炒賣的士牌、炒賣郵票、炒賣磁卡等熱潮。根據馮邦彥的分析，當年的香港市民普遍存著三種心態：

「一是不務正業，認為炒樓比打工好，炒樓一轉手便可賺二、三十萬元，甚至炒一個（豪宅）買樓籌就可賺逾200萬元；二是賭徒心態，形成講膽識，一鋪定輸贏，贏了就發達的賭徒心態；三是不少人有挫敗及失落感，認為『辛苦工作賺錢，不及投機者多』。當時，社會上普遍流傳一句話：『High Tech就揩嘢（發展高科技就蝕錢），Low Tech就撈嘢（炒樓就賺錢）。』反映了社會上普遍存在著認為經商獲利不如投機的思潮，不少人紛紛轉而參與地產投機等活動，社會上存在著一種投機不務正業的傾向。」[312]

總括而言，九十年代香港社會的客觀環境，瀰漫不安和焦慮。香港人最務實，沒安全感嗎？便設法賺錢，希望用金錢換取安全感，例如移民。所處的時代就是如此，本土雜誌如何解讀？如何回應？同一天空下，置身同一片地土之上，《號外》提出「焦慮年代的消費」；相反，《突破》提出「淨化心靈的閱讀」，完全是兩碼子的事。到底，誰的解讀和回應正確？倒是個有趣的課題。

註釋

308 鍾庭耀：〈後過渡時期民意面面觀〉，載鄭宇碩、盧兆興編：《九七過渡•香港的挑戰》（香港：香港中文大學出版社，1997），頁497。

309 彭定康因為以保守黨主席身分協助該黨贏得1992年的大選（卻丟掉自己的下議院議席），而獲得他的朋友馬卓安給予港督職位……彭定康提出的改革方案引起北京與倫敦之間多年的摩擦和猜疑……北京為聲討英國在香港殖民統治了一百五十年後才忽然實行民主，並違反《聯合聲明》和《基本法》，使用了一些自文革以後已不曾見過的反帝國主義語言，包括針對彭定康提出各種各樣露骨粗俗的謾罵，如「騙子」、「毒蛇」、「娼妓」、「兩頭蛇」、「千古罪人」……（引自John M. Carroll著，林立偉譯：《香港簡史：從殖民地至特別行政區》香港：中華書局，2013，頁253。）

310 鄭宇碩：〈中英談判與港英政府後過渡期的挑戰〉，載鄭宇碩、盧兆興編：《九七過渡•香港的挑戰》，頁14。

311 區麗香編：《香港1996》（香港：香港政府，〔1996〕），頁329。

312 馮邦彥：《香港地產業百年》（香港：三聯書店，2001），頁279。

4.2.2 九十年代的《號外》

也斯指出，研究《號外》的其中一個方向，是從編輯群入手：「研究者也必須理解《號外》經過幾個時期的轉變，每時期有不同的編輯群帶入不同的風格，再因應時代潮流風氣作出的適應或者挑釁。」[313]九十年代的《號外》編輯群，以麥成輝為主力，黃源順、黎堅惠、趙德強、蘇蘊婷等先後加入。按照不讓《號外》老化的聰明傳統，第一、二代的「元老」如陳冠中、鄧小宇、丘世文、岑建勳、邵國華等完全退居二線，不左右接班人發揮所長。經過七十年代的Elite（精英）、八十年代的Yuppies（優皮），發展至九十年代，《號外》的特色是Middle Class（中產）。[314]

其實，九十年代香港出版業持續不景氣，因素很多，包括本身市場狹小、成本增加、減價戰、水貨問題、海外版權爭議、數碼化媒體競爭等。[315]然而，麥成輝並不為《號外》的銷售和廣告感到擔憂，他説：「九五年尾報紙雜誌出現新激戰，銷售價廣告價大火併，《號外》受到的影響十分輕微。」[316]麥成輝所言不假，隨便抽一冊1996年的《號外》，數一下，內文共236頁，連封面內頁、摺頁、封底，全版全彩廣告多達100頁，還夾附一本產品小冊子，這些廣告包括香煙、洋酒、時裝、名錶、汽車、銀行、香水、化妝品、航空公司等高檔消費品。在商言商，相信《號外》自創刊以來，以九十年代的業績最為風光，因為眾所周知，報刊雜誌的廣告利潤，遠遠超過銷售收入。

談到當年的廣告業績如此理想，麥成輝的回應是：「社會越來越富裕，有消費能力，也有要求，更加想與別不同，表現獨特，於是當時外國名牌消費看中《號外》讀者群這個特性。」[317]我們可從這段話總結出一句：《號外》的讀者群具有吸引外國品牌青睞的消費能力。

早在1991年1月，《號外》已提出「焦慮年代的消費」：「生活在九七陰影下的香港人如同生活在焦慮年代是無可避免的事情了……香港人以適應能力強而馳名，加上在六四事件之後香港社會已曾經歷過一次小型經濟衰退，到現在我們雖然是生活在一個焦慮的年代，但在焦慮之餘我們還是有能力繼續消費，只是我們較以前更清醒理智。」[318]九十年代《號外》的編輯理念，是打造一本「吃喝玩樂又文化的高級消費雜誌」，麥成輝認為，香港人關心九七、毋忘六四之餘，同時也要消費，消費是一種香港的城市活動文化：

「看完報紙，睇過新聞，討論完時事，辱罵過大人物，性侵擾過大明星，剩下的個人時間，還不是吃喝玩樂，精神上有追尋空間的人便鑽研文化。我尊重吃喝玩樂與文化，因為這是城市人生活的餡與肉。」[319]

基於這個理念，九十年代《號外》的賣點是「靚、時髦、刁鑽」[320]，在讀者眼中，甚至可媲美VOGUE、ARENA、MAX、FACE、COLORS、DETAILS、CQ、INTERVIEW、SWITCH等國際著名雜誌。[321]到底，《號外》這本「高級消費雜誌」為讀者帶來甚麼？且看以下1991-1999年的專題主題分佈，以及70至90年代的主題比較：

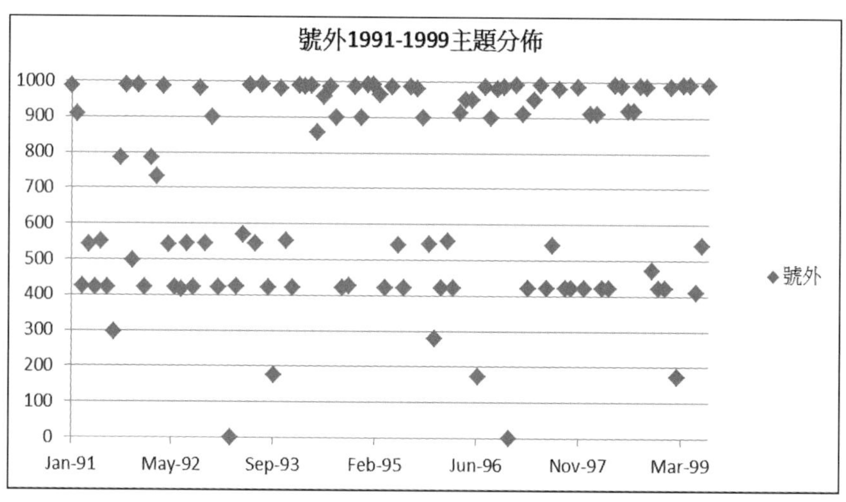

主題類目	70's號外	80's號外	90's號外
000 總類	4%	8%	2%
100 哲學類	2%	11%	3%
200 宗教類	2%	2%	2%
300 科學類	0	0	0
400 應用科學類	10%	12%	28%
500 社會科學類	34%	34%	12%
600 中國史地類	0	5%	0
700 世界史地類	6%	4%	3%
800 語言文學類	4%	1%	1%
900 藝術類	38%	23%	49%
總數	100%	100%	100%

圖表顯示，九十年代《號外》的專題主題，以「400應用科學類」和「900 藝術類」佔大多數，這兩類主題，相較七、八十年代都大幅增加兩倍以上。在400類當中，三分二與時裝有關，其餘的為飲食、美容、鐘錶等。而900類，則包括電影、歌星、旅遊、攝影、建築藝術等。兩類主題加起來，共佔《號外》九十年代全部專題的77%，主題壓倒性的向市場消費傾斜。

對比十年前、二十年前，《號外》的社會性主題，銳減超過50%。六四事件嗎？《號外》在八十年代的火紅，再不復見。九七回歸嗎？蘇蘊婷在1997年6月宣告推出「回歸三部曲」，迎接新時代：

「有甚麼比HONG KONG這題目更重要更貼身？這一期索性叫做“HONG KONG ISSUE”，首先帶大家前瞻一群籍籍無名但潛質優厚的本土年青設計師，探討一下他們的時裝視野和抱負……下一期是『回歸情色』，以圖片和文字表達從殖民地時代結束回歸祖國體位的轉變過程，當中有你我熟悉以及遺忘的片段……第三部曲是『生活十年』，九十年代即將走到尾聲，世紀末即將邁向千禧年，都係時候總結一下我們十年來走過的道路……」[322]

結果，所謂HONG KONG ISSUE，只是一個典型的時裝專題，屬於類號423.2（服裝設計），與過渡九七沒直接關係。同年7月，「回歸情色」則是一篇文章〈我看見的你是我自己〉，作者邁克抒發對新舊交替的感受，談及建築物、食物、電影、一夜情等，嚴格來說，只能歸類為541.4（社會變遷），而且全篇文章合共4頁（其中2頁插圖），若跟同一期雜誌的其他內容比較，〈南加州新貴〉（旅遊，7頁）、〈米蘭點算〉（傢俱設計，11頁）、〈她一個人來〉（演員吳倩蓮，8頁）、〈康城影展五十周年〉（電影，10

頁），這個「九七」第二部曲未免太單薄了。至於那第三部曲「生活十年」，翻遍1997年餘下的《號外》，再翻1998年、1999年的，都找不到。

總之，九十年代《號外》給人的整體感覺是，迴避政治社會民生，大談藝術消費享樂。

《號外》的轉變，到底是成功還是失敗？站在市場消費的角度，《號外》絕對是成功的。前文（第4.1.3節）援引葉維廉的分析，香港社會的商業化、商品化、消費活動，都是殖民者對原住民製造仰賴情結的手段，目的使殖民地在經濟和文化上永遠成為宗主國的附庸。[323]《突破》提倡簡樸生活，引導讀者擺脱消費文化的宰制，某程度上，可說是一種對殖民管治的「抗衡」；《號外》鼓勵市場消費，也可説是對殖民主義的一種「適應」，而且，這適應還很成功。當然，《突破》的抗衡，是從社會公義出發，而殖民統治帶來社會的不公義；另一方面，《號外》的適應，亦非刻意附從殖民主義，而是緊貼「二十世紀後期，由生產轉向消費」的資本主義文化發展潮流。[324]可見，香港人生活在殖民管治底下，事事擺脱不了殖民主義的影響，《突破》和《號外》從不同方向回應時代，無可避免的，形成兩種迴異的生活態度。

儘管丘世文認同也斯的看法，九十年代《號外》欠缺活潑尖鋭之作，失卻以往對本土保守文化勢力和社會既有制度的顛覆和解構，[325]丘世文作為退居二線的元老，不便左右麥成輝、黃源順、黎堅惠、蘇蘊婷等寫他們熟悉而又受讀者和廣告客戶歡迎的時裝、電影、紅酒、旅遊；同時，丘世文也明白昔日陳冠中的馬克思主義文藝批評、鄧小宇的普及文化感性月旦人物、胡君毅的反智漫畫、他本人的俄羅斯文藝理論，在九十年代已沒市場，所以，他只能如此回應也斯：

「麥成輝的文如其人，辦事務實而思想快捷，風格在於不貴長篇大論而在顯現知性與感性交鋒時過陣的效果。這大概也反映在《號外》近年來少見長文，多見圖片的編輯方針吧！」[326]

1995年6月美國雜誌《財富》（*Fortune*）以The Death of Hong Kong來形容和預言1997年後的香港。如果九七是香港悲涼的大限，那麼，《號外》就在倒數的日子裏為香港人編製一頁又一頁的絢麗燦爛。然而，花開總有花謝，絢麗燦爛能維持多久？1997年地產泡沫爆破，1998年亞洲金融風暴襲至，香港的經濟遭受重創，各行各業一片蕭條，小商戶倒閉，大公司裁員，消費指數負增長，長期向市場消費傾斜的《號外》，有何變化？隨便翻開一冊1999年的雜誌，內文減至144頁，連封面內頁、封底，廣告共40頁，業績與兩、三年前相比，失色多了。

註釋

313 也斯：〈香港文化兩題／兩睇〉，載也斯主編：《香港文化特集》，頁〔3〕。

314 蘇蘊婷：〈從半唐番文化想起〉，《號外》，第253期（1997年10月），頁32。

315 陳萬雄：〈面向「大中華出版」——香港和台灣出版業現狀與趨勢〉，《明報月刊》（2004年8月），頁66。

316 麥成輝：〈號外之福之運〉，《號外》，第233期（1996年2月），頁22。

317 根據〈麥成輝whatsapp訪談〉（2014年5月23日，下午9時31分）。

318 黃源順：〈是OUTSTANDING，不是STANDING OUT〉，《號外》，第173期（1991年1月），頁13。

319 麥成輝：〈吃喝玩樂的文化意義〉，《號外》，第234期（1996年3月），頁234。

320 黃源順：〈靚•時髦•刁鑽〉，《號外》，第204期（1993年9月），頁20。

321 趙德強：〈增速互動頻率〉，《號外》，第251期（1997年8月），頁26。

322 蘇蘊婷：〈回歸三部曲〉，《號外》，第249期（1997年6月），頁22。

323 葉維廉：〈殖民主義、文化工業與消費欲望〉，載張京媛編：《後殖民理論與文化認同》，頁127。

324 李歐梵：《又一城狂想曲》（香港：牛津大學出版社，2006），頁23。

325 丘世文：〈略論《號外》語文風格的問題〉，載也斯主編：《香港文化特集》，頁〔19〕。

326 同上。

4.2.3 九十年代的《突破》

研究九十年代的《突破》，也可從編輯群入手。《突破》在八十年代是「男孩子的天下」[327]，編輯主力吳思源、梁家麟、許立中等，都屬於「思想性、學術型的書生，喜歡討論問題，習慣從多角度思考，反思個人與社會的關係。」[328]故此，八十年代《突破》的方向和內容，傾向社會性、思想性，主題貼近時局，關心社會國家民族。進入九十年代，《突破》的編輯群一百八十度的轉為「女孩子的世界」。梁家麟、許立中相繼離職，吳思源於1993年升任突破機構的創作總監，《突破》總編輯一職由羅乃萱接任，編輯組仍有關美琼，配合先後加入的吳美筠、張婉雯、羅鳳鳴等，湊合成一支以女性為主的編輯團隊。雜誌的風格逐漸側重個人化、生活化，缺乏宏觀的思考，最終以「心靈關顧」作為主題的切入點，欠缺切合「社會關懷」的臨陣感。從以卜的主題分佈、不同年代的土題類目比例，更容易觀察《突破》這種變化。

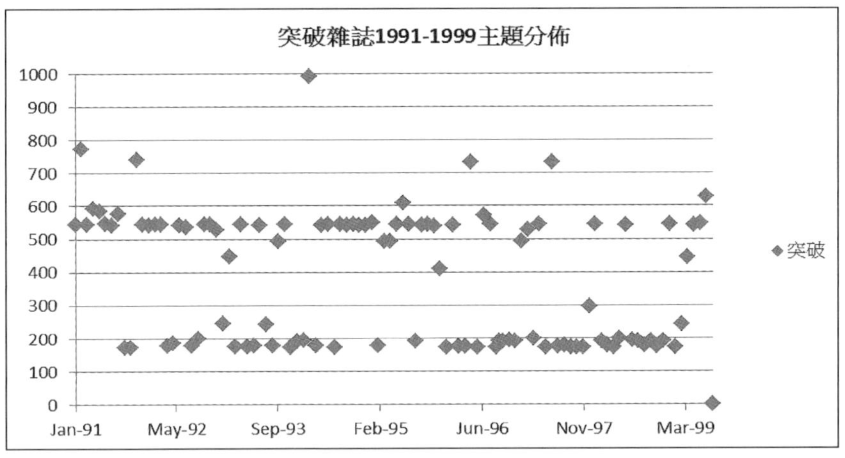

主題類目	70's突破	80's突破	90's突破
000 總類	3%	0	1%
100 哲學類	23%	20%	41%
200 宗教類	5%	6%	4%
300 科學類	5%	3%	0
400 應用科學類	7%	6%	7%
500 社會科學類	54%	43%	40%
600 中國史地類	0%	4%	2%
700 世界史地類	0%	9%	4%
800 語言文學類	0%	2%	0
900 藝術類	3%	7%	1%
總數	100%	100%	100%

由1991至1999年，「100 哲學類」及「500 社會科學類」專題各佔約40%，兩者一直是《突破》雜誌創刊以來的兩大主題。不過，若按年代區分，九十年代的100類專題（41%），較過往的七十年代（23%）、八十年代（20%）為多；相反，500類專題則由七十年代的54%、八十年代的43%，跌至九十年代的40%。若以1995年5月為分界線，67%的500類專題在1995年5月之前刊出，64%的100類專題集中於1995年5月之後。正好反映出《突破》雜誌風格的轉變，由男性主導的「社會關懷」，逐步變為九十年代中後期女性主導的「心靈關顧」。

出版雜誌，既是使命的實踐，在商業社會裏，也是一門生意。經營之道，正如《大眾科學月刊》（*Popular Science Monthly*）主編愛立威（Allaway）的經驗之談：「雜誌最要緊的還是先求本身的生存；換言之，它要保證明天依然能夠和讀者見面。要是做不到這點，『服務』的理想終究免不了淪為空談。出版者要想使雜誌永遠生存下去，就必須儘可能地刊登讀者想要看的東西，以吸引他們閱讀。」[329]在九十年代，《號外》明顯做到了，不看別的，光看其平均每隔二、三頁內文，加插一頁廣告的編排，便知雜誌深受讀者和廣告客戶歡迎。《號外》

的經營是賺錢的；反觀《突破》，則是虧蝕，而且是長期虧蝕。[330]整個九十年代，《突破》可說是艱辛經營，為免停刊，為免理想淪為空談，羅乃萱必須帶領雜誌作出轉變。

《突破》雜誌的第一個轉變是，調整售價及增加廣告。踏入1990年，《突破》加價較前頻密，1990年8月由每冊12元增至15元，之後的調整依次為1993年11月的20元，1995年7月的23元，1997年10月的25元。加價雖可直接提高盈利，但另一方面，也會降低購買意慾，尤其那些可買可不買的邊緣讀者，加價後他們可能只讀不買，改到圖書館借閱；而且，印刷成本不斷上漲，加價後的收益，扣除成本開支，也可能得不償失。因此，廣告客戶才是報刊爭取的服務對象。《突破》為保持雜誌的純粹與自主，1974年創刊以來一直排除廣告，到1990年10月才開闢少量廣告篇幅，及後經營越來越困難，1994年增加廣告版面至6頁，客戶仍以基督教機構為主，並沒《號外》般的高級消費品廣告。然而，廣告數量和價錢取決於雜誌銷量，以《突破》累年下跌的銷量，洽談廣告時的議價能力並不太高。總的一句，《突破》的調整售價與增加廣告，對雜誌的經營其實幫助不大。

明星封面是《突破》雜誌的第二個轉變。《突破》曾經締造年輕人雜誌沒明星封面的出版神話，可是，時移世易，潮流難逆，1994年3月，《突破》的封面上終於出現首張明星照。不過，有別於《號外》封面的專業攝影、精心設計，《突破》配合專欄「星光伴我心」在封面的左上角刊登一張4cmx4cm的相關明星照，非常低調。專欄內容亦非娛樂圈的是非、緋聞，而是「以感性筆觸描繪每一顆星背後的內心世界」，例如：梁家輝與他的專一、率性自然的陳玉蓮、冷靜低調的顧美華、何家勁的江湖義氣、性情中人黃秋生、執著地開心的郭藹明。《突破》雖為八卦雜誌充斥的香港社會提供正面的、健康的另類選擇，但內容「正經」，難以滿足普羅大眾的窺秘心態，吸引力終究較弱。

《突破》雜誌最大的轉變是改革再改革。羅乃萱自嘲她的《突破》總編輯工作是「絞盡腦汁，年年救亡」[331]。她在1993年接任總編輯，1995年展開雜誌的連串改革，改革的次數越來越密，範圍也越來越廣。改革的目的，當然為雜誌爭取生存空間，希望革新後的內容，勾起讀者的共鳴，增加銷量。同時，羅乃萱等人亦看見時代的需要，透過《突破》作出回應。九十年代初，中英政治角力，香港前途未卜，升斗小民無力移民，惟有坐困愁城，無助又無奈；樓市、股市炒風熾熱，短線投機大行其道，泡沫經濟堆砌城市繁榮。當時，《號外》掌握繁榮表面的市場消費，成功打造一本「吃喝玩樂又文化的高級消費雜誌」，業績風光十年。《突破》的著眼點，則落在繁榮背後的空虛失落，羅乃萱回想當日的民心背向：「物質富裕，心靈虛空，即使基督徒也在掙扎，心靈困惑，沒人關心。」[332]吳美筠直言：「九七前後人心詭詐，人與人之間像隔了一層紗，彼此不肯交心，突破講出世人所不敢講的，在紛亂和疲倦的日子，敢於與讀者交心。」[333]於是，1995年5月，《突破》展開「心靈改革」。

經過連串改革，效果如何？

1995年5月，《突破》雜誌推出「自我突破，突破自我」，鑑於九七臨近，人心混亂和不安，《突破》希望在焦慮年代，為讀者提供「一個思想與心靈的驛站，將一切耳聞目見、所感所受，透過反思觀照，再拼湊成一幅美輪美奐的人生風情畫。」[334]翌年9月，再推出「突圍而出，破格而立」，作為1995年5月改革的深化與延續，從不同角度，與讀者探討種種心靈問題。又一年之後，羅乃萱仍在思考「憑甚麼可以『突圍』，仗甚麼可以『破格』，卻是一直盤旋於腦際的問題」[335]，路向好像正確，力度似感不足，那時候，羅乃萱彷彿抱著孤注一擲的心情，再接再勵，把《突破》作一次徹底大改革，改革成一本「心靈刊物」：

「放眼四看，後現代思潮衝擊下的香港，人心空虛，尋找寄託；舊的傳統價值已崩潰，新的價值仍未出現；有人問：『我還可以相信甚麼？』各人以『我』為尊，社會裏只有個人，沒有群體。我們需要的是一顆『新造的心』。我們所處的社會需要一場『心靈淨化，信念革新』的行動洗禮。」[336]

《突破》仝人傾力革新，將專欄分為「有心人」、「尋心徑」、「心交心」、「開心窗」四大類，75%專題（1997年10月至1998年9月）屬於190類（個人倫理）、170類（心理學）的範疇。到了這時期，《突破》雜誌擺脱創刊以來的社會關懷傳統，風格大變，面目一新，全力推行心靈關顧。

一年過後，結算得失，負面的多，正面的少，徘徊於得失之間，羅乃萱不得不增刪一些專欄，在1998年10月再作改革。此後，1999年《突破》的專題由心靈關顧所單一偏重的100哲學類，一下子增加了000總類、200宗教類、400應用科學類、500社會科學類、600中國史地類，平均分配。主題的紛雜，亦反映出《突破》的方向不明。的確，當時羅乃萱身心俱疲，雜誌人手短缺，銷量持續下跌，改革無效，壓力日大，健康轉壞，她看不到下一步該如何走？[337]總括而言，九十年代的《突破》雜誌，改革太急，急於求變求成，時間太短，耐性太少，讀者未及消化，編者和作者未及適應，雜誌卻已一變再變多變。[338]最終，改革失敗，敗局已成，難逃停刊。

我們若從另一個角度，引用戈德曼（Goldmann）的「發生論結構主義」理論去檢視九十年代的《突破》，當發覺《突破》停刊並不意外。

在七十年代，如下面的二元性意涵結構所示，《突破》推行「社會關懷」，以大眾關心的問題作切入點，以「福音預工」為內容，引領年輕人走出現實困局，認識基督信仰，從「此處」過渡「他處」，進入基督救恩之中。

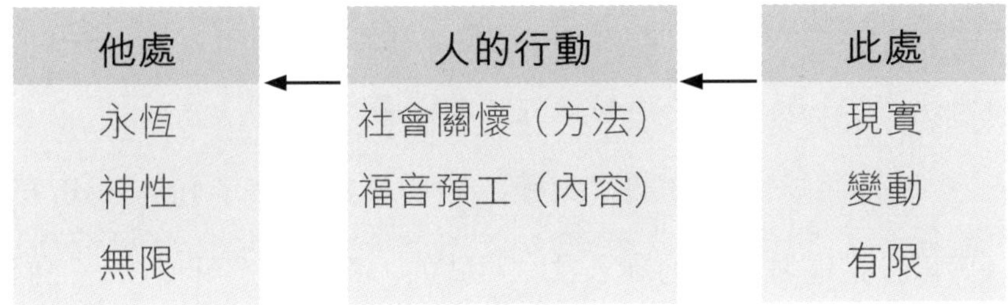

在架構之中，「福音預工」乃行動的關鍵，透過一種N+1模式運作。所謂N+1，是指《突破》的專題設計，在蘇恩佩主導下，不經意地編排數篇從多角度思考主題而不含福音信息的文章，配合一篇以聖經為基礎、以基督教信仰為核心的文章，思考「此處」的問題，指向「他處」的答案，達致平衡。若套入福音預工的「鬆土」與「撒種」概念，N是「此處」的鬆土，1是指向「他處」的撒種。若以N+1概念來檢視《突破》，N可以理解為社會關懷，1則為福音預工。

可惜蘇恩佩是個創作人，不擅長整合理論，做事憑感覺、靠經驗，N+1編輯模式一直沒具體説明。八十年代初，隨著蘇恩佩淡出和離世，《突破》的N+1模式呈現波動，N-1模式漸多。所謂N-1，是指該期專題只有多篇外圍的「鬆土」文章，並沒核心的「撒種」文章，雖能充分反映社會現狀，但僅止於社會關懷，卻欠福音預工信息。自此，《突破》的福音預工變得時強時弱，或有或無，導致從「此處」通往「他處」的信息並不穩定，逐漸遠離創刊時那份不經意確立的屬靈傳統。

1993年以後，環顧《突破》的編輯群，除了1976年曾在《突破》當過暑期工的羅乃萱，其餘的，都沒見過蘇恩佩，他們對於二十年前「福音預工」在《突破》如何實踐，全然不知。而他們所理解的方法，一般是「傳講福音，不能提及耶穌，也不能引用聖經，只能講慈愛、公義、和平等相關的義理。漸漸，有些人走向極端，走進死胡同，完全不敢講耶穌。」[339]因此，在九十年代，《突破》專題的N-1模式甚至較N+1還要多，如下圖所示，前者有54次，後者有50次。可見，九十年代《突破》的福音預工信息較八十年的更不穩定。

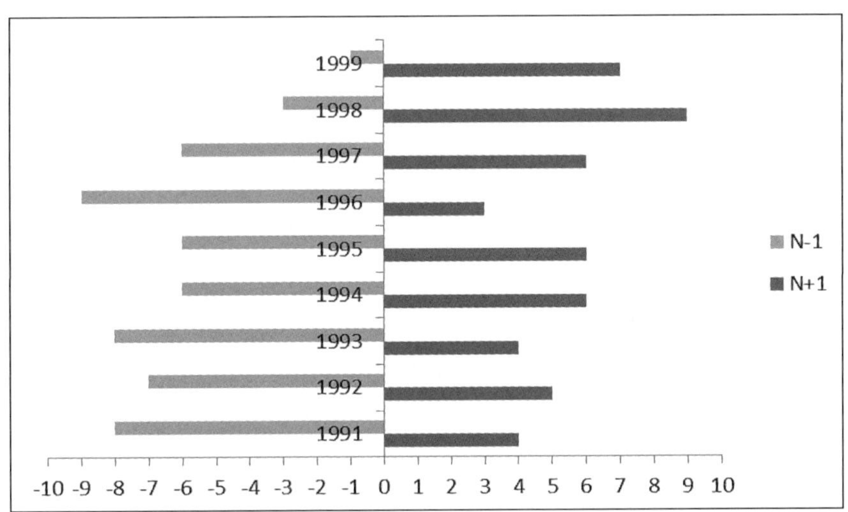

此外，九十年代中期以後，《突破》經過連串改革，社會關懷的內容漸少，心靈關顧的內容漸多，最後變為純粹的心靈刊物。缺乏社會關懷信息的突破，光景如吳思源所形容：「那時候，《突破》儼如一本半女性雜誌，講心靈、家庭、親子，不能承接時代問題。」[340]既不能反映「此處」的問題，又欠缺進入「他處」的指向。九十年代的《突破》在二元性意涵結構的架構裏，出現以下的狀況：

他處	←	**人的行動**	←	**此處**
永恆		***社會關懷***（方法）		現實
神性		***福音預工***（內容）		變動
無限				有限

「福音預工」與「社會關懷」兩大傳統行動，雙雙失去功能，《突破》應否繼續出版，實在是個疑問。

註釋

327 吳思源：〈編輯室懷舊〉，《突破》，第231期（1994年2月），頁61。

328 根據〈文蘭芳訪談資料〉。

329 轉引自朱邦賢：《雜誌讀者閱聽動機與滿足之研究——以「婦女雜誌」讀者為研究對象》（台北：國立政治大學碩士論文，1977），頁3。

330 羅乃萱：〈回歸心靈，再上前路〉，《突破》，第275期（1997年9月），頁1。

331 根據〈羅乃萱訪談資料〉。

332 同上。

333 根據〈吳美筠訪談資料〉（2014年1月18日，地點：香港中央圖書館）。吳美筠博士，前《突破》編輯，現為香港大學附屬學院高級講師、香港藝術發展局委員兼文學組主席。

334 羅乃萱：〈停停、想想、再突破〉，《突破》，第263期（1996年9月），頁1。

335 同上。

336 同上。

337 根據〈羅乃萱訪談資料〉。

338 張婉雯回顧1996至1998年參與《突破》編輯工作的經驗，認為《突破》的連串改革，有點像做試驗，試驗時間不足，還未見成效，又嘗試別的。（資料來源：〈張婉雯whatsapp訪談資料〉2014年4月16日下午2時21分）另外，讀者「阿四」的意見，羅乃萱亦覺一矢中的：「經過幾番改革後的突破，恕我直言，似乎失去一個鮮明的基督教刊物形象……現在似乎著重了生活、心靈上的需要，軟性了不少，多了信徒生活的分享、際遇、見證，但沒有探討信仰的一環，或者信仰的反思……」（資料來源：《突破》，第288期，1998年10月15日，頁2）。

339 根據〈吳美筠訪談資料〉。

340 根據〈吳思源訪談資料〉。

[4.3] 突破青年村

1996年，突破青年村啟用，標誌著突破機構的發展更趨多元化，同時亦不知不覺把《突破》雜誌進一步邊緣化，成為突破機構眾多工作中非主流而又長期虧蝕的項目。雜誌的停刊實非偶然。

早於1993年，突破機構得到香港政府在沙田亞公角山撥地八千多平方米，興建青年村，1994年7月奠基，1996年9月落成，耗資一億八千萬元。1997年青年村再獲政府增撥土地，在附近加建野外歷奇訓練場。突破青年村主要分資訊館、文化樓、創路坊、更新園等四大部門，結合資訊科技、文化生活、身分探索、生命教育等元素，以年輕人為服務對象，提供綜合性的文化服務與交流活動。這個發展，是突破機構累積過往從事青少年服務的經驗，在二十一世紀，跨前一步的新方向——「世紀領袖」。[341]例如，1996年舉行的第一屆「國際華人青年領袖訓練營」，以及1997年的「全人領袖教育計劃」，都是突破機構的重點項目。

當我們站在突破青年村，回溯突破歷史，總以《突破》雜誌於1974創刊作為起步點，然後是1975年的突破輔導中心、1978年的突破影音中心、1979年的《突破少年》雜誌，諸如此類……一直數算下去，到了青年村階段，「突破」已發展成為一個多元化機構，工作包括「個人輔導、廣播、視像製作、出版書籍雜誌，並提供不同類型的活動和訓練課程」，目標是「整體地透過文化媒介、輔導服務及個人訓練，深入接觸香港青少年，激發他們反省及探索生命的方向和價值。」[342]可見，昔日德成街時期的「旗艦雜誌」，在突破青年村裏，只是芸芸眾多工作中的一項。那時候，突破機構的規模，較在突破中心時期更加龐大，大小部門各按其職，分工精細，舉凡資源分配、人事管理、業務運作等，都已全面系統化、制度化。前文提及吳思源在八十年代當《突破》總編輯時，40%的工作時間花在會議桌上，討論經費、檢討計劃書；那麼，九十年代的總編輯羅乃萱又如何？談到這問題時，羅乃萱只能回應一句：「慘況不足為外人道。」[343]實在，《突破》雜誌在當時的經營狀況極其困難：銷量下跌、資源不足、人手不足、欠缺支援、改革無效、銷量再下跌……

羅乃萱怎也忘不了1999年的佈道會：「我們工作很辛苦。機構雖然人多，但部門也多，各有各的職務，雜誌是個小部門，只得三、四個人，沒額外人手支援，我們依然努力去籌辦佈道會。那晚，由蔡醫生擔任講員，給果竟是零決志！」[344]讀者活動向來是《突破》雜誌重要的傳統，雜誌「撒種」，佈道會「收割」，一直運作良好，「收穫」甚佳。那次的「零決志」，令羅乃萱不得不停下來，認真地反思工作價值與個人去留。

突破機構應否遷入青年村？在機構內部曾有不同意見，不贊同的一方，認為「突破應是入世的」，留在市區，接近民眾，了解社會需要，明白時代問題，方能做到真正的社會關懷。然而，另一方面，若要發展訓練、交流等項目，留在突破中心，缺乏空間，並不可行。突破機構因此遷往「山上」。同時，《突破》雜誌亦逐漸遠離傳統，由社會關懷變為心靈關顧，步入停刊的困局。

「《突破》停刊是我人生裏其中一個最痛苦的決定。」蔡元雲有點不堪回首，「當時沒人夠膽下這個決定。停刊是我下的決定，因為羅乃萱之後，神不再興起接替的人，我們找不到合適的主編，除停刊外，別無選擇。」[345]

終於，《突破》雜誌出版至1999年8月第298期，宣告休刊，為其二十五年的出版歷史畫上句號。

註釋

341 《繼續燃夢：突破青年村紀念特刊》（香港：突破，1997），頁40。

342 吳思源主編：《突破2001特集》（香港：突破，2001），頁〔2〕。

343 根據〈羅乃萱訪談資料〉。

344 同上。

345 根據〈蔡元雲訪談資料〉。

突破青年村夢想成真！

1-2　遷入青年村，是「突破」另一重要里程碑。

3　「突破」貫徹始終服侍青少年人，培育未來領袖。

4　自1996年開始舉行的「國際華人青年領袖訓練營」

5　暑期青年職場體驗計劃（2010年）

[4.4] 《青年良友》與《滙聲》

最後，談一下九十年代的《青年良友》與《滙聲》，並與《突破》略作比較。

先說《青年良友》。九十年代初，慈幼會神父李益僑出任「良友之聲」社長。李益僑主張青少年閱讀與教學掛鈎，他支持香港教育署建議「將課外閱讀指導納入中國語文科」，過往推行不理想，乃由於「從事教育者仍沿用傳統教學方式執行，而沒有以建議的精神，開明的方法來積極推廣，錯失了主動的地位。」[346]李益僑利用「良友之聲」的資源，嘗試為課外閱讀的被動扭轉形勢，《青年良友》隨之而作出改變：

（1）聘用全職編輯，統一雜誌的風格，把過往樹仁學生負責專題、許定銘負責專欄的不協調，糾正過來。

（2）重點加強教育資訊，例如中三升學資料、課外活動情報站、趣味英語、讀書效率倍增妙方、電腦知識及程式等。

（3）稍為加強天主教信仰元素，增設「講道臺外」、「主內的每一天」兩個專欄。

（4）更改許定銘建立的「閱讀與創作並重」編輯方向，剔除創作部分，側重閱讀，符合把課外閱讀納入語文教育的理念。

《青年良友》的整體方向，朝著益智課外讀物而行，內容信息多元化，從下面的主題比較，可以了解：

主題類目	90's突破	90's青年良友	90's滙聲
000 總類	0	0	0
100 哲學類	41%	5%	8%
200 宗教類	4%	9%	72%
300 科學類	0	7%	0
400 應用科學類	7%	18%	0
500 社會科學類	40%	29%	18%
600 中國史地類	2%	0	1%
700 世界史地類	4%	3%	1%
800 語言文學類	1%	2%	0
900 藝術類	1%	27%	0
總數	100%	100%	100%

綜觀《青年良友》的主題多元，但缺乏深度。傳達正面的信息，如介紹好人好事，迴避負面、爭議性問題，如九七焦慮、六四事件。以香港學生為讀者對象，卻沒一個「中國史地類」的專題，確是一個缺憾。而最大的不足是雜誌的定位，與教學掛鈎，把學生讀者的思維框限於語文教育之內，霍利（Fourie）列舉八項令青少年成為閱讀「逃兵」的理由，其中之一，是「教學化」窒礙學生的閱讀興趣。[347]可是，香港的教育界一直不肯相信，讓學生自由選擇讀物，沒學習壓力下閱讀，才會得到樂趣，從而養成閱讀習慣。

到了1998年，另一位慈幼會神父韓大輝接任「良友之聲」社長，《青年良友》進一步加強天主教信仰內容。有趣的是，大概為了平衡內容的刻板、沉悶，吸引青少年讀者，增闢八頁當時流行的日式漫畫連環圖，佔雜誌篇幅的四分一，就連封底也是日式卡通人物。一方面是嚴肅的天主教信仰文章，如鮑思高神父傳略、真福Jeanne Jugan、聖馬善樂Saint Eugene de Mazenod，另一方面是入時的潮流漫畫，格格不入，反給人一種兩面不討好的可惜。

《滙聲》方面，主題依然以基督教信仰為重，旁及教育、家庭倫理。至1994年6月（由《會訊月刊》易名《滙聲》），版面和內容出現革新，最明顯的是加強與國內的交流。交流的層面分教會與學校兩方面。隨著九七回歸日近，中華基督教會意識到，香港的信徒不能對中國的國情、國內教會的情況毫無認識，特別編寫兩大錦囊：

「正所謂：入境問禁，若我們想與國內教會建立合法、公開、正常的關係，則不可不認識中國政府對宗教的政策和法令。因此，在『兩大錦囊』中的第一個錦囊是：認識中國政府對宗教（特別是基督教）的政策及有關法律條款……第二個錦囊是：國內教會及機構通訊錄。國內教會及機構繁多，我們只能羅列當中較主要的機構和堂會的通訊錄，方便堂會自行組團探訪。」[348]

類似的主張，蘇恩佩在七十年代不僅提出，更身體力行，扶病北上，再一次印證文蘭芳的話，《突破》雜誌具「先知性」[349]，步伐較本地教會機構走得更快更前。

至於學校交流方面，中華基督教會香港區會轄下的中、小學校約共五十間，直接與國內的教育單位交流，乃是順理成章。九七前後，北上交流相當普遍，在《滙聲》裏，我們可以讀到：

廣州教育考察後記、校長觀光學習團旅遊紀錄、北京上海教育考察點滴等專題、特稿。

參與國內交流，同時也關注香港事務。1996年6月，《滙聲》推出專題「對特區籌委會的期望」，除簡介「特區籌委會」的組成及職能，基於聖經原則對政制改革提出意見，還論述基督徒的公民責任：

「我們認為當代的信徒應該重視民主選舉，這是基督徒帶著天國子民的身分，去履行地上公民責任的一種表現，這並不是説，民主政制是十全十美，全無瑕疵，但民主政制能出現自我完善的機會比較高……有權有勢的人，若沒有普羅大眾的授權與監督，往往會以權謀私，傷害群眾。」[350]

總括而言，《滙聲》的取態，跟香港後過渡時期的主流民意相若，大都期望「安頓未來」。[351]不過，北上交流是一回事，毋忘六四又是另一回事，《滙聲》在1996年7月刊登特稿「六月的感召」，悼念六四事件；《突破》更於回歸後的1999年7月推出「六四」十周年專題「十年人事」，可見，基督教會在大是大非之前，以公義為先，絕不「河蟹」。

註釋

346 李益僑：〈青年讀物〉，《神思》，第26期（1995年8月），頁59。

347 J. A. Fourie, Reading Motivation and the Teenager, *Mousaion*, Vol.16, No.1, 1998, p. 18.

348 〈國內教會點滴〉，《滙聲》，第465期（1996年4月），頁4。

349 根據〈文蘭芳訪談資料〉。

350 神學委員會成員：〈信仰與社會——公民責任與民主選舉〉，《滙聲》，第467期（1996年6月），頁2。

351 鍾庭耀：〈後過渡時期民意面面觀〉，載鄭宇碩、盧兆興編：《九七過渡•香港的挑戰》，頁497。

[4.5] 小結

「日光之下並無新事」（傳道書1:9），熟悉《聖經》的蘇恩佩對這節出自〈傳道書〉的金句，相信不會陌生。世局看似變幻莫測，其實萬變不離其宗，殖民管治、身分迷失、貧富不均、環境污染、青少年犯罪等「此處」的問題；甚至乎六四事件、九七焦慮，若蘇恩佩仍在世，會同樣視為「日光之下的虛空」。解決之法，就是往「日光之上」尋找答案。福音預工正是把人帶往「他處」的路徑，配合社會關懷實踐出來，把「此處」與「他處」連合起來，達致平衡。

福音預工的應用，不限於雜誌，舉凡文藝創作，盡都合適，蘇恩佩的散文、新詩、小說、劇作，都已作出示範。我們可透過《突破》專題的N+1編輯模式，逐一解讀，相當科學，並不虛無飄渺。

可是，明白「福音預工」的人並不普遍，即使為《突破》撰稿超過十年的楊牧谷，知悉《突破》停刊，愛之深，責之切：

「該雜誌（突破）是失於道而求於市，至終亦只有亡於市，為市場所埋葬……先以『福音預工』為名，紮根香港文化為進路，大玩香港週刊低俗的形相，內容空洞，與流行週刊無異，扮相低俗，每次看完都有一份失落感。繼而『雞湯』型書籍流行，該雜誌走『屬靈』路，內容卻鮮有真見，可存活嗎？」[352]

楊牧谷與《突破》關係密切，尚且不明白，其他非基督徒更難理解何謂「福音預工」。然而，正正由於福音預工的性質模糊、角色曖昧，才有機會接近那些抗拒基督福音、不願意走進教會的人，尤其年輕人。同樣參與《突破》工作超過十年的許立中，以信與不信之間「溝通對話的橋樑」來形容福音預工：

「在本質上，它卻完全沒有過渡到全方位『福音性』的需要。事實上它『福音預工』的功能，正是在於它的『非福音性』，意思是它拒絕用『外人』無法明瞭，甚至很多時連『自己人』亦難以揣摸的抽象術語去表達信仰。」[353]

如果功能是中性的，沒所謂好與壞，那麼，收效或失效，便要視乎操作者的功力。所以許立中如此看《突破》雜誌的運作：「入世到底是一個發自內心的信念立場，抑或只是一種左右逢源的表面姿態，在一個頗大的程度上確實在乎『把關者』的定見和功力。」[354]

《突破》福音預工信息的傳達，秘訣在於「不經意」。編和寫的人不經意地流露，閱讀的人不經意地領受，「撒種」不著痕跡，「收割」順其自然，不存勉強，沒有虛假。可惜，就是這份不經意，蘇恩佩始終沒具體說明，「福音預工」該如何執行和運作？當《突破》的把關者不再是蘇恩佩，雜誌的編輯工作欠缺她的耳提面命，專題漸見N-1模式，數目更越來越多，加上八十年代社會動盪，人心不安，男性主導的《突破》編輯群把目光集中於「日光之下」的現世社會，出現社會關懷有餘、福音預工不足的失衡。到了九十年代，以女性為主的編輯群，最終把《突破》改革成一份「心靈刊物」，雜誌的整體表現，福音預工依舊不足，就連社會關懷也失落；既沒有反映「此處」的問題，又不能指向「他處」的答案，可見《突破》的停刊實非意外。

隨著互聯網的廣泛應用，多媒體資訊不斷推舊出新，印刷本報刊日趨式微，已沒法逆轉。出版行業經營困難，如成本上升、閱讀人口流失、市場萎縮等，都是業界共同面對的不利因素，有停刊結業的，也有繼續出版的，如《號外》、《讀者文摘》、《香港文學》、《武俠世界》等。這些刊物的出版歷史都較《突破》更久，可見，客體環境相同，報刊主體的生存之道各異，要經營下去，雖然困難，但仍有辦法。就《突破》而言，停刊前的按月銷量接近五千冊，這數字在當年並不太差，足以證明《突破》的停刊決定，環境考慮屬於次要。

本文從「發生論結構主義」切入，探討《突破》如何「發生」，當以相同的角度，解釋其為何結束。「社會關懷」與「福音預工」是《突破》在1974年創刊的原動力，也是雜誌的核心價值所在；到了1999年，這兩大傳統價值雙雙失落。回顧《突破》的歷史，令「社會關懷」與「福音預工」正常運作，雜誌把關者的定見和功力是其中一個關鍵，當蔡元雲找不到合適的主編，除停刊外，的確別無選擇。

註釋

352 楊牧谷：〈信息衰竭乃謝幕的徵兆〉，《時代論壇》，第633期（1999年10月17日）。下載：2014年7月15日，網址：http://christiantimes.org.hk/Common/Reader/News/ShowNews.jsp?Nid=6322&Pid=21&Version=0&Cid=356&Charset=big5_hkscs

353 許立中：〈「福音預工」的曖昧性〉，《時代論壇》，第635期（1999年10月31日）。下載：2014年7月15日，網址：http://christiantimes.org.hk/Common/Reader/News/ShowNews.jsp?Nid=6517&Pid=21&Version=0&Cid=357&Charset=big5_hkscs

354 同上。

總結

由創刊至停刊，《突破》雜誌的二十五年歷史，實在耐人尋味。它是一份基督教雜誌，內容卻「幾乎沒有叫人信耶穌」，也不在教會裏免費派發。它是一份年輕人雜誌，卻不以明星、歌星作招徠。它的部分主題涉及次文化（Subculture）的生活方式，但當代次文化的兩個重要特徵「符號再現」（Symbolic Representation）與「行為規約實踐」（Enactment）[355]與雜誌路線格格不入，它的核心價值始終本於基督教信仰。它由一群充滿傻勁、滿有使命感的青年基督徒創辦，一切從零開始。到它停刊時，已擁有萬千讀者，造就一代又一代的年輕人，更由一份雜誌發展成今天服務多元化的龐大機構。

今天，共二百九十八期的《突破》雜誌，既是圖書館裏一冊冊具歷史價值的本土文獻，也是香港人的集體回憶。但這絕不足夠。文獻和回憶需要活化，通過學術研究，總結經驗，啟發將來，才能讓《突破》雜誌的價值不斷延續。

《突破》是一份獨特的雜誌，研究它須用獨特的方法。筆者作出新嘗試，結合文學社會學、文化史學、圖書館學的理論和方法，達致跨學科的研究成果。本文的四項研究目的，悉數完成：

第一，梳理《突破》雜誌的歷史。筆者把《突破》雜誌的歷史劃分為七十、八十、九十等三個年代，分別檢視當時政治、社會、經濟等外在因素，以及不同時期的編輯群、作者群等內在因素，從而論述雜誌的風格與發展方向的轉變。尤其創刊早期與創辦人蘇恩佩的生平，過往甚少人仔細梳理，每當編寫紀念文集時，各人只憑記憶追述；然而，時間遠去，記憶模糊，有時出現時、地、人等資料的不準確，而這些不準確甚至互相影響，習非成是。筆者把文字記載與訪談資料對照印證，反覆核實，校正偏差；又把《突破》的發展套入「二元性意涵結構」模式之中，化繁為簡，清楚看見雜誌如何產生和為何結束，歷史軌跡，一目了然。

第二，對二十五年的雜誌進行主題分析，從微觀史的角度，以小見大，探索香港七十至九十年代的社會變遷。這目的有一個前設限制，是從《突破》的主題看社會變遷。《突破》若沒跟進某個社會大事，製作專題便會出現遺漏，特別九十年代中期以後，《突破》漸漸改革成一份心靈雜誌，從「社會關懷」轉為專注於「心靈關顧」。於是，諸如九龍城寨清拆、中英談判破裂、白石營船民問題、興建新機場、樓宇炒風等，均沒編製相關的專題，未能承接時代問題。不過，整體來説，《突破》雜誌長期走社會關懷路線，總以重大的、觸目的社會事件作切入點，透過多角度分析，啟發讀者思考。綜觀二十五年裏，《突破》所製作的專題，大致能反映當前的社會面貌，以小見大，足以見證七十至九十年代的香港社會變遷。

第三，運用模式及計量方法，具體地解釋何謂「福音預工」、其在《突破》雜誌如何運作。所謂福音預工，一向予人一個抽象的印象，即使在基督教圈子裏，各人對「福音預工」的理解亦不一致。綜合七十年代的《突破》專題，筆者歸納出「福音預工」以一種N+1編輯模式呈現。多篇「N文章」探討當下社會問題，啟發讀者圍繞主題作多角度思考；而核心的「1文章」以聖經為基礎，直接指向福音真理。社會問題是浮性的，隨時局變遷而不斷變化，蘇恩佩相信，萬變不離其宗，如《聖經》所言「日光之下並無新事」；福音是恆久不變的，以不變應萬變，引領年輕人歸信基督，讓他們的生命與永恆結合，一切社會問題就不再是問題。N+1模式是一種不經意的編輯技巧，「出世」與「入世」的關係需要拿捏準確。可惜，八十年代以後，《突破》雜誌再沒蘇恩佩把關，N-1模式逐漸增多，即只有外圍的分析文章，沒有核心的福音文章。這樣，當模式建立之後，「福音預工」便可以統計、數算，從N+1和N-1的多寡，我們大致能夠推算《突破》傳達福音預工信息的穩定程度。

第四，「突破人」在香港後殖民期時的身分認同。「突破人」清楚自身擁有「香港人—中國人—基督徒」三重身分。英國「後殖民」造成的種種不公，中國「新殖民」帶來的種種不安，全沒影響他們的工作方向——「植根香港，尋根中國，繫根永恆」。因此，當殖民地政府漠視本土文化、壓抑國族意識、忽略青少年問題，《突破》雜誌從民間而起，逆流而上，批評政府施政，開展青少年服務，鼓勵香港人認識祖國。當香港人面臨九七危機，人心惶惶，對回歸與移民難以取捨之際，《突破》雜誌明確地主張留港，並興建規模宏大的青年村，作為長遠發展的基地。可見，「突破人」沒信心危機，沒身分迷失，與香港的主流民意、大眾情緒大相逕庭，原因得力於「三重身分」的確認。身在混亂的「此處」，心繫永恆的「他處」，不必為「至暫至輕」的困難而憂慮。

總括而言，本文的各項研究目的，全部預期達到。

回顧過去的同時，我們應當整合前人經驗，作為當下和日後工作的動力；蘇恩佩和《突破》雜誌已作出成功示範，證明「福音預工」行之有效。儘管《突破》雜誌停刊，並不代表N+1模式無效；相反，只要運用得宜，堅持以社會關懷配合福音預工，方法與內容並重，效果是可以預期的。而N+1模式適用於各種基督教的年輕人文化工作，舉凡雜誌、網頁、戲劇、歌曲、文學作品等，盡都合適。[356]這是筆者總結「突破經驗」，對推動年輕人文化工作的基督教團體所作的第一個建議。

第二個建議，是推動者必須設定明確的目標對象，且堅持聚焦於既定的對象之上。以雜誌為例，如果雜誌的定位是青少年刊物，就無須遷就讀者成長後的閱讀口味，把雜誌提升為大學生雜誌、在職青年雜誌之類，這是捨本逐末的失策。編輯群務要堅守崗位，讓雜誌充當青少年成長路上的路燈角色。路燈不比燈塔，特點是照近不照遠，佇立路旁，為過路人照亮短短的一段路。青少年的成長階段，也是短暫的，當中學生讀者長大了，升上大學或投身社會，會選擇更具深度、更切合需要的讀物。雜誌編輯必須明白，他們的流失是正常不過的，不必改變雜誌，勉強挽留他們；因為同一時間，新陳代謝的，另有一批小學畢業生加入雜誌的閱讀行列。編輯所要做的，是維持雜誌的水平，貼近生活，滿足新讀者群的閱讀需要。

第三個建議是來自「號外經驗」。在適當時候，元老應退居二線，讓接班人自由發揮。這樣，便可避免雜誌老化。《號外》今天仍在，證明此法有效。年輕人活潑好動，對潮流的觸覺非常敏鋭，對新鮮事物躍躍欲試，他們心態與步調，成年人沒可能追得上。當元老感到有心無力時，與其勉力追趕，不如放手，退居二線，從旁協助，只看大局，維持正確方向，讓年輕接班人盡展所長，這是個三贏之法。

最後，論文結束前，讓我們再細味蘇恩佩〈低調的吶喊〉詩中的幾句：「被剝奪了做夢的權利 / 這城市的土壤既淺且貧瘠 / 我們遂成了無根的一代」；「我們的血液還未完全凝固 / 也不甘心就此消磨腐蝕——因為我們還年輕」。

不管是年輕或者年輕不再，人只要有一份不甘心，就不會怠倦閒懶，安於現狀，固步自封。「突破人」因為不甘心，毅然拿起禿筆，為這個文化土壤貧瘠的城市，書寫夢想；《突破》讀者也因為不甘心於迷失與無根，願意追求突破，在成長路上與《突破》同行，尋找人生方向。

《突破》，永遠年輕，夢想不滅。

註釋

355 次文化概念源於1970年代中期英國伯明翰當代文化中心（The Centre for Contemporary Cultural Studies，簡稱CCCS）的青少年研究，探討次群體如何在主流文化中尋找個體存在的價值。CCCS早年的次文化研究存著一些不足之處，例如排除女性、忽略媒介和娛樂對次文化的影響、忽略符號價值與流行文化的關係。隨著後現代社會來臨，受到娛樂工業和媒介科技的影響，次文化的風格越趨多元與碎裂。馬田（Peter J. Martin）重新思考當代次文化的定義，歸納出兩個重要的特徵——「符號再現」與「行為規約實踐」，兩者均與媒介和娛樂關係密切。簡而言之，媒介和娛樂大量販賣形象、塑造符號，青少年從中擷取靈感，吸納符號意義，並將其融入次文化的符號再現與集體認同當中，透過行為規約實踐建構族群的歸屬感。當媒介和娛樂與商品消費掛鈎時，次文化與主流文化之間的界線便顯得模糊（資料來源：Peter J. Martin, *Culture, Subculture and Social Organization, Bennett and Kanh-Harris ed., After Subculture: Critical Studies in Contemporary Youth Culture*, New York: Palgrave, 2004. pp.21-35.）。反觀《突破》，雖以次文化的生活方式切入話題，但與主流文化抗衡的同時，雜誌提倡簡樸生活，關顧心靈健康，鼓勵節約，擺脱消費文化宰制，本質和所走的路線，與次文化的特徵並不相同。

356 以小説為例，陳嘉薰的《心謀》（香港：突破，2012）取材2009年藥物「別嘌醇」受污染引致八名病人死亡的社會事件，寫基督徒醫生秉行聖經的公義，揭發及指證藥廠與教授醫生互有利益輸送，結合「社會關懷」與「福音預工」，此書獲2013年「中學生好書龍虎榜十本好書」，可見青少年的閱讀興趣，並不限於校園、愛情、成長。另外，以歌詞為例，電影主題曲《愛是不保留》（電影《天作之盒》，2004年上映，主題曲由盧永亨作曲和填詞），把歌詞套入N+1模式，可歸納出短暫和恆久兩類的愛，前者屬於塵俗世間，後者屬於耶穌基督。

1　1999年8月出版最後一期《突破》雜誌（第298期）

後記

我寫作一向邊寫邊想，邊想邊改，不習慣寫大綱，所以研究大綱寫得很差，以致入學面試的表現更差。

上午面試完畢，離開浸大校園，心情反覺輕鬆，求學夢像個汽球「卜」的爆破。我跟自己說：夢醒了，以後專心寫小說吧。

下午回到辦公室，才坐定，收到朱耀偉教授的電話，他說：「科慶，你面試表現不好啊！不過，我們還是收你。收到入學通知書，記得去交學費呀，哈哈哈……」

於是，我「哈哈哈」的入學，成為博士研究生。第一學期，修課沒問題，研究大綱依然一塌糊塗。老師和同學問我研究計劃，我答：「拿《突破》雜誌逐本讀，讀到甚麼寫甚麼。」把大家嚇了一跳。

一個學期過去，始終搞不好研究大綱，我便問朱教授，不想跟大綱糾纏下去，可否「偷步」，跳寫論文的第一章？朱教授答可以。

第一章寫七十年代的突破，如我所言，拿1974至1980年間的雜誌，逐本逐頁細讀，邊讀邊構思，做點筆記，寫下疑問，查考相關資料，同時探望當年的編輯前輩，包括李淑潔女士、文蘭芳女士、何盛華女士、吳思源先生、梁永泰博士、蔡元雲醫生、羅乃萱師母等等；還有蘇恩覺女士（蘇恩佩的胞妹）和李清詞牧師（蘇恩佩的學姐），又發電郵給阿濃先生（蘇恩佩當老師時的同事），找到很多文獻以外的資料。

稍作深入研究，即印證當初的研究大綱的確一塌糊塗，完全行不通。記得入學前，詢問陳贊一牧師的意見，他告訴我，有六個人做過突破研究，全數失敗告終。我最初的大綱採用文學研究的方法；然而，突破的部分內容雖然很「文學」，但並非文學雜誌，光是處理「作者群」，就把研究者困進死胡同。我不抽身而退，恐怕變成第七個。

適值第二學期，人文及創作系正式成立，朱教授就任系主任，我自動過戶，由中文系學生變為人文及創作系學生。朱教授指示我「要多用人文學的方法」，這個轉變來得正好，讓我撇撇脱脱的把「文學」放下。

記得訪問梁永泰博士時，他建議我集中分析每期雜誌的專題，從關鍵詞入手。可以一試，便拿十期專題試做，發覺方向正確，方法不合，因為關鍵詞不易掌握，不能勉強。失眠兩晚，忽地靈光一閃，重回「基本步」，想起我的老本行——圖書館學，改用主題詞代替關鍵詞，結果可行，更可使用主題詞所屬的分類號製作圖表，出來的效果，像模像樣。

方向和方法弄清楚，資料充足，執筆成文，水到渠成。第二學期末，完成第一章，重讀幾遍，內容不錯，結構卻嫌鬆散。

暑假歐遊，大腦麻痹，不事生產。暑假過後，朱教授轉職港大，把我交託給文潔華教授。我把第一章傳給文教授過目，談到鬆散的問題。文教授指示，加一個理論框架，文章會變得扎實。

理論？成千上萬的理論，選用哪一個？

憶起推薦我入學的也斯教授的話：「研究《突破》，要用場域理論。」（無獨有偶，後來論文答辯，樊善標教授也問及場域理論。）那就場域理論吧。借了一大堆書，從零開始，慢慢研習，發覺理論不錯是合用，但不完全貼切，總有些少縫隙；縫隙處理不好，便成漏洞破口，論文或因此而被人「攻破」。此路不通，趕快轉彎。轉哪一條路呢？茫無頭緒，有一天，站在「文學社會學理論」書架前，左翻翻，右揭揭，無意中發現一個「現世／永恆」的二元結構圖，出自戈德曼的「發生論結構主義」。引領青年讀者從現世進入永恆，正是蘇恩佩創辦「突破」的理念。腦海中彷彿有一把聲音說：「就是這個了！」於是，一頭栽進「發生論結構主義」裏。

戈德曼的原著本是法文，我不懂，惟有依靠譯本，譯本的文句冗長沉悶，字詞古怪晦澀，讀起來似懂非懂。朋友當中，精通法文的，首推早年留法的莫詒謀教授，遂向莫教授討教，原來是翻譯錯誤。經過莫教授點撥，讀通了，理論其實不深奧。然而，莫教授提醒我，戈德曼的理論只屬「教授級」，並非「大師級」，「知名度」和「力度」都感不足，用來做研究，恐怕招人詰問（莫教授所言不假，後來在不同場合，老師和同學都對這陌生的理論有所質疑）。我倒認為，引用理論，不在乎名氣，只視乎合適與否，「發生論結構主義」用於《突破》雜誌研究，簡直是天造地設，無縫般配合。我一往無前的，把理論套入研究之中，論文的確扎實多了。文教授過目、批改後，囑我寫第二章。

第二章寫八十年代的突破。香港在八十年代經歷中英爭拗、六四事件，一開筆，就感謝上帝的巧妙安排，報讀浸大之前，我本屬意在國內的大學進修，見識一下國內經驗，共有三次機會，都陰差陽錯的，擦身而過。寫第二章時，我完全明白過來，這些內容在國內根本是碰不得，倘若不慎入讀國內的大學，論文肯定「爛尾」收場。

第二章較第一章易寫，最花時間的史料究證、研究方法、理論框架等，已在第一章搞定。完成第二章後，開題試（PhD Confirmation of Candidature）將屆，我從第一、二章抽取重點，再想像第三章的內容，湊合成一份「絕對可行」的研究大綱。

開題試較入學口試順利，之後，路更暢順，人家「開題」後才動手寫文，我開題後已完成三分二，而且學分也修夠，不用上課，可以全力寫最後的一章。文教授或覺我的時間充裕，給我一項挑戰，著我在第三章加入後殖民理論的身分認同，令論文更加「人文」。老實説，第二章沿用第一章的方法，寫完後，自己也感到有點兒悶，這項新挑戰，又一次來得正好。

同樣由零開始，我借了一大堆「後殖民」書籍回家。近年，文圈流行援引後殖民理論研究本土小說，我這種不懂的人看了，覺得高深。啃完那堆書後，回想那些文章，發覺有些只是皮毛，有些甚至用錯理論。多讀書，開人眼界，令人進步，果然不錯。

在第五學期完成第三章，文教授苦口婆心地說：「校規所限，至少三年才畢業，你還有時間，把論文修改得更好吧。」她坐言起行，勾出很多需要加強、修飾和補充之處，讓我一一微調。

第六學期，通過答辯，論文略作修改後，我畢業了。

過程，不算很難。

不讀書，不寫作，不會世界末日，日子仍然一天一天的過。

讀書，寫作，日子過得更充實。

梁科慶

參考書目

甲、中文

專書

也斯（著）：《香港文化十論》。杭州：浙江大學出版社，2012年。

也斯（編）：《香港文化特集》。香港：號外，1995年。

于良芝（著）：《圖書館學導論》。北京：科學出版社，2004年。

小思、阿濃、鄧達智（著）：《香港老照片第二輯》。香港：天地圖書，2001年。

中文主題詞表編訂小組（編）：《中文主題詞表 • 2005年修訂版》。台北：國家圖書館，〔2005〕年。

「文學與宗教」國際學術研討會（編）：《第二屆「文學與宗教」國際學術研討會: 中國詩歌與宗教論文集》。香港：浸會大學，1997年。

文蘭芳（編）：《黑夜歌唱：蘇恩佩的心靈世界》。香港：突破，1996年。

文蘭芳等（編）：《話説蘇恩佩：把火種撒在地上》。香港：突破，2013年。

戈德曼（Goldmann）（著），吳岳添（譯）：《論小說的社會學》。北京：中國社會科學出版社，1988年。

戈德曼（Goldmann）（著），段毅、牛宏寶（譯）：《文學社會學方法論》。北京：工人出版社，1988年。

戈德曼（Goldmann）（著），蔡鴻濱（譯）：《隱藏的上帝》。天津：百花文藝，1998年。

王省吾（著）：《圖書分類法導論》。台北：國文化大學，1980年。

王順民（著）：《宗教福利》。台北：亞太圖書，1999年。

王齊樂（著）：《香港中文教育發展史》。香港：三聯書店，1966年。

王賡武（主編）：《香港史新篇》。香港：三聯書店，1997年。

司徒德（著）：《信仰與社會責任》。香港：香港浸信會，1989年。

朱維之（著）：《基督教與文學》。香港：基督教文藝，1981年。

朱耀偉（著）：《他性機器？後殖民香港文化論集》。香港：青文書屋，1998年。

何光國（著）：《圖書資訊組織原理》。台北：三民書局，1993年。

何金蘭（著）：《文學社會學》。台北：桂冠圖書，1989年。

何金蘭（著）：《法國文學理論與實踐》。台北：威秀，2011年。

伯克（Burke）（著），姚明等（譯）：《歷史學與社會理論》。上海：世紀出版，2010年。

伯福斯（Wilberforce）（著），鄧英偉（譯）：《天地有正信：真基督教挑戰文化基督教》。香港：香港浸信會，2006年。

余達心、蔡元雲等（著）：《吶喊文粹》。香港：學生福音團契，1989年。

吳俊雄、馬傑偉、呂大樂（編）：《香港•文化•研究》。香港：香港大學出版社，2006年。

吳思源（著）：《問道》。香港：亞洲歸主協會香港分會，1990年。

吳思源（著）：《教孩子創造未來》。香港：次文化，2003年。

吳思源（編）：《突破2001特集》。香港：突破，2001年。

吳思源、許立中（著）：《給我一個支點：時代的信仰反思》。香港：突破，1991年。

吳萱人（編）：《香港七十年代青年刊物回顧專集》。香港：策劃組合，1998年。

吳龍濤等（譯）：《英美編目規則•第二版》。北京：北京圖書館出版社，2002年。

呂大樂（著）：《那似曾相識的七十年代》。香港：中華書局，2012年。

呂大樂（編）：《號外三十：城市》。香港：三聯書店，2007年。

呂大樂、吳俊雄、馬傑偉（編）：《香港•生活•文化》。香港：牛津大學出版社，2011年。

李均熊等（著）：《時代的把脈：福音與香港社會的邊緣人》。香港：香港基督徒學會，2000年。

李志剛（著）：《香港基督教會史研究》。香港：道聲，1987年。

李志騰（著）：《近五十年香港基督教文學概況》。「紀念朱維之百年誕辰暨基督教文化與文學」國際學術研討會，南開大學，2005年7月3-5日。

李歐梵（著）：《又一城狂想曲》。香港：牛津大學出版社，2006年。

車煒堅（著）：《香港青少年犯罪問題》。香港：中華，1996年。

邢福增（著）：《香港基督教史研究導論》。香港：建道神學院，2004年。

冼玉儀（編）：《香港文化與社會》。香港：香港大學，1995年。

周永新（著）：《社會工作學新論》。香港：商務印書館，1994年。

周蜜蜜（編）：《香港兒夢話百年：香港兒童文學探源（六十至九十年代）》。香港：明報，1996年。

周蕾（著）：《寫在家國以外》。香港：牛津大學出版社，1995年。

季玢（著）：《野地裏的百合花：論新時期以來的中國基督教文學》。北京：中國社會科學院，2010年。

林沛理（著）：《香港，還剩下多少？》。香港：次文化堂，2007。

邱誠武等（著）：《香港青少年問題探索》。香港：臻善文化，1983年。

阿什克羅夫特（Ashcroft）等（著），劉自荃（譯）：《逆寫帝國：後殖民文學的理論與實踐》。台北：駱駝出版社，1998年。

阿濃（著）：《香港老照片第二輯》。香港：天地圖書，2001年。

突破機構（編）：《生命連結薪火相傳：突破三十周年紀念集》。香港：突破，2003年。

突破機構（編）：《繼續燃夢：突破青年村紀念特刊》。香港：突破，1997年。

施碧娃（Spivak）（著），張君玫（譯）：《後殖民理性批判 ： 邁向消逝當下的歷史》。台北：群學出版，2006。

香港青少年發展學會（編）：《青年視野》。香港：香港青少年發展學會，1995年。

香港基督徒學生福音團契（編）：《FES與學生福音運動（1957-2007）》。香港：香港基督徒學生福音團契，2007年。

高馬可（Carroll）（著），林立偉（譯）：《香港簡史：從殖民地至特別行政區》。香港：中華書局，2013年。

海倫 • 加納德（著）：《宗教與文學》。城都：四川人民，1989年。

馬佳（著）：《十字架下的徘徊：基督宗教文化和中國現代文學》。上海：學林，1995年。

馬敏（著）：《基督教在華傳播及其文化教育事業》。台北：財團法人基督教宇宙光全人關懷機構，2006年。

馬傑偉（著）：《後九七香港認同》。香港：Voice，2007年。

馬傑偉、曾仲堅（著）：《影視香港：身分認同的時代變奏》。香港：香港中文大學，2010年。

區祥江（著）：《生命軌跡：助人成長的十大關鍵》。香港：突破，2000年。

區祥江（著）：《品味寂寞》。香港：突破，2010年。

區麗香（編）：《香港1996》。香港：香港政府，〔1996〕年。

國家圖書館編目組（編）：《中文圖書分類法•2007年版》。台北：國家圖書館，〔2007〕年。

張京媛（編）：《後殖民理論與文化認同》。台北：麥田，1995年。

梁永泰（著）：《世紀末躍變：流行文化現象反思》。香港：突破，1996年。

梁永泰（著）：《哪個孩子不出色》。香港：突破，2009年。

梁永泰（著）：《新領袖DNA》。香港：突破，2003年。

梁柏堅（編）：《Light：突破運動40年特刊》。香港：突破，2013年。

莊文生（著）：《福音與社會服務》。台北：台灣世界展望會，1986年。

許立中（著）：《亂中尋序》。香港：突破，1992年。

許立中（著）：《道在路邊：尋找生活的信仰》。香港：學生福音團契，2006年。

郭乃弘（編）：《香港教會與社會運動：八十年代的反思》。香港：香港基督徒學會，1994年。

郭佩蘭（編）：《一九九七與香港神學》。香港：崇基學院神學組，1983年。

莫理斯（Morris）（著），黃芳田（譯）：《香港1840-1997》。台北：馬可孛羅文化，2006年。

陳昕、郭志坤（編）：《香港全紀錄卷 2》。香港：中華書局，1998年。

陳清僑（編）：《身分認同與公共文化》。香港：牛津大學出版社，1997年。

陳麥麟屏、林國強（著）：《美國國會圖書館與主題編目》。台北：三民書局，2001年。

陳慎慶（編）：《香港的遠象》。香港：基督教文藝，1998年。

陳慎慶（編）：《諸神嘉年華：香港宗教研究》。香港：牛津，2002年。

陳嘉薰（著）：《心謀》。香港：突破，2012年。

喻天舒（著）：《五四文學思想主流與基督教文化》。北京：崑崙，2003年。

斯托特（Stott）（著），劉良淑（譯）：《當代基督教與社會》。台北：校園書房，2003年。

彭駕騂（著）：《青少年問題研究》。台北：巨流圖書，1985年。

湯開建、蕭國健（編）：《香港6000年》。香港：麒麟書業，1998年。

馮邦彥（著）：《香港地產業百年》。香港：三聯書店，2001年。

黃仲鳴（著）：《香港三及第文體流變史》。香港：香港作家協會，2002年。

黃美玉（編）：《基督教信仰與香港社會發展》。香港：香港基督徒學會，1995年。

黃夏柏（著）：《看雜誌：1980s-1990s紀事》。香港：麥穗，2010年。

黃德榮（著）：《潘霍華對生活的啟迪》。香港：香港中文大學崇基學院神學組，2001年。

楊劍龍（編）：《文學的綠洲：中國現代文學與基督教文化》。香港：學生福音團契，2006年。

塔迪埃（著），史忠義（譯）：《二十世紀的文學批評》。天津：百花文藝，1998年。

甄雅各（Engel）、羅愛頓（Norton）（著），林來慰（譯）：《福音•傳媒•策略》。香港：證道出版社，1979年。

聖經公會（編）：《新舊約全書》。香港：聖經公會，1986年。

廖炳惠（編）：《回顧現代文化想像》。台北：時報文化，1995年。

趙雨樂、程美寶（編）：《香港史研究論著選輯》。香港：香港公開大學，1999年。

劉青峰、關小青（編）：《轉化中的香港：身分與秩序的再尋求》。香港：香港中文大學，1998年。

劉粵聲（編）：《香港基督教會史》。香港：香港浸信會，1996年。

劉麗霞（著）：《中國基督教文學的歷史存在》。北京：社會科學文獻，2006年。

潘毅、余麗文（編）：《書寫城市：香港的身分與文化》。香港：牛津大學出版社，2003年。

蔡元雲（著）：《一個都不能少：再思青少年的成長與牧養》。香港：突破，2005年。

蔡元雲（著）：《生命影響生命》。香港：突破，2001年。

蔡元雲（著）：《改變，由我開始》。香港：突破，2005年。

蔡元雲（著）：《與恩師的10堂課》。香港：突破，2010年。

蔡元雲（著）：《敢夢想飛：Young life召命導航手冊》。香港：突破，2011年。

蔡元雲（著）：《植根香港》。香港：突破，1989年。

蔡元雲等（著）：《進入net人新世界：揭示青少年生活面貌》。香港：突破，2002年。

蔡元雲等（著）：《塑造21世紀年輕人：青少年工作者手冊》。香港：突破，1998年。

蔡元雲等（著）：《寫我情真：廿四段刻骨難忘的屬靈經歷》。香港：突破，1999年。

鄭宇碩、盧兆興（編）：《九七過渡•香港的挑戰》。香港：香港中文大學出版社，1997年。

鄭志明（著）：《中國文學與宗教》。台北：台灣學生，1992年。

魯金（著）：《九龍城寨史話》。香港：三聯書店，1991年。

澳門圖書館暨資訊管理協會（編）：《兩岸三地圖書分類與編目研究》。澳門：澳門圖書館暨資訊管理協會，2008年。

盧瑋鑾（著）：《香港故事：個人回憶與文學思考》。香港：牛津大學出版社，1996年。

盧錦華（著）：《香港基督教社會工作：信仰與社會服務結合》。香港：循道衛理書室，2001年。

盧錦華（著）：《香港基督教社會工作初探》。香港：書山，2001年。

盧錦華、李冠美（編）：《香港基督教社會工作：與上帝同行》。香港：循道衛理書室，2003年。

盧龍光、楊國強（著）：《香港基督教使命和身分尋索的歷史回顧》。香港：基督教中國宗教文化研究社，2002年。

羅永生（編）：《誰的城市？》。香港：牛津大學出版社，1997年。

關啟文、張國棟（編）：《後現代文化與基督教》。香港：學生福音團契，2002年。

蘇恩佩（著）：《仄徑》。香港：證道出版社，1982年。

蘇恩佩（著）：《基督教神學思想簡介》。台北：校園團契，1975年。

蘇恩佩（著）：《蘇恩佩文集 I》。香港：突破，1987年。

蘇恩佩（著）：《蘇恩佩文集 II》。香港：突破，1987年。

蘇恩佩等（著）：《從苦難到榮耀：時代的見證人》。台北：校園書房，1990年。

期刊文章

小思：〈懷念蘇恩佩〉，《明報》（2012年4月7日），版D05。

王列耀：〈基督教文化與香港文學〉，《世界華文文學論壇》，1998年第4期（1998年），頁57-60。

王列耀：〈擠在邊緣的文學〉，《學術研究》，1995年第4期（1995年），頁115-117。

王璞：〈身分的迷失與認同——也斯小說的一種讀法〉，《嶺南大學中文系系刊》（1997），頁67-74。

古松：〈談陳嘉薰醫生的《心謀》與死因聆訊〉，《城市文藝》，第64期（2013年4月20日），頁59-62。

任志強：〈三十年回望身後事——今日教會群體所虧欠蘇恩佩前輩的〉，《時代論壇週報》，第1284期（2012年4月8日），頁11。

江偉：〈大眾傳播與教會〉，《基督教週報》（1976年8月22日），版1。

何金蘭：〈存活於「虛無」中之「實在」〉，《淡江人文社會學刊》第5期，頁1-15。

吳政叡：〈模糊邏輯在主題分析的應用：標題權值的計算方式〉，《圖書與資訊學刊》，第40期（2002年2月），頁10-17。

吳思源：〈德成街二號A二樓：蘇恩佩的突破小故事〉，《基督教週報》第2485期，（2012年4月8日），頁10。

吳鯤生：〈「我是屬於亞洲的」——記一位不尋常的輔導〉，《校園》（2010年9／10月），頁40-41。

李劼：〈香港青少年工作略探〉，《當代青年研究》，第4期（2004年），頁47-51。

李益僑：〈青年讀物〉，《神思》，第26期（1995年8月），頁59。

李歐梵：〈世紀末的華麗〉，《明報月刊》（1993年2月），頁32。

周永新：〈今後香港教會在社會服務工作上的取向〉，《文藝雜誌》，第14期（1985年6月），頁4-6。

周憲：〈從一元到多元〉，《文藝理論研究》，第121期（2002年3月），頁19-24。。

明德：〈俗世清泉的突破雜誌〉，《時代論壇》，第639期（1999年11月28日），網址：http://christiantimes.org.hk/Common/Reader/Channel/ShowPage.jsp?Cid=294&Pid=21&Version=0&Charset=big5_hkscs&page=0

林淑芬：〈香港基督徒如何回應九七變局——專訪盧龍光談香港前途〉，《曠野雜誌》，網址：http://life.fhl.net/Desert/97/s003.htm

胡志偉：〈信息或受眾、衰竭或變革？〉，《時代論壇》，第635期（1999年10月31日），網址：http://christiantimes.org.hk/Common/Reader/Channel/ShowPage.jsp?Cid=294&Pid=21&Version=0&Charset=big5_hkscs&page=0

香港基督徒學會：〈教會關社思想摘錄〉，《思》，第2期（1989年6月），頁15。

梁永泰：〈二十一世紀青少年工作的契機〉，《時代論壇》，第638期（1999年11月21日），網址：http://christiantimes.org.hk/Common/Reader/Channel/ShowPage.jsp?Cid=294&Pid=21&Version=0&Charset=big5_hkscs&page=0

梁佳蘿：〈基督徒的創作歷程〉，《文藝雜誌》，第18期（1986年6月），頁8-9。

梁佳蘿：〈基督教文學的辨與辯〉，《文藝雜誌》，第12期（1984年12月），頁52-53。

許立中：〈「福音預工」的曖昧〉，《時代論壇》，第635期（1999年10月31日），網址：http://christiantimes.org.hk/Common/Reader/Channel/ShowPage.jsp?Cid=294&Pid=21&Version=0&Charset=big5_hkscs&page=0

郭秀娟：〈社會關懷——福音派教會的覺醒〉，《校園》（1995年6月），頁20-21。

陳萬雄：〈面向「大中華出版」——香港和台灣出版業現狀與趨勢〉，《明報月刊》（2004年8月），頁66-67。

陳麗斯：〈基督徒角度看「六四」 蔡元雲：願意寬恕，但仍等待〉，《基督日報》，網址：http://www.gospelherald.com.hk/news/gen-2584

曾仲愚：〈談佈道新方法〉，《基督教週報》（1977年2月27日），版1。

馮載祥：〈教會在香港社會服務的角色〉，《香港循道衛理聯合教會會訊》，第103期（1992年2月1日），頁1。

湯建萍：〈論戈德曼的發生學結構主義文學社會學〉，《理論導報》，第12期（2007年），頁45-48。

黃辛隱：〈一個屬於青少年織夢的未來村莊——香港突破青年村的特色及其啟示〉，《江蘇教育學院學報（社會科學版）》，2001年第6期（2001年9月），頁35-36。

楊牧谷：〈信息衰竭乃謝幕的先兆〉，《時代論壇》，第633期（1999年10月17日），網址：http://christiantimes.org.hk/Common/Reader/Channel/ShowPage.jsp?Cid=294&Pid=21&Version=0&Charset=big5_hkscs&page=0

楊劍龍：〈基督教文化與二十世紀的中學文學〉，《江蘇社會科學》，1999年第1期（1999年），頁125-131。

溫文葆：〈香港青年在想甚麼？〉，《滬港經濟》，2002年第2期（2002年），頁55-56。

劉月新：〈論戈德曼的文學解釋學〉，《西南石油大學學報》（社會科學版），第2卷第1期（2009年1月），頁83-87。

劉霞：〈戈德曼的發生結構主義對於文學批評的意義〉，《江蘇技術師範學院學報》，第16卷第11期（2010年11月），頁38-41。

滕近輝：〈基督教文字工作縱橫談〉，《基督教週報》（1974年5月5日），版1。

潘國靈：〈存在主義——成長畫板上的一抹底色〉，《字花》，第45期（2013年10/11月），頁113-115。

潘琪、陳宏俊：〈成員類別分析的理論基礎與研究〉，《外國語文》，第28卷第6期（2012年12月），頁98-103。

蔡貴恆：〈回應〈信息衰竭乃謝幕的先兆〉〉，《時代論壇》，第635期（1999年10月31日），網址：http://christiantimes.org.hk/Common/Reader/Channel/ShowPage.jsp?Cid=294&Pid=21&Version=0&Charset=big5_hkscs&page=0

黎海華（整理）：〈「文藝座談會」：宗教與文學中的死亡主題〉，《文藝雜誌》，第9期（1984年3月），頁38-49。

黎海華（整理）：〈「文藝座談會」：淺談聖經文學〉，《文藝雜誌》，第11期（1984年9月），頁4-22。

鍾庭耀：〈董建華民望綜論〉，《香港大學民意研究計劃》，2004。網址：http://hkupop.hku.hk/chinese/columns/columns12.html

魏美華：〈香港青年社團服務的成就及不足〉，《當代青年研究》，1997年第1期（1997年），頁18-19。

魏雁濱：〈面對21世紀的香港青年與青年政策〉，《當代青年研究》，1999年第2期（1999年），頁9-14。

魏雁濱：〈從跨世紀角度看香港青年與青年政策〉，《青年探索》，1999年第1期（1999年），頁15-20。

羅杰才：〈不想謝幕，就得有戲演下去！〉，《時代論壇》，第639期（1999年11月28日），網址：http://christiantimes.org.hk/Common/Reader/Channel/ShowPage.jsp?Cid=294&Pid=21&Version=0&Charset=big5_hkscs&page=0

龐德明：〈福音派對普世教協的挑戰〉，《基督教週報》（1974年9月15日），版1。

蘇恩佩：〈撒種之前——「福音預工」的實踐〉，《抉擇》（1977年8月），頁7。

研究論文

張雅婷：《蘇恩佩的信仰歷程與事工》。中壢市：中原大學宗教研究所碩士論文，2010年。

黃倩蘊：《蘇恩佩生平之研究》。香港：香港浸會大學歷史系學士論文，2001年。

雜誌

《青年良友》（香港：良友之聲），1978至1999年。

《突破》（香港：突破機構），1974至1999年。

《突破少年》（香港：突破機構），1979至1999年。

《滙聲》（香港：中華基督教會香港區會），1974至1999年。

《號外》（香港：*City Magazine*），1976至1999年。

乙、英文

專書

Aldridge, A. Owen ed., *Comparative Literature: Matter and Method*, Urbana: University of Illinois Press, [1969].

Bennett, Andy and Kanh-Harris, Keith ed., *After Subculture: Critical Studies in Contemporary Youth Culture*, New York: Palgrave, 2004.

Bhabha, Homi K., *The Location of Culture*, New York: Routledge, 1994.

Bond, M.H., Hwang, K.K., *The Psychology of the Chinese*, Hong Kong: Oxford University Press, 1986.

Boys' & Girls' Clubs Association of Hong Kong, *The Relationship between Parenting Styles and Adolescents' Behavior*, Hong Kong: BGCA, 1994.

Burke , Peter, *What is Cultural History?* Cambridge: Polity Press Ltd., 2004.

Carney, Thomas F., *Content Analysis : a Technique for Systematic Inference from Communications*, Winnipeg: University of Manitoba Press, 1972.

Choi, Chungmoo, *The Discourse of Decolonization and Popular Memory*: South Korea, Formations of Colonial Modernity in East Asia, Durham: Duke University Press, 1997.

Chow Rey, *Modern Chinese Literary and Cultural Studies in the Age of Theory: Reimagining a Field*, Durham, NC: Duke University Press, 2000.

Constahtino, Renato, *Veocolonial Identity and Counter-Consciousness*, London: Merlin Press, 1978.

Duncombe , Stephen, *Cultural Resistance Reader*, New York: Verso, 2002.

Engel, James F., *Contemporary Christian Communication, Its Theory and Practice*, New York: Thomas Nelson Publishers, 1979.

Ferguson, Jane, *The Congregation as Contest for Social Work, Church Social Work*, Botsford: North American Association of Christians in Social Work, 1992.

Garland, Diana Richmond, *Church Social Work*, Washington, D.C: NACW, 1992 .

Hall, S. and Gay, P., *Questions of Cultural Identity*, London: SAGE Publications, 1996.

Ho, Kit-mui, Jannita, *Help-Seeking Pattern & Supportive Network of Working Youths in Hong Kong*, Hong Kong: Commission on Youth, 1997.

The Hong Kong Federation of Youth Groups, *Youth's Views on Healthy Living*, Hong Kong: the Federation, 1999.

Hung, Ho-fung, *Rethinking the Hong Kong Cultural Identity*, Hong Kong: Hong Kong Institute of Asia-Pacific Studies, 1998.

Ingram, Shirley C., *Cantonese Culture: Aspects of Life in Modern Hong Kong and Southeast Asia*, Hong Kong: Asia 2000, 1995.

Jeffrey, David L, *Christianity and Literature: Philosophical Foundations and Critical Practice*, Downers Grove: IVP Academic, c2011.

Jones, Catherine, *Promoting Prosperity: the Hong Kong Way of Social Policy*, Hong Kong: CUHK, 1990.

King, A.Y.C. & Myers, J.T., *Shame as an Incomplete Conception of Chinese Culture*, Hong Kong: CUHK, 1977.

Kwan, Simon, *Postcolonial Resistance and Asian Theology*, Oxon: Routledge, 2013.

Kwong C.W., *The Public Role of Religion in Post-Colonial Hong Kong*, New York: Peter Lang, c2002.

Lam, M.C., *Changing Pattern of Child Rearing: A Study of the Low-Income Families in Hong Kong*, Hong Kong: CUHK, 1982.

Lau, Siu-kai, *Decolonization without Independence and the Poverty of Political Leaders in Hong Kong*, Hong Kong: The Chinese University of Hong Kong, 1990.

Leung, K.P., *Social Issue in Hong Kong*, Hong Kong: Oxford University Press, 1990.

Morrish, John, *Magazine Editing*, London: Routledge, 1996.

Newbery, Peter, *A History of Youth Work in Hong Kong*, Hong Kong: Youth Outreach, 2007.

Ngũgĩ wa Thiong'o, *Decolonising the Mind : the Politics of Language in African Literature*, London : J. Currey, 1986.

Robinson, Lewis Stewart, *Double-Edged Sword: Christianity & 20th Century Chinese Fiction*, Hong Kong: Tao Fong Shan Ecumenical Centre, 1986.

Sacks, Harvey, *Lectures on Conversation* Volume I, Oxford: Blackwell, 1992.

Said, Edward W., *Culture and Imperialism*, New York: Vintage Books, 1994.

Slemon, Stephen, *The Scramble for post-colonialism, The Post-Colonial studies Reader*, London: Routledge, 1995.

Stokes, Jane, *How to do Media and Cultural Studies*, Thousand Oaks: SAGE, 2003.

Wong, Thomas, *Colonial Governance and the Hong Kong Story*, Hong Kong: Hong Kong Institute of Asia-Pacific Studies, 1998.

期刊文章

Chan, Che-po, "The Voting Propensity of Hong Kong Christians: Individual Disposition, Church Influence, and the China Factor", *Journal for the Scientific Study of Religion*, vol. 39, issue3 (September 2000), pp. 297-306.

Chiang Wenhan, "On the Use of Christianity by Imperialism", *South East Asia Journal of Theology*, no. 13 (July 1985), pp. 29-39.

Culler, Jonathan, "Literary Theory Today", *Theoretical Studies in Literature and Art*, Vol. 183, (July 2012), pp. 77-85.

Fourie, J. A., "Reading Motivation and the Teenager", *Mousaion*, Vol.16, No.1, 1998, pp. 15-34.

Fung, Anthony, "Postcolonial Hong Kong Identity: Hybridising the Local and the National", *Social Identities*, Vol. 10, No. 3, (2004), pp. 399-414.

Kraar, Louis, "The Death of Hong Kong", *Fortune* (26 June 1993), pp. 119-132.

Lai, John Tsz-pang, "Christian Literature in Nineteenth-Century China Missions -- a Priority? or an Optional Extra?", *International Bulletin of Missionary Research*, vol. 32, no. 2 (April 2008), pp. 71-76.

Leland, John; Clemetson, Lynette, "Heirs to a Highly Uncertain Future: Hong Kong Youth", *Newsweek*, vol. 129 (May 19 1997), p. 46.

Masson, Michel, "Chinese Culture and Christianity", *Assessing the Agenda Pacifica*, no. 7 (June 1994), pp. 123-144.

Mieroop, D.V. and Clifton, Jonathan, "The Interactional Negotiation of Group Membership and Ethnicity", *Discourse Society*, vol. 23 (2012), pp.163-183.

Ng, Wai-ming, "The Consumption and Perception of Japanese ACG (Animation-Comic-Game) among Young People in Hong Kong", *International Journal of Comic Art*, vol. 12, issue 1 (Spring 2010), pp. 460-477.

Preston, Cene, "Will Religious Freedom Survive?: Hong Kong Countdown", *Christian Century* (22-29 March 1995), pp. 319-320.

Shohat, Ella, "Notes on the Post-Colonial", *Social Text*, no.31/32 (1992), p. 99-1130.

Stafford, Tim, "Breakthrough Dancing", *Christianity Today*, vol. 47, issue 7 (July 2003), pp. 54-56.

Stephen, Anil, "Hong Kong's Christians", *Christianity Today*, vol. 47, issue 3 (March 2003), pp. 32-33.

Wong, S.L., "Modernization and Chinese Culture in Hong Kong", *The China Quarterly*, no. 106 (June 1986), pp. 306-325.

附件一：《突破》專題目錄

突破專題目錄					
年	月	期號	專題名稱	主題詞	類號
1974	1	創刊號	我們的明天	青少年問題	544.67
1974	3	002	開拓娛樂的新境界	課外活動	527.84
1974	5	003	流行音樂：時代的脈搏	流行歌曲	913.6
1974	7	004	我的圈子	人際關係	177.3
1974	9	005	讀書樂	閱讀指導	019.1
1974	11	006	中學生•吸毒•黑社會	青少年犯罪	548.681
1975	1	007	星座與你	星座	323.8
1975	3	008	全人教育	教育	520
1975	5	009	情緒	情緒	176.52
1975	7	010	出路	職前教育	556.83
1975	9	011	愛苗	戀愛	544.37
1975	10	012	死亡	生死學	191.9
1975	11	013	污染	環境保護	445.98
1975	12	014	影片	電影	987
1976	1	015	兩代之間	代溝	544.68
1976	2	016	民意•政治•香港	民意	540.19
1976	3	017	新女性運動	女性運動	544.54
1976	4	018	你的身體	衛生教育	411.03
1976	5	019	成熟	成熟	173.3
1976	6	020	關心社會	社會參與	541.6
1976	7	021	城與鄉	城鄉關係	545
1976	8	022	罪與罰	死刑	548.72
1976	9	023	賭博	賭博	548.84
1976	10	024	人生	人生觀	220.138
1976	11	025	進化論之謎	演化論	362
1976	12	026	大眾傳媒	大眾傳播	541.83
1977	1	027	錢、錢、錢	理財	564
1977	2	028	朋友、知己	友誼	195.6
1977	3	029	潮流	從眾效應	541.85
1977	4	030	新道德	道德	199
1977	5	031	留學	留學	529.2

1977	6	032	鬼、鬼、鬼	鬼靈	242.35
1977	7	033	吸毒、抗毒	吸毒	548.82
1977	8	034	挫折	挫折	541.684
1977	9	035	師生之間	師生關係	195.7
1977	10	036	時間	時間管理	494.1
1977	11	037	了解自己	自我	173.741
1977	12	038	家	家庭	544.1
1978	1	039	命運	命運	293
1978	2	040	感化	感化教育	585.58
1978	3	041	生、生活、生活力	生命教育	528.59
1978	4	042	戀愛	戀愛	544.37
1978	5	043	前途	升學輔導	527.46
1978	6	044	自由	自由	571.94
1978	7	045	從校園踏入工廠	職前教育	556.83
1978	8	046	性教育	性教育	544.72
1978	9	047	人際關係	人際關係	177.3
1978	10	048	創意	創意	176.4
1978	11	049	尷尬年齡	青少年	544.6
1978	12	050	文明	文明	541.3
1979	1	051	色情、強姦、人性尊嚴	性侵害	548.544
1979	2	052	享樂	享樂主義	191.2
1979	3	053	專上教育	高等教育	525
1979	4	054	危機	社會安全	548.9
1979	5	055	青春	青春期	397.13
1979	6	056	競爭	競爭	541.61
1979	7	057	恐怖主義	恐怖主義	549.99
1979	8	058	安全感	安全感	170
1979	9	059	這一代	次文化	541.37
1979	10	060	人際關係（續集）	人際關係	177.3
1979	11	061	獨樂樂	自我	173.741
1979	12	062	外太空人	不明飛行物體	326.97
1980	1	063	香港'80	社會發展	541.43
1980	2	064	自愛	自律	173.75

1980	3	065	電視這一代	電視	557.77
1980	4	066	約會	戀愛	544.37
1980	5	067	精神健康	精神病患	415.99
1980	6	068	男子漢、女兒家	兩性平權	544.7
1980	7	069	活在廣告浪潮下	從眾效應	541.85
1980	8	070	FAN'(Friend)	友誼	195.6
1980	9	071	親情	家庭	544.1
1980	10	072	夢	夢	175.1
1980	11	073	讀書	閱讀指導	019.7
1980	12	074	信仰與人生	信仰	211.1
1981	1	075	簡樸生活	生活方式	542.5
1981	2	076	大眾文化	流行文化	541.31
1981	3	077	迷信	迷信	298
1981	4	078	中國	中國研究	610
1981	5	079	旅遊	旅遊	992
1981	6	080	愛情	戀愛	544.37
1981	7	081	死亡面面觀	生死學	191.9
1981	8	082	計時炸彈	青少年問題	544.67
1981	9	083	香港•「鄉」港	香港問題	733.8
1981	10	084	焦慮	焦慮	176.527
1981	11	085	性與色情	色情	544.767
1981	12	086	本地歌	流行歌曲	913.6
1982	1	087	呻吟中的香港教育	教育危機	520
1982	2	088	突破「我」	自我	173.741
1982	3	089	成功	成就	175.6
1982	4	090	無言還有言	行為心理學	176.8
1982	5	091	婦女解放	女性運動	544.54
1982	6	092	豈有豪情似舊情	學運	527.86
1982	7	093	哭泣	情緒	176.52
1982	8	094	虐待兒童	兒童保護	548.13
1982	9	095	未來	香港問題	733.8
1982	10	096	城市邪風	妖術	213.13
1982	11	097	民眾的呼聲——輿論	新聞自由	891.1

1982	12	098	錢、賺錢、花錢	理財	564
1983	1	099	連環圖	漫畫	947.47
1983	2	100	壓力團體	社會運動	541.48
1983	3	101	親親密密	戀愛	544.37
1983	4	102	客旅•人生	人生觀	220.138
1983	5	103	父母	代溝	544.68
1983	6	104	寂寞	寂寞	176.52
1983	7	105	工作	工作規範	494.35
1983	8	106	浪漫	浪漫主義	910.18
1983	9	107	邁進電腦時代	電腦與人文	312.9016
1983	10	108	戲有益	遊戲	428.82
1983	11	109	自古少年皆寂寞	青少年	544.6
1983	12	110	社會行動	社會運動	541.48
1984	1	111	自我形象	自我	173.741
1984	2	112	神話	神話	280
1984	3	113	做個中國人	中國研究	610
1984	4	114	校園•樂園•「玩完」	學生次文化	541.37
1984	5	115	戰勝命運	自我	173.741
1984	6	116	拖手仔	戀愛	544.37
1984	7	117	電影新一代	電影	987
1984	8	118	苦悶	情緒	176.52
1984	9	119	再闖香港新里程	香港問題	733.8
1984	10	120	自學與讀書	自學	528.1
1984	11	121	魅力	吸引力	170
1984	12	122	説話	説話	192.32
1985	1	123	我要結婚	婚姻	544.3
1985	2	124	活在大時代	香港問題	733.8
1985	3	125	思想解放	思考	176.4
1985	4	126	留學生	留學	529.2
1985	5	127	壓力	壓力	176.54
1985	6	128	KEEP FIT	健身	425.1
1985	7	129	流浪	旅遊	992
1985	8	130	武俠小説	武俠小説	857.9
1985	9	131	校園蠱惑仔	青少年犯罪	548.681

1985	10	132	天生我自由	自由	571.94
1985	11	133	有情世界	情感	176.52
1985	12	134	第三者	外遇	544.38
1986	1	135	做個有創意的人	創意	176.4
1986	2	136	食	飲食	427
1986	3	137	青春偶像	歌星	910
1986	4	138	幽默感	幽默	185.8
1986	5	139	誤會	溝通心理學	177.1
1986	6	140	沒有童年的一代	兒童	544.8
1986	7	141	保護環境	環境保護	445.98
1986	8	142	初闖天下	職前教育	556.83
1986	9	143	流行音樂	流行歌曲	913.6
1986	10	144	權力	權力	572.2
1986	11	145	嫁娶有時	婚姻	544.3
1986	12	146	敢上豐盛路	基督徒	240
1987	1	147	成家立室	婚姻	544.3
1987	2	148	享受人生	人生觀	220.138
1987	3	149	道德已死	道德	199
1987	4	150	男人之苦	性別角色	361.76
1987	5	151	選美這玩意兒	電視節目	557.776
1987	6	152	追求卓越	成就	175.6
1987	7	153	城市人求生處方	都市生態學	545.1
1987	8	154	電影新潮	電影	987
1987	9	155	苦戀	戀愛	544.37
1987	10	156	小人物也移民	移民	577
1987	11	157	異性知己	友誼	195.6
1987	12	158	率性自然	生活方式	542.5
1988	1	159	禁果	性關係	544.7
1988	2	160	香港：革命第一章	香港問題	773.8
1988	3	161	季節人生	歲時	327
1988	4	162	八卦	好奇	175.6
1988	5	163	新夏娃•舊亞當	兩性平權	544.7
1988	6	164	天才•潛質•生命力	兒童發展	523.13
1988	7	165	每當情盡時	戀愛	544.37

1988	8	166	天機誰屬	迷信	298
1988	9	167	中國人	中國研究	610
1988	10	168	性教化	性教育	544.72
1988	11	169	中環一族	白領階級	542.745
1988	12	170	初戀	戀愛	544.37
1989	1	171	私隱	隱私權	579.27
1989	2	172	夢的疑惑	夢	175.1
1989	3	173	就係廣告咁簡單	廣告文化	497
1989	4	174	性騷擾	性騷擾	548.644
1989	5	175	香港未來五十年	香港問題	773.8
1989	6	176	綠色文化	環境保護	445.98
1989	7	177	北京學運的震盪	天安門事件	628.776
1989	8	178	愛情長跑	戀愛	544.37
1989	9	179	兩代之間	代溝	544.68
1989	10	180	錢來錢去	價值觀	540.23
1989	11	181	離婚	離婚	544.361
1989	12	182	八十年代邊緣回望	香港問題	773.8
1990	1	183	都市人・都市病	都市生態學	545.1
1990	2	184	包裝文化	商品化	496
1990	3	185	炒風逼人	投資	563.52
1990	4	186	未來的震撼	未來社會	541.49
1990	5	187	六四紀念特輯	天安門事件	628.776
1990	6	188	他來自香港	香港問題	773.8
1990	7	189	我愛夜生活	生活方式	542.5
1990	8	革新號優先本	我們願意留下	香港問題	773.8
1990	8	190	我想自殺	自殺	548.85
1990	9	191	突破的時代見證	香港問題	773.8
1990	11	192	留得有創意	香港問題	773.8
1990	12	193	香港人際關係大兜亂	人際關係	177.3
1991	1	194	世紀末婚姻	婚姻	544.3
1991	2	195	香港新機會	香港問題	773.8
1991	3	196	情人節狂想	戀愛	544.37
1991	4	197	病態戰爭與希望	波斯灣戰爭	592.9155

1991	5	198	香港治安壞透嗎?	犯罪行為	585.141
1991	6	199	慈善與關懷	慈善事業	548.1
1991	7	200	創路人	生活態度	542.55
1991	8	201	愛恨新移民	移民問題	577.6
1991	9	202	性幻想	性心理	172.7
1991	10	203	男人是這樣長大的	男性心理學	173.32
1991	11	204	另眼看東歐	東歐	740.73
1991	12	205	當一段感情開始	戀愛	544.37
1992	1	206	後物質時代已經來臨?	物質生活	542.54
1992	2	207	給我一個自己的空間	獨身	544.386
1992	3	208	明白異性	兩性關係	544.7
1992	4	209	溝通——失落的藝術	溝通心理學	177.1
1992	5	210	美的再教育	美感	185.1
1992	6	211	七十年代回歸	文化	541.2
1992	7	212	廿一歲	成年	537.54
1992	8	213	意志力	意志	176.8
1992	9	214	最愛	愛	199.8
1992	10	215	性禁忌	性教育	544.72
1992	11	216	父親	代溝	544.68
1992	12	217	關於大學生的十個傳言(上)	學生生活	527.8
1993	1	218	一 個人過快樂聖誕	聖誕節	244.88
1993	2	219	錄像埋身	錄影	448.681
1993	3	220	男妒女忌	嫉妒	176.521
1993	4	221	性隨便	性關係	544.7
1993	5	222	Goodbye, 工作壓力!	心理壓力	176.54
1993	6	223	成長小組熱	團體輔導	178.3
1993	7	224	泛資訊時代	資訊社會	541.415
1993	8	225	末世紀鬼聞	鬼靈	242.35
1993	9	226	人際的恐懼	人際關係	177.3
1993	10	227	步入辦工室戰場	職場成功法	494.35
1993	11	228	愛情重傷	戀愛	544.37
1993	12	229	男吊詭	男性心理學	173.22
1994	1	230	饒恕	個人倫理	192
1994	2	231	愛在情慾掙扎時	性倫理	194

1994	3	232	吃喝玩樂	公共娛樂	991
1994	4	233	人言可畏	人際關係	177.3
1994	5	234	轉工OK？	職業問題	542.7
1994	6	235	情人知己	戀愛	544.37
1994	7	236	自我再發現	自我	173.741
1994	8	237	單身快活人	獨身	544.386
1994	9	238	粗口文化	次文化	541.37
1994	10	239	新同居時代	同居	544.381
1994	11	240	我們是這樣長大的	社會變遷	541.4
1994	12	241	新新人類	社會文化 人類學	541.3
1995	1	242	新危機時代	社會安全	548.9
1995	2	243	衝出人際森林	人際關係	177.3
1995	3	244	辦工室夾心階層 / 屋邨Memoir	職場成功法	494.35
1995	4	245	24小時不夠用	時間管理	494.1
1995	5	246	非常約會	戀愛	544.37
1995	6	247	北上南下	中國研究	610
1995	7	248	同性戀	同性戀	544.75
1995	8	249	生生死死	生死學	191.9
1995	9	250	追尋空間	生活方式	542.5
1995	10	251	我不想回家	家庭	544.1
1995	11	252	明天我要嫁給 / 迎娶你	婚禮	538.44
1995	12	253	健康新境界	健康法	411.1
1996	1	254	好男廿五	男性心理學	173.32
1996	2	255	我有工見	面試	542.77
1996	3	256	直覺靠得住	直覺	175.4
1996	4	257	EQ爆棚	情緒商數	176.52
1996	5	258	台北，「讚」！	台灣文化	733.4
1996	6	259	女人風流	女性心理學	173.31
1996	7	260	Bye拜殖民地	後殖民	570.11
1996	8	261	新拖男帶女	戀愛	544.37
1996	9	262	Men at Work	男性心理學	173.32
1996	9	263	冒險	個人倫理	192
1996	10	264	親親自己	個人倫理	192
1996	11	265	友情飲水飽	友誼	195.6

1996	12	266	生命中的感與激	個人倫理	192
1997	1	267	猶疑工作間	職場成功法	494.35
1997	2	268	那一年，我們在中學……	校園文化	527.51
1997	3	269	不道德的歉意	道德	199
1997	4	270	性別無疆界	兩性關係	544.7
1997	5	271	自信無限	自信	173.743
1997	6	272	北回歸線	香港問題	733.8
1997	7	273	激情	情緒	176.5
1997	8	274	再見受傷	心理治療	178.8
1997	9	275	世紀末心靈趨勢	心理健康	172.9
1997	10	276	心靈致富術	心理健康	172.9
1997	11	277	暫停	心理健康	172.9
1997	12	278	求其平安	迷信	298
1998	1	279	知解愛情	戀愛	544.37
1998	2	280	良心再現	個人倫理	192
1998	3	281	聽者有心	溝通心理學	177.1
1998	4	282	與逆境共舞	心理健康	172.9
1998	5	283	虛擬真相	新聞道德	198.89
1998	6	284	工作機密2020	未來社會	541.49
1998	7	285	心靈密友	友誼	195.6
1998	8	286	生命誰來駕駛？	自省	192.4
1998	9	287	等待救星	領導	177.5
1998	10	288	98得•失啟示	生命哲學	191.91
1998	11	289	善待自己	緊張與弛緩	176.54
1998	12	290	一個人過生日	生命哲學	191.91
1999	1	291	錯愛自白書	戀愛	544.37
1999	2	292	赤子心	兒童心理學	173.1
1999	3	293	生命有Take Two——重生	重生	242.44
1999	4	294	環保香港	環境保護	445.98
1999	5	295	港男港女	都市人類學	541.3
1999	6	296	香港，窮得起？	貧窮問題	548.16
1999	7	297	十年人事	天安門事件	628.776
1999	8	298	突破，心中不滅的火（休刊號）	期刊	050

附件二：《滙聲》專題目錄

滙聲專題目錄					
年	月	期號	專題文章	主題詞	類號
1974	1	200	對內奮進 對外傳道	佈道	245.1
1974	2	201	忠心受託與教會奮進	教會	247
1974	3	202	救主為我捨命	基督徒的生活	244.9
1974	4	203	透過獻身為教會奮進	佈道	245.1
1974	5	204	透過學校傳揚福音	基督教教育事業	247.7
1974	6	205	分享與傳道	佈道	245.1
1974	7	206/207	怎樣引導學生過有意義的假期生活	基督教教育事業	247.7
1974	9	208	教育主日的使命	基督教教育事業	247.7
1974	10	209	支持區會事工與奮進傳道	佈道	245.1
1974	11	210	傳揚福音的奉獻	佈道	245.1
1974	12	211	奮進傳道中怎樣慶祝聖誕	聖誕節	244.88
1975	1	212	「奮進傳道年」延長五年	佈道	245.1
1975	2	213	你有甚麼不是領受的呢？	基督徒的生活	244.9
1975	3	214	大齋節感言	基督教節日	244.8
1975	4	215	復活與得勝	耶穌復活	242.297
1975	5	216	甚麼是基督化家庭	基督徒的生活	244.9
1975	6	217	施比受更為有福	基督徒的生活	244.9
1975	7	218/219	全力執行嚴厲取締色情暴力刊物	社會關懷	245.9
1975	9	220	教育主日——長大成人，滿有基督的身量	基督教教育事業	247.7
1975	10	221	團結、合一、奮進	教會	247
1975	11	222	我拿甚麼報答耶和華向我所作的一切厚恩	基督徒的生活	244.9
1975	12	223	救主誕降與奮進傳道	聖誕節	244.88
1976	1	224	除舊更新	基督徒的生活	244.9
1976	2	225	脱舊穿新	基督徒的生活	244.9
1976	3	226	當背十架跟從主	基督徒的生活	244.9
1976	4	227	復活與生命	耶穌復活	242.297
1976	5	228	基督化家庭，家庭基督化	基督徒的生活	244.9
1976	6	229	各人不要單顧自己的事	基督徒的生活	244.9

1976	7	230/231	真理栽培與康樂活動	團契	247.49
1976	9	232	教育主日的呼召	基督教教育事業	247.7
1976	10	233	因祂使我們和睦	教會	247
1976	11	234	感恩與奮進	佈道	245.1
1976	12	235	慶祝聖誕勿忘實踐真理	聖誕節	244.88
1977	1	236	信靠上帝•奔走前程	基督徒的生活	244.9
1977	2	237	忠心、受託、大齋	基督教節日	244.8
1977	3	238	教會的節期	基督教節日	244.8
1977	4	239	奇妙的得勝	耶穌復活	242.297
1977	5	240	夏令會與「切實傳道」	團契	247.49
1977	6	241	多種多收	基督徒的生活	244.9
1977	7	242	獻身事主與人生價值	基督徒的生活	244.9
1977	9	243/244	教育使命	基督教教育事業	247.7
1977	10	245	「區會主日」的意義與期望	教會	247
1977	11	246	感恩與見證	見證	244.95
1977	12	247	奇妙的應許——以馬內利	聖誕節	244.88
1978	1	248	新年度，新事工	教會	247
1978	2	249	更新與變化	基督徒的生活	244.9
1978	3	250	三種十字架	基督徒的生活	244.9
1978	4	251	主復活帶來的改變	耶穌復活	242.297
1978	5	252	分享主日的獻辭	見證	244.95
1978	6	253	本會學校牧養委員會工作實況	基督教教育事業	247.7
1978	7	254/255	教育主日宣言	基督教教育事業	247.7
1978	9	256	「對青年獻身事主的意見」讀後	基督徒的生活	244.9
1978	10	257	六十周年會慶獻詞	教會	247
1978	11	258	謝恩	基督徒的生活	244.9
1978	12	259	基督降世　信徒入世	聖誕節	244.88
1979	1	260	向世界進軍	佈道	245.1
1979	2	261	巴蘭•基哈西•貪污	聖經人物	241.099
1979	3	262	再談教會合一	教會	247
1979	4	263	響應國際兒童年	社會關懷	245.9
1979	5	264	青年何處去？	社會關懷	245.9
1979	6	265	聖靈降臨與分享	聖靈降臨節	244.83
1979	7	266/267	個人福音與社會福音	社會關懷	245.9
1979	9	268	教育主日宣言	基督教教育事業	247.7

1979	10	269	不是陌路人	團契	247.49
1979	11	270	同心、同軛、同勞、同工	教會	247
1979	12	271	主在那裏降生	聖誕節	244.88
1980	1	272	耶穌說—不背負他的十字架跟從我的，也不配作我的門徒	基督論	242.2
1980	2	273	耶穌說—不要為生命憂慮，喫甚麼，喝甚麼……	基督論	242.2
1980	3	274	耶穌說—你們不要論斷人，免得你們被論斷。	基督論	242.2
1980	4	275	耶穌說—孩子，放心吧，你的罪已經得到赦免了。	基督論	242.2
1980	5	276	耶穌說—你們禱告，無論求甚麼，只要信，就必得著。	基督論	242.2
1980	6	277	耶穌說—「所以無論何事，你們願意人怎樣待你們，你們也要怎樣待人。」	基督論	242.2
1980	7	278/279	耶穌說—「不要到七次，乃是到七十個七次。」	基督論	242.2
1980	9	280	耶穌說—「你們若不回轉，變成小孩子的樣式，斷不得進天國。」	基督論	242.2
1980	10	281	耶穌說—「健康的人用不著醫生，有病的人才用得著。」	基督論	242.2
1980	11	282	耶穌說—「凡勞苦擔重擔的人，可以到我這裏來……」	基督論	242.2
1980	12	283	耶穌說—「人子來，不是受人服事……贖價……」	基督論	242.2
1981	1	284	耶穌說—「我另外有羊……我必須領他們來……並且要合成一群，歸一個牧人了。」	基督論	242.2
1981	2	285	耶穌說—「惟獨把新酒裝在新皮袋裏，兩樣都保全了。」	基督論	242.2
1981	3	286	耶穌說—「狐狸有洞，天空的飛鳥有窩，人子卻沒有枕頭的地方。」	基督論	242.2
1981	4	287	耶穌說—「一粒麥子不落在地裏死了，仍舊是一粒，若是死了，就結出許多子粒來。」	基督論	242.2
1981	5	288	耶穌說—「你們白白地得來，也要白白地付出。」	基督論	242.2

1981	6	289	耶穌説—「何況你們在天上的父，豈不把更好東西給求他的人麼？」	基督論	242.2
1981	7	290/291	耶穌説—「那律法上更重要的事……是你們當行的，那也是不可不行的。」	基督論	242.2
1981	9	292	耶穌説—「這些事你們既作在我這弟兄中一個最小的身上，就是作在我身上了。」	基督論	242.2
1981	10	293	辛亥革命七十周年紀念宣言	辛亥革命	628.1
1981	11	294	耶穌説—「父啊，天地的主。我感謝你……」	基督論	242.2
1981	12	295	耶穌説—「我來了，是要叫人得生命，並且得的更豐盛。」	基督論	242.2
1982	1	296	新年新願	佈道	245.1
1982	2	297	受託與獻身	佈道	245.1
1982	3	298	教會中的婦女	婦女節	544.51
1982	4	299	香港教會的十字架	社會關懷	245.9
1982	5	300	談「分享」	聖靈降臨節	244.83
1982	6	301	今天的浪子	社會關懷	245.9
1982	7	302/303	旅程與天路	中國基督教界人物	249.8
1982	9	304	今天的人之患	教師	522
1982	10	305	天下一家	教會	247
1982	11	306	上帝悦納的感恩燔祭	基督教節日	244.8
1982	12	307	耶穌誕生在受苦的世界	聖誕節	244.88
1983	1	308	合一新願	香港問題	733.8
1983	2	309	我們信的是誰	上帝	242.1
1983	3	310	新時代的婦女	女性運動	544.54
1983	4	311	不要懼怕	情緒	176.5
1983	5	312	奉獻與分享	基督徒的生活	244.9
1983	6	313	父與子	家庭倫理	193
1983	7	314/315	教會與青年	社會關懷	245.2
1983	9	316	今天需要教育	教育	520
1983	10	317	「區會主日」與「鞏固更新」	教會	247
1983	11	318	世界和平	佈道	245.1
1983	12	319	普世歡騰的一天	聖誕節	244.88

1984	1	320	滿懷希望攜手邁進	教會	247
1984	2	321	去舊迎新	基督徒的生活	244.9
1984	3	322	教會中婦女的參與	婦女節	544.51
1984	4	323	十字架與勞工	勞工福利	556.83
1984	5	324	教會的分享生活	基督徒的生活	244.9
1984	6	325	獻給今天的父親	家庭倫理	193
1984	7	326/327	今天青年的需要	香港問題	733.8
1984	9	328	學不厭・教不倦	教師在職進修	522.4
1984	10	329	區會生辰快樂	教會	247
1984	11	330	公義與和平	佈道	245.1
1984	12	331	普世歡騰	聖誕節	244.88
1985	1	332	合一的祈求	教會	247
1985	2	333	參與更新	香港問題	733.8
1985	3	334	時代婦女的醒覺	女性運動	544.54
1985	4	335	希望的信息	社會正義	540.21
1985	5	336	聖靈降臨節感言	基督教節日	244.8
1985	6	337	父親的心聲	家庭倫理	193
1985	7	338/339	國際青年年—— 一串問題	社會關懷	245.9
1985	9	340	教育與再教育	教師在職進修	522.4
1985	10	341	作誠實的「鹽」	見證	244.95
1985	11	342	共享和平	和平	542.28
1985	12	343	新生王	聖誕節	244.88
1986	1	344	責負新使命　同奔新里程	佈道	245.1
1986	2	345	忠心的管家	教會	247
1986	3	346	受苦與復活	復活節	244.82
1986	4	347	敬老慈幼	社會關懷	245.9
1986	5	348	共同分享	社會關懷	245.9
1986	6	349	師與生	教師	522
1986	7	350/351	教會與青年	社會關懷	245.9
1986	9	352	為學生營造宗教氣氛	基督教教育事業	247.7
1986	10	353	合一的教會	教會	247
1986	11	354	數算主恩	基督徒的生活	244.9
1986	12	355	大喜的信息	聖誕節	244.88
1987	1	356	耶穌基督為主	基督論	242.2

1987	2	357	投資與分享	理財	564
1987	3	358	讀、寫、講	文書傳道	245.7
1987	4	359	合一的聖餐	聖餐	244.54
1987	5	360	關懷家庭	家庭倫理	193
1987	6	361	合一•忠心	教會	247
1987	7	362/363	對家庭營的期望	退修會	247.715
1987	9	364	重價的教育	教育	520
1987	10	365	仍是一個餅	聖餐	244.54
1987	11	366	無敵	以賽亞書	241.41
1987	12	367	聖誕與聖經	聖誕節	244.88
1988	1	368	主裏合一	基督徒的生活	244.9
1988	2	369	關懷與信託	社會關懷	245.9
1988	3	370	馬大和馬利亞	新約人物	241.5099
1988	4	371	犧牲與復活的默想	復活節	244.82
1988	5	372	討神喜悦之家	家庭倫理	193
1988	6	373	父慈子孝	家庭倫理	193
1988	7	374/375	小青的心聲	退修會	247.715
1988	9	376	是教書還是教學？	教育	520
1988	10	377	合而為一的教會	教會	247
1988	11	378	豐裕與感恩	基督徒的生活	244.9
1988	12	379	「喜樂的信息」	聖誕節	244.88
1989	1	380	新年度作新人	基督徒的生活	244.9
1989	2	381	今天的試探	省察	244.94
1989	3	382	教會裏的「半邊天」	婦女節	544.51
1989	4	383	教會與勞苦大眾	社會關懷	245.9
1989	5	384	分享的實踐	社會救濟	548
1989	6	385	忠	天安門事件	628.776
1989	7	386/387	老人事工的推展	老人安養	548.15
1989	9	388	教會的栽培工作	宗教教育	247.71
1989	10	389	連於基督——有根有基	主日	244.81
1989	11	390	戰爭與和平	和平	542.28
1989	12	391	關乎萬民的大好消息	聖誕節	244.88
1990	1	392	萬象更新主裏合一	教會	247
1990	2	393	基督徒的社會責任	社會關懷	245.9
1990	3	394	教會的婦女	婦女節	544.51

1990	4	395	十架與勞工	勞工福利	556.83
1990	5	396	奉獻與分享	基督徒的生活	244.9
1990	6	397	福音傳播與文字	文書傳道	245.7
1990	7	398/399	九十年代教會青年	基督徒的生活	244.9
1990	9	400	教會辦學的意義	基督教教育事業	247.7
1990	10	401	「區會主日」的意義	主日	244.81
1990	11	402	凡事謝恩？	基督徒的生活	244.9
1990	12	403	基督新生命	聖誕節	244.88
1991	1	404	新天新地	啟示錄	241.9
1991	2	405	成功的人生	聖經	241
1991	3	406	教會的婦女	婦女節	544.51
1991	4	407	清明談孝道	孝道	193.1
1991	5	408	聖靈降臨與更新	聖靈降臨節	244.83
1991	6	409	對我們的家——「教會」的反省	教會	247
1991	7	410/411	七月的感恩節	基督教節日	244.8
1991	9	412	有關月亮的聯想	中秋節	538.597
1991	10	413	教會區會年會	教會	247
1991	11	414	以感謝為祭獻上	獻禮	244.59
1991	12	415	萬民的喜訊	聖誕節	244.88
1992	1	416	新年有感——愛的啟示	教會	247
1992	2	417	起來，行走，讚美上帝	頌詩	244.4
1992	3	418	區會對人對區會的期望	教會	247
1992	4	419	結出許多子粒來	救贖	242.24
1992	5	420	建設可愛的家	家庭倫理	193
1992	6	421	聖靈——教會的動力	聖靈降臨節	244.83
1992	7	422/423	公義和愛心	基督徒的生活	244.9
1992	9	424	生命的改變	基督教教育事業	247.7
1992	10	425	區會主日與周年大會	教會	247
1992	11	426	殘了嗎？	基督徒的生活	244.9
1992	12	427	給貧窮人的福音	佈道	245.1
1993	1	428	以禱告進入新年	禱告	244.93
1993	2	429	你希望坐在主耶穌的左邊還是右邊？	復活	242.25
1993	3	430	一個被略忽的重要問題	婦女節	544.51
1993	4	431	清明時節	清明節	538.593

1993	5	432	屋中有「家」，家中有「主」	家庭倫理	193
1993	6	433	「向前看」	教會	247
1993	7	434/435	學校暑假	基督教教育事業	247.7
1993	9	436	得人的工作	基督教教育事業	247.7
1993	10	437	中華基督教會精神再現	教會	247
1993	11	438	謝恩節談謝恩	基督教節日	244.8
1993	12	439	我愛講説耶穌的故事	耶穌基督的生平	242.29
1994	1	440	最尊貴的權柄	禱告	244.93
1994	2	441	國際家庭年	家庭倫理	193
1994	3	442	本會進展——遠象	教會	247
1994	4	443	主確實復活了	復活節	244.82
1994	5	444	今日的衝擊	家庭倫理	193
1994	6	445	同心禱告	禱告	244.93
1994	7	446	讚賞	基督教教育事業	247.7
1994	9	447	基督化教育	基督教教育事業	247.7
1994	10	448	叫人難忘的五月天：國內教會學習訪問團後記	中國教會	209.2
1994	11	449	宣教師退修營後記	退修會	247.715
1994	12	450	四個故事　一幅圖畫	社會關懷	245.9
1995	1	451	芝加哥暑期實習後感	事奉工作訓練	247.73
1995	2	452	給爸媽的信	孝道	193.1
1995	3	453	不一樣的……	家庭倫理	193
1995	4	454	問題學生處理政策的再思（上）	學習輔導	521.68
1995	5	455	問題學生處理政策的再思（下）	學習輔導	521.68
1995	6	456	世界傳道會知多少？	教會	247
1995	7	457	在轉變的亞洲中對上帝的希望：記亞洲基督教議會第十屆大會	教會	247
1995	9	458	敬師	教師	522
1995	10	459	國內訪問團行記	中國教育	520.92
1995	11	460	跨越二十一世的中華基督教會	教會	247
1995	12	461	將苦難化作彩虹	基督徒的經驗	244.9
1996	1	462	我在崇基的日子	教牧學	245
1996	2	463/464	八個星期的海外實習	事奉工作訓練	247.73
1996	4	465	國內教會點滴	中國教會	209.2

1996	5	466	再以亞洲人的角度看聖經	聖經	241
1996	6	467	對特區籌委會的期望	香港特別行政區	733.8
1996	7	468/469	六月的感召	天安門事件	628.776
1996	9	470	牧養中華情	中國教會	209.2
1996	10	471	設計背後	文書傳道	245.7
1996	11	472	追念翁玨光牧師	中國基督教界人物	249.8
1996	12	473	簡樸中的豐盛	生活方式	542.5
1997	1	474	「祈禱得醫治」的反思（上）	禱告	244.93
1997	2	475/476	「祈禱得醫治」的反思（下）	禱告	244.93
1997	4	477	繼先賢之信	教會	247
1997	5	478	廣州訪問團後感	中國教育	520.92
1997	6	479	訪問台灣基督長老教會	長老宗	246.5
1997	7	480/481	顯合一之光	教會	247
1997	9	482	九龍區文法中學校監盃後感	基督教教育事業	247.7
1997	10	483	馬禮遜與中華基督教會香港區會	教會	247
1997	11	484	委身新時代，共拓新里程	佈道	245.1
1997	12	485	參加廣州觀光學習團後的感想	中國教育	520.92
1998	1	486	惜別區會副總幹事李清詞牧師	中國基督教界人物	249.8
1998	2	487	九七至九八年度廣州觀光學習團後記	中國教育	520.92
1998	4	488	廣州教育考察後記	中國教育	520.92
1998	5	489	基督徒的工作觀（上）	基督徒的生活	244.9
1998	6	490	小學校長觀光學習團旅遊紀錄	中國教育	520.92
1998	7	491/492	北京、上海教育考察點滴	中國教育	520.92
1998	9	493	基督徒的工作觀（下）	基督徒的生活	244.9
1998	10	494	感恩祭禮	教會	247
1998	11	495/496	區會事工中心：敬拜上主	崇拜	244.2
1999	1	497	堂校如何回應社會需要？	社會關懷	245.9
1999	2	498/499	妳的故事是我們的故事	婦女節	544.51
1999	4	500	崇拜	崇拜	244.2
1999	5	501	尋根團後記	中國教會	209.2
1999	6	502	世界傳道東亞區網絡諮詢會報告	教會	247
1999	7	503/504	從公理宗之信仰與體制看今天的中華基督教會香港區會	公理會	246.59

附件三：《青年良友》專題目錄

青年良友專題目錄						
年	月	日	期號	專題文章	主題詞	類號
1978	3	10	1	怎樣組織旅行	戶外活動	993
1978	3	25	2	怎樣和朋友一起露營	戶外活動	993
1978	4	10	3	神童羅文輝的秘密	資優兒童	175.2
1978	4	25	4	金字塔三角形神秘力量之秘	金字塔	798.825
1978	5	10	5	第三類接觸	科幻小説	857.83
1978	5	25	6	你未知道的最新科學產品	科學	300
1978	9	10	7	你應該知道而未知的！	科學	300
1978	9	25	8	怎樣拍成「第三類接觸」	電影	987
1978	10	10	9	溜冰皇后馳名國際黃屏積極推動溜冰	溜冰	994.4
1978	10	25	10	雙子宇宙	科幻小説	857.83
1978	11	10	11	鑽石大王的故事	人物志	780
1978	11	25	12			
1978	12	10	13/14	聖誕特輯	聖誕節	244.88
1979	1	10	15/16	新年特輯	節日	538.5
1979	1	25	17	達那其爾沙漠見聞錄	旅遊	992
1979	2	10	18			
1979	2	25	19			
1979	3	10	20	新興運動——壁球	球類運動	993.5
1979	3	25	21			
1979	4	10	22			
1979	4	25	23			
1979	5	10	24	平洲——更樓石上賞朝霞	旅遊	992
1979	5	25	25	世界手槍專輯	槍械	595.9
1979	9	10	26	鷹巢山自然教育徑簡介	旅遊	992
1979	9	25	27	鋭變中的生活——小學轉初中的生活	中學生	524.78
1979	10	10	28			
1979	10	25	29	學校圈外	課外活學	527.84
1979	11	10	30	月蝕	月蝕	325.8
1979	12	25	31/32	漫談課餘活動	課外活學	527.84
1980	1	25	33	中學生普遍的運動	戶外活動	993

1980	2	10	34	青少年偷竊的心理如何形成	青少年心理	173.1
1980	2	25	35/36	萬家喜慶迎新春	節日	538.5
1980	3	10	37	圖書館	圖書館	20
1980	3	25	38	偶像	歌星	910
1980	4	10	39	兒童畫在香港	兒童畫	947.47
1980	4	25	40	電視十二至十六	電視劇	989.2
1980	9	10	41	香港青少年團體	青少年服務	548.136
1980	9	25	42	水上活動	水上運動	994
1980	10	10	43	父親節	節日	538.5
1980	10	25	44	太空館專輯	天文館	322.2
1980	11	10	45	運動80	戶外活動	993
1980	11	25	46	最新最好玩的電子光控玩具	電子玩具	997.9
1980	12	25	47	喜樂	聖樂	244.4
1981	1	25	48	更新	社會工作	547
1981	2	25	49	生死	生命論	361.5
1981	3	25	50	托爾斯泰	托爾斯泰	880.456
1981	4	25	51	星星的世界	天文學	320
1981	5	25	52	華奈迪士尼的世界	主題樂園	991.4
1981	6	25	53	救救中文，救救孩子	母語教學	800.3
1981	9	25	54	青少年犯罪問題	青少年犯罪	548.581
1981	10	25	55	調查報告：年輕人喜歡怎樣的雜誌？	期刊	050
1981	11	25	56	獻出關懷與愛心•志願服務為人群	社會服務	547.1
1981	12	25	57	晨曦島上	戒毒	548.82
1982	1	25	58	四條腿的朋友——狗年説狗	犬	383.812
1982	2	25	59	淘汰前後——「中三試」前後的學生家長們	考試	527.12
1982	3	25	60	三十年滄桑話港督	香港地方志	673.8
1982	4	25	61	香港學生談1997	香港問題	733.8
1982	5	25	62	血型的秘密	血型	398.32
1982	6	25	63	「龍」的節日	節日	538.5
1982	9	25	64	最新科學通訊	通訊工程	448.7
1982	10	25	65	奇妙的動物世界	動物	380

1982	11	25	66	最新科學珍聞	科學新聞	895.36
1982	12	25	67	學校社會工作	學校輔導	527.4
1983	1	25	68	音樂節目的先鋒——吳錫輝	廣播音樂	915.5
1983	2	25	69	讀書的方法	讀書	521.19
1983	3	25	70	自然教育徑為你而建設	自然保育	367
1983	4	25	71	學生旅遊縱橫談	旅遊	992
1983	5	25	72	製衣業——一個理想的行業？	服裝業	488.9
1983	6	25	73	多采多姿渡炎夏	戶外活動	993
1983	9	25	74	電腦透視	電腦	312.9
1983	10	25	75	人之患的苦樂	教師	522.65
1983	11	25	76	戶外康樂中心	戶外活動	993
1983	12	25	77	聖誕光輝照萬家	聖誕節	244.88
1984	1	25	78	戶外康樂中心	戶外活動	993
1984	2	25	79	血與紅十字會	紅十字會	419.75
1984	3	25	80	發自愛心的聲音——黃大仙兒童合唱團	合唱團	913.39
1984	4	25	81	一個嶄新的行業——公關	公共關係	541.84
1984	5	25	82	女童軍在香港	女童子軍	546.82
1984	6	25	83	兩項義務工作——盲人輔道、學生輔導	輔導服務	547.17
1984	9	20	84	看漫畫	漫畫	947.41
1984	10	20	85	淺談「弱智兒童」	智能不足	415.987
1984	11	20	86	藝術在香港	藝術	900
1984	12	20	87	「國際青年年」1985	聯合國	578.14
1985	1	20	88	描畫生命的意義：專訪——訪年青寫作者王良和	作家	781.054
1985	2	20	89	救死扶傷，助人為樂——香港聖約翰機構	醫療服務	410
1985	3	20	90	何物「時尚」？	從眾效應	541.85
1985	4	20	91	駐港三軍面面觀	軍隊	591.7
1985	5	20	92	為寵物造福——訪香港防止虐畜會	動物保育	548.38
1985	6	20	93	聯合國定國際年	聯合國	578.14
1985	9	20	94	自助旅遊樂趣多	旅遊	992

1985	10	20	95	紮根在文化沙漠裏——香港市政局的四個表演藝術團體	表演藝術團體	980
1985	11	20	96	小小郵票學問多	集郵	557.648
1985	12	20	97	談虎色變「黐線」？！——訪中途宿舍和精神康復工作	精神康復	415.97
1986	1	20	98	希望之星「世界宣明會」	救濟機構	548.4
1986	2	20	99	善用餘暇服務人群——民眾安全服務隊	社會服務	547.1
1986	3	20	100	製做歌聲的行業——一張唱片如何問世	音樂	910
1986	4	20	101	郵票小、學問大	集郵	557.648
1986	5	20	102	做個精明的消費人——專訪消費者委員會	消費者保護	548.39
1986	6	20	103	造福下一代——香港小童群益會	社會服務	547.1
1986	9	20	104	香港女子足球隊	足球	528.951
1986	10	20	105	辛苦耕耘苦樂參半——專訪山邊及突破負責人	青少年文學	815
1986	11	20	106	善用餘暇發展身心——愛丁堡公爵獎勵計劃	戶外活動	993
1986	12	20	107	Band內Band外	流行音樂	910
1987	1	20	108	憑著耐心與愛心——一比四千下的學校社工	學校輔導	527.4
1987	2	20	109	尊重生命的最後時分——訪「善終服務會」	醫療服務	410
1987	3	20	110	港大聖莊——聖約翰學院	大學	525
1987	4	20	111	即將消失的城寨	香港地方志	673.8
1987	5	20	112	哺育未來男子漢	警察	576.8
1987	6	20	113	日本動畫在香港	動畫	312.986
1987	9	20	114	踏上成功路	升學輔導	527.46
1987	10	20	115	遠足登高大王爺——西貢大網仔	戶外活動	993
1987	11	20	116	潮流興「夾Band」	流行音樂	910
1987	12	20	117	少年不識愁滋味？——三個少年的自述	青少年心理	173.1
1988	1	20	118	反映潮流服務大眾——訪香港電台第二台	廣播電台	557.76
1988	2	20	119	中三出路何處是？	升學輔導	527.46

1988	3	20	120	培養音樂幼苗——訪音樂事務統籌處	音樂教育	910.33
1988	4	20	121	廉署工作知多少？	貪污	548.8
1988	5	20	122	誰捧勝盃？——英國球隊大檢閱	足球	528.951
1988	6	20	123	前景遠大舉步為艱—談香港的舞台劇	舞台劇	984.5
1988	9	20	124	解不開的謎	科學故事	307.9
1988	10	20	125	小小茶杯學問多多	茶藝	974
1988	11	20	126	活生生的歷史實錄——讀梁恒的「革命之子」	文化大革命時期	628.75
1988	12	20	127	拯救灰鯨行動	動物保育	548.38
1989	1	20	128	煙沒的城都	遺址	797.8
1989	2	20	129	傑出青年專訪	現代人物	782.88
1989	3	20	130	海外升學要訣	留學	529.2
1989	4	20	131	澳洲升學專輯	留學	529.2
1989	5	20	132	水禾田——兒童的好導師	繪畫教育	940.3
1989	6	20	133	加拿大升學喜訊	留學	529.2
1989	9	20	134	會考「肥佬」怎麼辦？	升學輔導	527.46
1989	10	20	135	你曾寂寞、孤獨嗎？	心理輔導	178.3
1989	11	20	136	國旗知多少？	國旗	571.182
1989	12	20	137	人，你是甚麼？——主耶穌所提供的答案	耶穌的教導	242.2954
1990	1	20	138	馬年談馬	馬	437.32
1990	2	20	139	心智機器	電腦科學	312
1990	3	20	140	我們如何為耶穌畫像	基督教藝術	244.6
1990	4	20	141	困擾港人的船民問題	難民救濟	548.33
1990	5	20	142	物輕情義重——最近興起的手工藝	手工藝	479.7
1990	6	20	143	火之滅	消防	575.87
1990	9	20	144	笑眼看世界	笑	176.52
1990	10	20	145	秋的聯想	秋	327.123
1990	11	20	146	寫給「龍的傳人」	中國文化史	630
1990	12	20	147	回到中世紀——基督教文化專輯	基督教	240
1991	1	20	148	年俗文化專輯	新年	538.511
1991	2	20	149	勁力 優雅 迷人——奇妙的芭蕾舞世界	芭蕾舞	976.62

1991	3	20	150	偶像 迷戀 少年夢——本港青少年的明星崇拜	歌星	910
1991	4	20	151	潮流興D乜？——青少年玩意今昔比較	從眾效應	541.85
1991	5	20	152	體壇搜集——體壇俊傑説前景	體育	528.9
1991	6	20	153	金字塔之謎——外星人的禮物？	金字塔	798.825
1991	9	20	154	尋找鄰居；星際對話	太空探測器	447.965
1991	10	20	155	客從天上來——中國古書記載的UFO	不明飛行物體	326.97
1991	11	20	156	八卦啟示錄——一頁電腦的史前史	太極圖説	125.124
1991	12	20	157	客從天上來——中國古書記載的UFO（續）	不明飛行物體	326.97
1992	1	20	158	新春風俗奇趣	新年	538.511
1992	2	20	159	青少年案頭寵物——BB戰士	玩具	426.78
1992	3	20	160	風從東瀛來——本港的日本漫畫熱潮	漫畫	947.41
1992	4	20	161	「偶像病」	歌星	910
1992	5	20	162	「街霸」風潮——新一代電子遊戲程式	電腦遊戲	997.82
1992	6	20	163	我們還喜愛民歌嗎？	民歌	913.61
1992	9	20	164	人之初	演化論	362
1992	10	20	165	誇張飾物新潮流	衣飾	423
1992	11	20	166	點只攪笑咁簡單——漫畫與幽默	漫畫	947.41
1992	12	20	167	耶穌是在哪天降生的？	聖誕節	244.88
1993	1	20	168	雞年説雞	雞	437.71
1993	2	20	169	迎接二十一世紀下一個目標：二十年後人類將登陸火星	行星飛行	447.955
1993	3	20	170	復活節特輯	復活節	244.82
1993	4	20	171	學生哥，玩甚麼——青少年玩樂縱橫談	從眾效應	541.85
1993	5	20	172	人獸之間——我們與牠們	猩猩	389.97
1993	6	20	173	「蒙娜麗莎之謎」——原來是達文西自己？	肖像畫	947.24
1993	9	20	174	女書——女性專利的文字	文字	802.2
1993	10	20	175	生命前的生命？——催眠看「前世」？	催眠術	175.8
1993	11	20	176	不死之夢會成真？	冷凍	463.1325

1993	12	20	177	錢往哪裏去？	消費文化	551.85
1994	1	20	178	狗年説狗	狗	437.35
1994	2	20	179	漫畫與你	漫畫	947.41
1994	3	20	180	吃的健康	飲食	427
1994	4	20	181	（革新專號）漫畫熱潮漫畫	漫畫	947.41
1994	5	20	182	偶像——我們支持你？！	歌星	910
1994	6	20	183	名牌青少年	品牌	496.14
1994	9	20	184	電視，你是我家中惟一傳奇	電視劇	989.2
1994	10	20	185	跟你做個FRIEND	友誼	195.6
1994	11	20	186	樂在收藏中	音樂	910
1994	12	20	187	賣火柴的女孩，你有甚麼願望？	消費文化	551.85
1995	1	20	188	補習=靈丹妙藥？	補習教育	528.46
1995	2	20	189	不回家的人	青少年問題	544.67
1995	3	20	190	做福音的使者——普世青年節	青年節	544.66
1995	4	20	191	一個寂寞的心	情緒	176.5
1995	5	20	192	貧與富	財產	551.28
1995	6	20	193	考試「大平反」！	考試	527.12
1995	9	20	194	Internet	網際網路	312.1653
1995	10	20	195	污水	環境污染	445.9
1995	11	20	196	碟仙	碟仙	292.94
1995	12	20	197	露宿者之家	遊民收容所	548.171
1996	1	20	198	不用手繪畫的畫家	繪畫	940
1996	2	20	199	羅氏姊弟眼中的傳媒	大眾傳播	541.83
1996	3	20	200	開心購物手冊	消費文化	551.85
1996	4	20	201	奧運下午茶	奧林匹克運動會	528.9822
1996	5	20	202	叻人飲食檔案	飲食	427
1996	6	20	203	音樂農莊	農業建築	441.46
1996	9	20	204	食物中毒	食物中毒	418.88
1996	10	20	205	風之后——耀長洲	水上運動	994
1996	11	20	206	遊行	遊行	571.946

1996	12	20	207	女性在荷里活電影中的角色	電影	987
1997	1	20	208	大學生的語文能力下降	語文學習	524.31
1997	2	20	209	珊珊的「金牌帆牌」	水上運動	994
1997	3	20	210	年輕人新「蒲點」——蒲窩	從眾效應	541.85
1997	4	20	211	留台學生的苦與樂	留學	529.2
1997	5	20	212	追擊Hello Kitty大前身	卡通	987.85
1997	6	20	213	我的父親畢加索	西洋繪畫	947
1997	9	20	214	許金峰專訪	新聞節目主持人	895.1
1997	10	20	215	情濃巴黎——普世青年節97	青年節	544.66
1997	11	20	216	人工智能——深藍	人工智慧	312.83
1997	12	20	217	毒菜襲港	食物中毒	418.88
1998	1	20	218	「鐵達尼號」之外一章	電影	987
1998	2	20	219	新移民夜間小學	初等教育	523
1998	3	20	220	瘋show快活人	廣播節目	557.766
1998	4	20	221	鍾期榮博士	大學校長	525.68
1998	5	20	222	世界武術冠軍胡小清	武藝	991.94
1998	6	20	223	告別機場	飛機場	441.455
1998	9	20	224	鮑思高神父傳略	天主教	246.2
1998	10	20	225	真福 Jeanne Jugan	天主教	246.2
1998	11	20	226	聖馬善樂 Saint Eugene de Mazenod	天主教	246.2
1998	12	20	227	體學兼優精英運動員榜	運動員	528.914
1999	1	20	228	齊齊做運動彩虹獎勵計劃	戶外活動	993
1999	2	20	229	金字塔是否外星人送的禮物？	金字塔	798.825
1999	4	20	231	齊齊做運動	戶外活動	993
1999	5	20	232	與聖母交談	天主教	246.2
1999	6	20	233	誰發現了新大陸？	哥倫布新現新大陸	750.225
1999	9	20	234	亞當吃了甚麼果？	創世記	241.211

附件四：《號外》專題目錄

號外專題目錄					
年	月	期號	專題文章	主題詞	類號
1976	9	1	贊育醫院弄錯血型輸錯血	醫療過失	412.23
1976	10	2	唐老鴨報告書	主題樂園	991.4
1976	11	3	大圈仔之聲	社會	546.9
1976	12	4	明星、演員、臨記（潮流指南）	演員	987.32
1977	1	5	大男人的科學無痛醉酒論	酗酒	548.83
1977	2	6	我最崇拜的周啟邦夫人	別傳	783.8
1977	3	7	把青春獻給大會堂（低座）	文化中心	528.46163
1977	4	8	香港的同性戀圈子及大男人主義	同性戀	544.751
1977	5	9	視覺文明	電視劇	989.2
1977	6	10	電視專輯——本港電視人物總評	演員	987.32
1977	7	11	香港六十年代回顧特輯	電影	987
1977	8	12	香港十大現代貴族	別傳	783.8
1977	9	13	三區婦女會的夢	服裝設計	423.2
1977	10	14	穿KENZO的女人	小説	857
1977	11	15	馬經報看不到的馬經	賽馬	993.15
1977	12	16	The Scene最後的一夜（Andrew Bull的士夠格將捲土重來）	迪斯可	976.48
1978	1	17	社會儀態選舉一九七七	儀節	192.31
1978	2	18	中國的性愛圖片	中國畫	944
1978	3	19	恐怖的幼稚園	幼稚園	523.27
1978	4	20	Soft Punk——香港第三勢力	從眾效應	541.85
1978	5	21	「找到了」運動全部過程	宗教傳播	213
1978	6	22	電視長氣劇的危機（抑或是「歡樂今宵」的危機）	電視劇	989.2
1978	7	23	電視台的誕生	電視經營管理	557.77
1978	8	24	請真正的陳維英躺下	演員	987.32
1978	9	25	謝謝天，聽FM不需要寂寞的心	廣播節目	557.766
1978	10	26	八十年代潮流：New Narcissism	從眾效應	541.85
1978	11	27	無線電視爭霸戰——78	電視劇	989.2
1978	12	28	怎樣理智地離婚？	婚姻	544.3

1979	1	29	電視武俠劇的selling point	電視劇	989.2
1979	2	30	吳慧萍，almost a household name	別傳	783.8
1979	3	31	新女性與新男性	服裝設計	423.2
1979	4	32	成龍早年故事	演員	987.32
1979	5	33	香港足球運動的危機	球類運動	993.5
1979	6	34	羅文特輯	歌星	910
1979	7	35	蝶變的象	電影美學	987.01
1979	8	36	宇宙戰爭	科幻小説	857.83
1979	9	37	Introducing New York City	旅遊	992
1979	10	38	三周年特刊	期刊	050
1979	11	39	What's new & what's good	音樂	910
1979	12	40	香港新電影	電影	987
1980	1	41	毒品專輯	吸毒	548.82
1980	2	42	What's up, doc?	醫師	419.1
1980	3	43	兩性關係	兩性關係	544.7
1980	4	44	What's in?	從眾效應	541.85
1980	5	45	Summer in the city	消費文化	551.85
1980	6	46	初戀經驗	戀愛	544.37
1980	7	47	Urbanisation	都市化	545.1
1980	8	48	成功包裝	廣告	497
1980	9	49	代代之間	代溝	544.68
1980	10	50	純真	電影	987
1980	11	51	四周年紀念	期刊	050
1980	12	52	X'mas	消費文化	551.85
1981	1	53	八卦文化 Gossip is fun	好奇	175.6
1981	2	54	城市幽怨	情緒	176.5
1981	3	55	尤敏	演員	987.32
1981	4	56	城市美學	美學	180
1981	5	57	埋葬女強人	職業婦女	544.53
1981	6	58	Charisma	資賦優異	175.2
1981	7	59	總結電視時代	電視	557.77

1981	8	60	學嘢潮	技術及職業教育	528.8
1981	9	61	偏見	差異心理	173.71
1981	10	62	查良鏞•明報發展紀實	報紙	557.6515
1981	11	63	五周年紀念	期刊	050
1981	12	64	Single	獨身	544.386
1982	1	65	法國時裝在北京	服裝設計	423.2
1982	2	66	當一切是那麼沉悶	都市生態學	545.1
1982	3	67	從前，有一個叫做葉楓的女子	演員	987.32
1982	4	68	An evening with Chow sisters	演員	987.32
1982	5	69	LES boys	生活態度	542.55
1982	6	70	Summer in the city	消費文化	551.85
1982	7	71	上海，上海	上海	672.09
1982	8	72	The missing link	都市生態學	545.1
1982	9	73	投奔怒海	電影	987
1982	10	74	出身	社會階層	546
1982	11	75	號外六周年	期刊	050
1982	12	76	單身文化	獨身	544.386
1983	1	77	Hollywood Dream	電影	987
1983	2	78	1997	香港問題	733.8
1983	3	79	More dash than cash	商業經營	490
1983	4	80	二幫	演員	987.32
1983	5	81	低調	生活態度	542.55
1983	6	82	五輪真弓	歌星	910
1983	7	83	戰場上的快樂聖誕	電影	987
1983	8	84	Laid-back style	生活態度	542.55
1983	9	85	Central	都會區	545.18
1983	10	86	3rd Generation's the best and the brightness	別傳	783.8
1983	11	87	Obscure objects of desire	別傳	783.8
1983	12	88	Suddenly last Christmas	世界末日	242.6
1984	1	89	Consuming L.A.	旅遊	992
1984	2	90	My favourite things	紀念品	992.4

1984	3	91	假哲學	哲學	100
1984	4	92	Made in Taiwan	旅遊	992
1984	5	93	Where have all the faces gone	別傳	783.8
1984	6	94	The unoffical and not so complete guide to HK	旅遊	992
1984	7	95	Noureaus cliches	從眾效應	541.85
1984	8	96	毒	品格	173.7
1984	9	97	Dull	情緒	176.5
1984	10	98	Popular highbrow	文化圈	541.35
1984	11	99	以為咁就係	廣告文化	497
1984	12	100	Goodbye 84	期刊	050
1985	1	101	The next wave	從眾效應	541.85
1985	2	102	The things Chinese	術數	290
1985	3	103	Cool	別傳	783
1985	4	104	抄	版權	011.11
1985	5	105	Pro-choice	生活態度	542.55
1985	6	106	Off-centre	文化	541.2
1985	7	107	The long host Summer / Disco	迪斯可	976.48
1985	8	108	Girls just want to have fun	女性心理學	173.31
1985	9	109	Cheap health	健康法	411.1
1985	10	110	The sources of modern furniture	傢具	422.3
1985	11	111	新中年	成功的人生	177.2
1985	12	112	香港名牌	品牌	496.14
1986	1	113	85 Bye Bye	期刊	050
1986	2	114	惡	品格	173.7
1986	3	115	HK manhood as seen through media	大眾傳播	541.83
1986	4	116	都是亦舒	小説	857
1986	5	117	被控年齡與外貌不相稱	演員	987.32
1986	6	118	City heat	都市生態學	545.1
1986	7	119	Eat it	飲食	427
1986	8	120	Link-age	電話	448.74
1986	9	121	恡	情緒	176.5

1986	10	122	中國新靈感	中國研究	610
1986	11	123	Renovation	廣告文化	497
1986	12	124	拾	期刊	050
1987	1	125	Pause	社會問題	542
1987	2	126	Best wish	新年	538.511
1987	3	127	新人發現	演員	987.32
1987	4	128	Positively Summer	消費文化	551.85
1987	5	129	Minitor	監視	548.747
1987	6	130	辛維思政治秀	政治	570
1987	7	131	官場	官僚制	572.915
1987	8	132	文化政策	文化政策	541.29
1987	9	133	The Arriviste	社會階層	546
1987	10	134	葉倩文	演員	987.32
1987	11	135	Macau Grand Prix	賽車	993.2
1987	12	136	領養兒童	收養	548.15
1988	1	137	Wanchai Graffiti	都會分區	545.15
1988	2	138	香港之 / 滋味	飲食	427
1988	3	139	Post-style	生活態度	542.55
1988	4	140	夏文汐	演員	987.32
1988	5	141	Summer special	消費文化	551.85
1988	6	142	Green pages	環境保護	445.98
1988	7	143	Food & restaurant special	飲食	427
1988	8	144	Girls in TVC	演員	987.32
1988	9	145	H^2O power	飲料	427.4
1988	10	146	Shopping	消費文化	551.85
1988	11	147	香港作家吸煙秘抄	煙癮與戒煙	548.81
1988	12	148	Ball of the century	舞會	995.1
1989	1	149	底層革命	內衣	423.41
1989	2	150	文明飲茶	茶室	974.4
1989	3	151	Barcelona handbook	旅遊	992
1989	4	152	新少數民族時髦	少數民族	535.4

1989	5	153	Yubohemians	生活態度	542.55
1989	6	154	中國民運•時代見證	天安門事件	628.776
1989	7	155	今夏歐洲選擇	旅遊	992
1989	8	156	兩個英倫	旅遊	992
1989	9	157	On seduction	好色	194.5
1989	10	158	After the fall	天安門事件	628.776
1989	11	159	Men's Liberation	生活態度	542.55
1989	12	160	Introducing 台灣《號外》	期刊	050
1990	1	161	60's Golden	期刊	050
1990	2	162	讀書的藝術	讀書法	019
1990	3	163	沉淪	情緒	176.5
1990	4	164	The junior line	服裝設計	423.2
1990	5	165	它們不讓我忘記	天安門事件	628.776
1990	6	166	「民主歌聲獻中華」美加巡迴側記	天安門事件	628.776
1990	7	167	Summer alpbaber	消費文化	551.85
1990	8	168	懷七十年代的舊	文化	541.2
1990	9	169	勇敢新世界	現代舞	976.7
1990	10	170	紐約舞玲瓏	旅遊	992
1990	11	171	都是名信片	信件	557.652
1990	12	172	第三十四屆倫敦電影節（上）	電影	987
1991	1	173	第三十四屆倫敦電影節（下）	電影	987
1991	2	174	為甚麼我沒有去畢加索博物館	美術博物館	906.8
1991	3	175	滿城豐乳	美容整形	425.7
1991	4	176	In search of HK style: the up and coming	從眾效應	541.85
1991	5	177	九一米蘭傢俬展	傢具	422.3
1991	6	178	搶錢世紀	財富	551.2
1991	7	179	川久保玲、山本耀司——首度東京男裝聯展	服裝設計	423.2
1991	8	180	尋找中國超人	異象奇聞	297
1991	9	181	香港小貴族	別傳	783.8
1991	10	182	末代男主角	演員	987.32

1991	11	183	十七位全港最時髦時裝買手訪問	買辦	498.4
1991	12	184	奇雙會	演員	987.32
1992	1	185	Model of 1992, naturally	服裝	423
1992	2	186	Alone in Taiwan	別傳	783.8
1992	3	187	妖•獸•都市	東京	731.726
1992	4	188	空城計	電影	987
1992	5	189	Flirting with bad taste	時尚	541.85
1992	6	190	法國92-93秋冬女裝	服裝設計	423.2
1992	7	191	活在愛滋蔓延時	愛滋病	415.238
1992	8	192	香港同志熱門社交場所巡禮	同性戀	544.75
1992	9	193	九二英國皇家美術學院時裝畢業展	服裝設計	423.2
1992	10	194	進念十年不回顧	劇場藝術	981
1992	11	195	呢個究竟係咩時代？	都市轉型	545.11
1992	12	196	State of the Arts Awards	藝術	900
1993	1	197	理工時裝畢業班亮相	服裝設計	423.2
1993	3	198	跟《號外》一起成長〈老人版〉	期刊	050
1993	4	199	Grunge：九十年代爛撻撻	美容	425
1993	5	200	香港鬼佬何去何從	後殖民	570.11
1993	6	201	姊妹作	演員	987.32
1993	7	202	新派王老五	獨身	544.386
1993	8	203	放逐地中海	旅遊	992
1993	9	204	T恤二三事	服裝設計	423.2
1993	10	205	偷窺	精神病態心理	175.6
1993	11	206	林奕華÷3	劇場藝術	981
1993	12	207	X'mas Shopping	消費文化	551.85
1994	1	208	Recycle as Fashion	服裝設計	423.2
1994	2	209	鮮活的生命•吳興國	演員	987.32
1994	3	210	國際電影節的十八個存在理由	電影	987
1994	4	211	再見Derek Jarman	導演	987.31
1994	5	212	張愛玲的香港因緣	小說	857
1994	6	213	Every Book Tells a Story	專題攝影集	957
1994	7	214	巴黎看康城	電影	987

1994	8	215	Alive & Kicking • 記布魯塞爾藝術節	藝術	900
1994	9	216	Esprit Graduate Fashion Week	服裝設計	423.2
1994	10	217	飲食男女	飲食	427
1994	11	218	威尼斯影畫萬歲！	電影	987
1994	12	219	State of the Arts Awards	藝術	900
1995	1	220	魔都革命莫斯科 Part 1	旅遊	992
1995	2	221	魔都革命莫斯科 Part 2	旅遊	992
1995	3	222	羊頭和狗肉——香港電影節的海報	海報	964.4
1995	4	223	號外全面報道本土時裝大混戰	服裝設計	423.2
1995	5	224	香港電影評論新聲音	電影評論	987.013
1995	6	225	媒介新鮮人	大眾傳播	541.83
1995	7	226	理工時裝畢業生全情曝光	服裝設計	423.2
1995	8	227	四十八屆康城電影之旅	電影	987
1995	9	228	如何説我們的香港故事	劇場藝術	981
1995	10	229	色情藝術的再審判	藝術	900
1995	11	230	反思歧視 / 性別	兩性平權	544.7
1995	12	231	New Age完全新紀元	其他宗教	279
1996	1	232	漫遊本土時裝三十年	服裝設計	423.2
1996	2	233	Valentine's Special	消費文化	551.85
1996	3	234	27屆本土時裝節風起雲湧	服裝設計	423.2
1996	4	235	説不出的未來——本土「樂與怒」音樂旅程	搖滾音樂	912.75
1996	5	236	Twins	攝影	950
1996	6	237	The Rejected Love將錯誤化作美麗	攝影	950
1996	7	238	自戀	個性心理學	173.74
1996	8	239	康城國際電影節	電影	987
1996	9	240	藝術 • 香港 • 今日	藝術	900
1996	10	241	藤井郁彌+軟硬天師	劇場藝術	981
1996	11	242	慾望與禁忌——九六威尼斯影展的男男女女	電影	987
1996	12	243	驚喜二十年	期刊	050
1997	1	244	東京「小」説	旅遊	992

1997	2	245	人山人海黃耀明	歌星	910
1997	3	246	在青山道尋找Vivienne Tam	服裝設計	423.2
1997	4	247	杜可風 • 事先張揚的攝影事件	攝影	950
1997	5	248	Sydney, Melbourne浪蕩誌	旅遊	992
1997	6	249	The Hong Kong Issue	服裝設計	423.2
1997	7	250	我看見的你是我自己	社會變遷	541.4
1997	8	251	假如石頭會說話	劇場藝術	981
1997	9	252	秋冬時裝型勢特集	服裝設計	423.2
1997	10	253	等著冷回來	服裝設計	423.2
1997	11	254	煙花燦爛——54屆威尼斯影展點點滴滴	電影	987
1997	12	255	Happy 21st Anniversary!	服裝設計	423.2
1998	1	256	陳曉東 • 點分界	歌星	910
1998	2	257	顏色心情 • 楊千嬅	歌星	910
1998	3	258	Fashion Poem	服裝設計	423.2
1998	4	259	解構始作俑者——Comme Des	服裝設計	423.2
1998	5	260	東京再出發	旅遊	992
1998	6	261	上海貼身追蹤7小時	演員	987.32
1998	7	262	Getty Center美學導遊	建築藝術	920
1998	8	263	時裝藝術裝置——意大利翡冷翠UFFIZI博物館廣場	建築藝術	920
1998	9	264	2001金城武	演員	987.32
1998	10	265	威尼斯影展 • 第55屆	電影	987
1998	11	266	Love Watches	鐘錶	471.2
1998	12	267	第二屆翡冷翠雙年展——時裝與電影	服裝設計	423.2
1999	1	268	Hong Kong Young Fashion Designers' Contest	服裝設計	423.2
1999	2	269	第23屆香港國際電影節搶先滙報	電影	987
1999	3	270	男人，可以有很多不同Allure	男性心理學	173.32
1999	4	271	紐西蘭新鮮旅程	旅遊	992
1999	5	272	愛死夏灣拿	旅遊	992
1999	6	273	Cool Coffee Culture	咖啡	411.47
1999	7	274	70s Now	社會變遷	541.4
1999	8	275	Mixed Macau	旅遊	992

低調的吶喊：《突破》雜誌研究1974-1999
作者／梁科慶
圖片／突破機構提供
策劃人／吳渭濱
責任編輯／李建青
美術設計／林惠儀
出版發行／突破出版社
香港沙田亞公角山路33號突破青年村
電話：2632 0000　傳真：2632 0388
電郵：breakthrough@breakthrough.org.hk
網址：http://www.breakthrough.org.hk
http://www.btproduct.com
承印／新設計印刷有限公司
2016年 5月初版1刷

A Study of Breakthrough Magazine 1974-1999
By Leung For-hing
First Printing, First Editon, May 2016

Printed in Hong Kong
ISBN 978-988-8246-90-8

誠邀閣下就突破出版社的書籍發表意見
歡迎加入突破書籍Facebook──http://www.facebook.com/btbooks.page

本書採用環保油墨印刷